Die Rückkehr ins Paradies
Bd. 4 der Reihe *Aufstieg und Leben in der 5. Dimension*

Christoph Fasching
im Auftrag von
Erzengel Michael

Die Rückkehr
ins Paradies

ch. falk-verlag

Originalausgabe
© ch. falk-verlag, seeon 2011

4. Auflage, Juni 2012

Umschlaggestaltung: Christina Riecken
unter Verwendung des von Erzengel Michael inspirierten Symbols
Satz: P S Design, Lindenfels
Druck: Druckerei Sonnenschein, Hersbruck
Printed in Germany
ISBN 978-3-89568-225-4

Inhalt

Einleitung

Liebe Erdenbürger, ihr seid es, die in diesem Buch direkt angesprochen sind, und ihr seid es auch, die den Nutzen dieser Ansprache direkt haben können, wenn ihr es zulasst! Ihr könnt ab sofort ein völlig neues Leben führen, doch dazu bedarf es einiger Informationen, die ich euch in diesem Buch näherbringen möchte. Nehmt euch die Zeit, euch für diese Themen zu interessieren, und lasst zu, dass die Welt sich verändert, egal ob ihr es nun unterstützt oder nicht. Eben genau dies ist der springende Punkt, nämlich ob es euch gelingt, aktiver Teilnehmer an den Veränderungen zu sein, oder ob ihr nur als Zuschauer fungiert und damit konfrontiert werdet, dass sich die Welt ohne euer Zutun verändert und ihr eben wieder einmal auf etwas reagieren müsst, anstatt aktiv an der Veränderung teilzunehmen.

Ihr könnt aus diesem Buch vieles mitnehmen, was euch alle zusammen die beste Voraussetzung für einen sanften Übergang in die höheren Gefilde eures Bewusstseins verschafft. Lasst nicht zu, dass euch eure Ängste wieder einmal daran hindern, auf etwas Neues zuzugehen, das ihr bisher nicht gekannt habt, sondern seid von Anfang an mit dabei, wenn es heißt, alle Welt steht auf, um sich dem Ursprung der Menschheit einen großen Schritt zu nähern und der Welt zu zeigen, dass es ganz anders verlaufen kann, wenn man sich seines Ursprungs bewusst ist. Nehmt die Herausforderung an, denn es wartet eine wunderbare Zeit auf euch, die ihr sicherlich nicht missen möchtet, wenn ihr wüsstet, was genau auf euch alle wartet!

Die Welt hat begonnen, eine Welt zu werden, was nichts anderes bedeutet, als dass die ursprüngliche Aufgabe eures Sonnensystems nun endlich nach so langer Zeit tatsächlich erfüllt werden kann.

Nehmt die Herausforderung an, denn sie wurde euch von Anbeginn eurer Existenz zugewiesen, und erfreut euch an einem Leben, das ihr von Anfang an so sehr genießen werdet, dass ihr euch jedes Mal, wenn ihr euch an die alte Zeit zurückerinnert, fragen werdet, wie es denn überhaupt möglich gewesen ist, auf diese Art und Weise zu leben. So sehr wird euch die neue Zeit Freude machen.

Die Welt hat das Ende erreicht

Die Welt hat das Ende erreicht – soll nicht bedeuten, dass sie untergeht oder dass andere Szenarien, wie sie in vielen Büchern und Filmen dargestellt werden, eintreten, sondern sie hat das Ende einer Epoche erreicht, in der die Menschen über viele Jahre hinweg Erfahrungen gesammelt haben, die es ihnen ermöglichten, die Getrenntheit voneinander in allen Belangen voll auszukosten und letztendlich zu erkennen, dass sie lichte Wesen sind und dass sie als solche auf der Erde sind, um einen Reifeprozess zu durchlaufen, der ihnen all jene Weisheit beschert, die nötig ist, um die weiteren Aufgaben, die der Menschheit bevorstehen, ausführen zu können.

Die Menschheit ist jetzt dazu aufgerufen, diese Ebene der Entwicklung zu verlassen und in eine ganz andere Ebene einzutreten, die von grundlegenden Prämissen geprägt ist, die der Mensch in der Form noch nicht in seinem Bewusstsein verankert hat. Diese Vorgaben dienen den Menschen dazu, sich zu dem zu entwickeln, was sie in ihrer Essenz immer schon gewesen sind. Die Menschen sind göttliche Wesen und als solche zu viel höheren Aufgaben bestimmt, als sich die Welt und andere Menschen untertan zu machen. Es ist jetzt die Zeit gekommen, dass die Menschen verstehen, wer sie wirklich sind, denn nur durch das Verstehen kann der Wandel in Fleisch und Blut übergehen. Der Aufstieg in die nächste Ebene erfolgt, wie bereits seit langer Zeit angekündigt, am 21. Dezember 2012 und bahnt sich bereits jetzt seinen Weg durch die Herzen der Menschen, auch wenn sie noch nicht erkannt haben, was in ihnen vorgeht. Dieser Weg wird die Menschen sehr lange begleiten, denn er ist nicht nur ein Weg, der sie in die nächst höhere Dimension hineinführt, sondern es ist ein Weg, der sie durch die gesamte Entwicklungsepoche führen wird. Die Menschheit wartet letztlich seit geraumer Zeit darauf, dass etwas Grundlegendes verändert wird, damit sie diesen Weg der Weiterentwicklung gehen kann. Und nun ist es soweit!

Es ist jetzt die richtige Zeit, dass die Menschen erfahren, dass ihre Welt keine Welt im klassischen Sinne ist, wie sie es von Anfang an sein sollte, sondern dass sie für andere Aufgaben bestimmt ist, als nur der Menschheit als Heimat zu dienen. Das alleine wäre viel zu wenig, wenn man bedenkt, dass das Leben schon seit so langer Zeit auf der Erde existiert. Eine Welt zu sein, bedeutet für diesen Planeten Erde, eine Welt mit vielen Privilegien sein zu können, und diese Privilegien möchten wir uns nun genauer ansehen.

Das erste Privileg, das wir näher betrachten, ist die Tatsache, dass es Leben auf diesem Planeten gibt – Leben in so zahlreicher und unterschiedlicher Form, wie es auf keinem anderen Planeten im Universum existiert. Es gibt zwar viele bewohnte Planeten, auf denen Leben existiert, doch sind diese im Vergleich zur Erde eher ärmlich damit gesegnet worden. Die Wesen, die auf diesen Planeten beheimatet sind, haben durchaus ähnliche Aufgaben wie die Menschen auf der Erde, doch ist ihr Ansatzpunkt ein ganz anderer, denn sie sind zwar göttliche Geschöpfe, doch sind sie nicht in diesem Paradies wie der Erde für ein Leben bestimmt worden, sondern wurden auf ihren Planeten als Entwicklungsstation entsandt, um dort all die Erfahrungen machen zu können, die notwendig sind, um auf ein Leben in so vielfältiger Natur vorbereitet zu werden. Die Erde hingegen wurde als Schöpferstern auserkoren – als die Kinderstube des Lebens, auf der alles Leben seine erste Entwicklung durchmachen kann, um dann auf die anderen Planeten entsandt zu werden. Das ist die Aufgabe der Erde und ihr höchstes Privileg überhaupt, denn sie ist der Schöpferstern, von dem alles Leben seinen Ausgang nehmen wird, das künftig durch das ganze Universum reist.

Das zweite Privileg ist das des uneingeschränkten Freiraums in der Entwicklung. Die Menschheit hat in dieser Form ihres Daseins auf der Erde die völlige Freiheit, sich in all jene Dimensionen fortzuentwickeln, die zu erfahren ihr beliebt, denn es sind alle

Entwicklungsstufen möglich, die sich ein Mensch in Form seiner physischen Hülle vorstellen kann. Es gibt keine Einschränkungen, die den Menschen daran hindern, sich dorthin zu entwickeln, wohin er es gerne möchte, denn die Menschheit ist von göttlichem Ursprung, und zu diesem Ursprung zurück soll sich der Mensch entwickeln – alle Weisheit soll er erlangen, um als Schöpfer möglichst komplett ausgestattet agieren zu können. Als Schöpfer ist man niemals vollständig ausgebildet, denn es gibt immer noch etwas dazuzulernen, und das macht die Besonderheit einer wirklich guten Schöpfung aus – sie ist grenzenlos und kann immer weitere Wege finden, um sich selbst zu übertreffen – nichts ist vollkommen, denn es gibt immer wieder noch vollkommenere Schöpfungen, die die gerade eben vollbrachte Schöpfung übertreffen. So ist das Leben auf der Erde angelegt, und nichts und niemand kann diese Entwicklung hin zu einem möglichst vollkommenen Schöpfer verhindern oder unterbinden.

Das dritte Privileg ist letztlich nicht das letzte, aber vorläufig das letzte, mit dem wir uns an dieser Stelle beschäftigen möchten. Dieses Privileg versetzt die Menschen in die Lage, dass sie sich vollständig ihrer eigenen Entwicklung hingeben können, ohne dass sie zu etwas verpflichtet werden könnten, das sie davon abhält, diesen Weg zu gehen. Nichts kann die Menschen davon abhalten, dass sie ihren göttlichen Weg gehen, denn selbst wenn das Leben auf der Erde endet und durch unvorhergesehene Ereignisse vorläufig ein Ende findet, so wird es im selben Augenblick erneut beginnen, denn die Unsterblichkeit ist den Menschen gewiss!

Die Menschen haben alle diese Privilegien erhalten, damit sie verstehen lernen, wer sie wirklich sind, und dass sie annehmen können, dass sie als Geschöpfe Gottes nicht nur aus seinem Schoße entspringen, sondern dass sie Teile von ihm und als solche auf der Erde sind, um sein Werk fortzuführen, und während sie dies tun, selbst weitere Erfahrungen sammeln können, die sie in ihrer Schöpferkraft vollkommener werden lassen. Das ist das Schönste, was ein Mensch erfahren kann – seine Göttlichkeit und das Privileg, diese in vollem Umfang ausleben zu dürfen!

Die Fortsetzung
einer wunderbaren Erfüllung

Wenn die Menschheit diesen Wandel vollzogen hat, dann kann sie sich auf etwas freuen, das mit dem, was sie bisher an Freude empfunden hat, nicht verglichen werden kann, denn die Freude über die Entdeckung der Fähigkeiten, die den Menschen ihre Göttlichkeit ermöglicht, ist so dermaßen groß, dass sich ein Mensch heute kaum vorstellen kann, was es bedeutet, ein Schöpfer zu sein und die Freude zu empfinden, die diese Schöpfungen in ihm hervorrufen. Jetzt, wo die Menschen so knapp davor stehen, diese Möglichkeiten zu entdecken, jetzt befindet sich die Welt noch in einem Zustand der Ohnmacht und des Nichtwissens, denn die aktuelle Weltsituation hat die Menschen noch zu sehr unter Kontrolle und lässt ihnen noch nicht den Freiraum, den sie brauchen, um eine Welt zu erschaffen, aus der so wunderbare Geschöpfe hervorgehen werden, dass sie ihresgleichen suchen. Solch eine Welt wird der Mensch in nur wenigen Jahren haben, wenn er seine Gesellschaftsform umgebaut und dafür gesorgt hat, dass die Menschen näher zusammenrücken und gemeinsam erkennen, wer sie sind und welche Fähigkeiten in ihnen stecken. Die Welt wird all das so sehr genießen, dass sie sich kaum mehr vorstellen kann, dass dies alles irgendwann einmal nicht möglich gewesen sein könnte. Die Erde ist ein ganz besonderer Ort, auf dem Wesen beherbergt sind, die zu selten das tun, wozu sie auserkoren sind – sie vollbringen zu selten Wunder. Und doch sind sie im Stande dazu, und diese Wunder, wie sie treffend genannt werden, sind von so grandiosem Ausmaß, dass man sich vorstellen kann, dass es dem Schöpfer eine große Freude ist, zu sehen, was die Menschen vollbringen, obwohl sie keine Ahnung haben, welche

Fähigkeiten in ihnen schlummern. Der Mensch macht heute Erfindungen, und er erschafft Möglichkeiten, die er sich vor wenigen Jahren selbst nicht hat vorstellen können, und das erschafft er ganz alleine durch seine Gedanken, auch wenn er sich nicht darauf verlässt und immer wieder an sich zweifelt, doch letztlich ist es ihm möglich, die Welt zu verändern, indem er seine Fähigkeiten dazu einsetzt, sie zu einer besseren Welt zu machen und allen die Möglichkeit zu bieten, ein entspanntes, komfortables Leben zu führen – das ist seine Aufgabe, und dazu hat der Mensch seine Fähigkeiten, um genau dies zu vollbringen – seinen Mitmenschen ein Leben zu ermöglichen, das ihnen keine Mühe mehr bereitet, das ihnen alle Freiheiten bietet und ihnen die Welt öffnet für ihre geistigen Aktivitäten, aus denen sie wunderbare Dinge entstehen lassen können. Das Einzige, was den Menschen heute dazu noch fehlt, ist die Freiheit und Unabhängigkeit, die ihnen derzeit von den Machthabern noch nicht zugestanden wird. Die Befreiung aus dieser Abhängigkeit ist jedoch in vollem Gange, und die Menschen erfüllen sich dadurch ihren Traum vom freien Leben und tun zu können, was immer sie gerne tun möchten. Dabei kreieren sie wunderbare Dinge und verstehen die Welt als einen Ort, an dem man sich voll entfalten kann und an dem es keine Einschränkungen mehr gibt, von nichts und niemandem. Die Freiheit pur ist die Erfüllung des menschlichen Traums, und genau diese Befreiung aus der Abhängigkeit und diese Befreiung aus der Angst erfolgt im Zuge des Aufstiegs der Menschheit in die 5. Dimension des Bewusstseins.

Frage: In Band 2 – Die Erde, ein neuer Stern – *durften wir die Entwicklung des Menschen und seiner schöpferischen Fähigkeiten detailliert verfolgen – mich beschäftigt der Zeitrahmen und daher die Frage: Ab wann stehen uns die hier angesprochenen geistigen Fähigkeiten zur Erschaffung unserer Realität und neuen Lebens zur Verfügung?*

Antwort: Die Erde wird sich so grundlegend verändern, dass die Fähigkeiten, die der Mensch erlangt bzw. welche er zweifelsfrei bereits jetzt schon besitzt, jedoch erst in vollem Umfang etwas später entdeckt und ausprobiert werden. Das heißt, dass die Menschen zwar wissen, dass sie dieses Vermögen besitzen, doch dadurch dass sie mit so vielen Details der Umstellung ihrer Gesellschaft beschäftigt sind, erst nach einigen Jahren auf dieses Potenzial voll zugreifen werden. Im Laufe dieser Jahre wird es unterschiedlich stark ausgeprägt vorkommen, dass Einzelne schon sehr weit fortgeschritten sind, und diese werden dann die anderen über ihre Erkenntnisse informieren und sie animieren, mit ihnen gemeinsam Experimente durchzuführen – so lange bis alle genau wissen, wie sie richtig ihre Gedanken benutzen, um die Realität zu verändern.

Die Welt öffnet sich den Möglichkeiten

Es beginnt mit einem wunderbaren Ereignis, das die Menschheit aufsehen lässt – aufsehen lässt zu einem Geschehen, das in der Form am Himmel noch nicht vorgekommen ist – es offenbart sich ein Schauspiel, das die Menschen wachrüttelt aus ihrem jahrelangen Schlaf ihres Daseins als Menschen, die sich einer stärkeren Rasse unterworfen haben – der Rasse der Manager und der Machthaber des Staates. Aus dieser Unterwerfung werden sie emporsteigen und die Macht wieder an sich nehmen und gleichmäßig auf alle aufteilen.

Dieses Ereignis ist ein Spektakel sondergleichen, denn noch nie zuvor sind alle Menschen gleichzeitig aufgestanden und haben sich für die neue Welt entschieden – noch nie zuvor haben sich so viele Menschen daran beteiligt, wenn sie etwas Gemeinsames erreichen wollten. Noch nie zuvor haben die Menschen so etwas erschaffen, und zwar alle zugleich – in diesem Falle erschaffen alle Menschen zugleich die Revolution ihrer Zustände, in denen sie bislang gelebt haben – sie ergreifen die Initiative und stehen auf für eine gemeinsame große Sache, die sie dorthin führen wird, wo sie schon immer hinwollten – in die Freiheit, in die Unabhängigkeit und in einen angstlosen Zustand, der alles ermöglicht. Dieser Zustand ist der wichtigste überhaupt, denn aus der angstfreien Verständigung mit sich selbst kann der Mensch beginnen, sich zu entfalten und alle seine Fähigkeiten zu entdecken. Es ist die Befreiung aus der Angst und die Befreiung aus allen andern Abhängigkeiten, die sich der Mensch über die Zeit selbst auferlegt hat. Es ist die Entwicklung des Menschen vom Menschen zum Schöpfer, und das ist das Ziel dieser Revolution, die in Kürze bevorsteht. Ihr seid jetzt gefordert, euch darauf einzustellen, denn die Welt wird nicht mehr lange den aktuellen Zustand halten können, und es beginnt die Revolution des Herzens, und alle Menschen entdecken ihre Einheit, und darin verborgen steckt so viel Herzlichkeit, die alle Menschen übermannt und ihnen zeigt, was sie über die vielen Jahre hätten anders machen können. Jetzt steuert ihr auf dieses Ereignis zu, und jetzt könnt ihr euch alle zusammentun, um das alles zu erreichen – tut dies und macht euch eines klar – ihr seid ein göttliches Wesen und ihr seid der Schöpfer eurer eigenen Realität. Beginnt diese umzuformen und beginnt diese so schnell wie möglich wieder in eine dauerhafte Balance zu bringen, aus der euch niemand mehr herausbringen kann – die Balance der Göttlichkeit wartet auf euch, und in dieser Balance seid ihr zu allem fähig. Egal, was ihr heute darüber denkt – egal, was euch heute noch einschränken kann – ihr seid dazu auserkoren, und deshalb findet ihr alle einen Weg, um zum großen Ziel vorzudringen und das zu werden, was ihr schon immer gewesen seid!

Die Welt braucht sich heute nur noch gedanklich auf das große Ereignis einzustellen, und schon geht alles fast wie von selbst, denn ohne die richtige Einstellung habt ihr es viel schwerer, euch auf die kommenden Ereignisse vorzubereiten bzw. sie anzunehmen und zu verstehen, wozu sie eingetreten sind. Geht hin und besorgt euch die nötige Einstellung – ihr könnt sie nirgendwo kaufen und niemand kann sie euch geben, doch ihr seid es selbst, die sich diese Einstellung zu sich selbst und zum Leben geben können – ihr selbst kreiert eure eigene Realität, und das tut ihr ausschließlich mit euren Gedanken – also stellt euch darauf ein, ein göttliches Wesen zu sein, und erschafft eure Realität dadurch, dass ihr annehmt und verinnerlicht, was ihr wirklich seid – nehmt dies an und tut, was ihr könnt, um es in allen euren Gedanken zum Ausdruck zu bringen. Allein dadurch, dass ihr bereits das vierte Buch dieses Autors lest, habt ihr schon viel dazu beigetragen, doch es ist nicht mehr genug, einfach nur zu lesen und das Gelesene vielleicht jemandem zu erzählen – tut ab sofort etwas ganz anderes als bisher – nehmt diese Informationen auf und macht genau das, was hier in diesem Absatz steht – werdet zu einem schöpferischen Wesen und macht genau das, was so ein Wesen tun soll – erschafft euch eure neue Welt!

Wenn ihr das geschafft habt, dann seid ihr nur mehr einen ganz kleinen Schritt davon entfernt, euch in die nächsthöhere Ebene emporzuheben – ihr selbst habt dann alles vorbereitet, und ihr könnt ausharren, und auf die Dinge warten, die da kommen und ihr werdet beobachten, dass die Welt sich langsam, aber sicher in diese Richtung bewegt – ihr seid dann nicht nur Zuschauer, sondern ihr erschafft es dadurch, dass ihr eure Gedanken dazu benutzt, diese Realität, die auf euch zukommt, zu beschleunigen und ihr noch mehr Nachdruck zu verleihen, als sie ohnedies durch die Gesamtheit der Ereignisse erhält. Ihr seid dann quasi Mitbegründer einer neuen Welt, und darauf könnt ihr stolz sein, denn es ist eure erste bewusste Handlung als schöpferisches Wesen. Ihr habt dann den Widerstand in euch selbst gebrochen und könnt frei sein – frei in euren Gedanken und Handlungen. Ihr habt dann alles vorbereitet und könnt gefasst auf das Ereignis zugehen und abwarten, bis das Spektakel des Himmels auf der Erde zu sehen sein wird, und dann habt ihr die endgültige Bestätigung eurer Göttlichkeit. Ihr werdet unmissverständlich darauf hingewiesen, wer ihr seid, und ihr werdet ebenso unmissverständlich erkennen, dass ihr so lange gebraucht habt, um zu erkennen, was ihr wirklich immer schon gewesen seid. Ihr seid dann endlich das, was man von euch erwartet – ein Wesen aus Fleisch und Blut, das die volle göttliche Schöpferkraft in sich trägt und alleine durch seine Gedanken die Realität beeinflusst.

Seid stolz auf euren Auftrag, denn er ist keine Last, sondern eine riesengroße Freude!

Frage: Von welchem Spektakel sondergleichen, das am Himmel zu beobachten sein wird, sprichst du?

Antwort: Wir haben euch bereits in Band 3 offenbart, dass wir uns euch zeigen werden, und dies wird in einem Schauspiel am Himmel geschehen, das wirklich niemand übersehen kann – wir sorgen dafür, dass ihr alle mitbekommt, was gerade eben am Himmel vor sich geht, doch müsst ihr euch überraschen lassen, denn es wird eine sehr beeindruckende Demonstration unserer Fähigkeiten, und sie wird euch so sehr beeindrucken, dass ihr auf gar keinen Fall mehr zweifelt, dass es uns gibt, und daher werdet ihr beginnen, euch intensiv mit der Materie auseinanderzusetzen, und die eingeweihten Menschen, wie du es bist, werden natürlich Aufklärung betreiben und allen Menschen mitteilen, was sie bereits wissen und was noch alles auf die Menschheit zukommt.

Frage: Wann wird dieses zu beobachten sein?

Antwort: Das wird geschehen, wenn ihr es soweit in eurem Bewusstsein verkraften könnt, wenn die Weitung so weit fortgeschritten ist, dass ihr aufnehmen könnt, was ihr da alles zu sehen bekommt – zuvor würde es euch vielleicht mit Angst erfüllen, doch wenn ihr soweit gekommen seid, dass ihr diese Information verkraften könnt, dann werden wir es euch zeigen. Der Zeitpunkt steht noch nicht fest, doch wird er sich mit dem Aufstiegstermin in etwa decken. Das bedeutet in etwa gegen Ende des Jahres 2012.

Frage: Was genau bedeutet „aus dieser Unterwerfung werden sie emporsteigen und die Macht wieder an sich nehmen und gleichmäßig auf alle aufteilen" und „alle Menschen erschaffen zugleich die Revolution ihrer Zustände, in denen sie bislang gelebt haben"?

Antwort: Die Welt braucht ab sofort keine besonderen Regeln mehr, denn die Welt steuert auf ein Ereignis zu, das sowieso alle Regeln völlig über den Haufen werfen wird. Ihr seid kurz davor zu verstehen, dass sich die Welt in einer Veränderungsphase befindet und dass ihr in eine Dimension aufsteigt, die euch gewisse Freiheiten zurückgibt, die ihr bisher freiwillig abgegeben habt. Ihr habt euch unterworfen und euch Systeme aufzwängen lassen, die eure Freiheit einschränken. Diese Einschränkung wird euch immer mehr bewusst, und euer Widerstand gegen diese Systeme wächst jeden Tag, so lange bis er so groß geworden ist, dass ihr sagt, dass es jetzt genug ist mit den Unterdrückungen und dass ihr diese Systeme ab sofort ablehnt und ganz andere Werte an oberste Stelle stellt. Dies bedeutet, dass ihr von diesem Zeitpunkt an nur noch die höchsten Werte akzeptiert und keine von Menschen gemachten Werte, die ihr in Form von Gesetzen und Geld erkennen könnt. Ihr werdet alle zusammen auf die Straße gehen und den Machthabern mitteilen, dass ihr jetzt sofort damit Schluss macht und ab sofort die Macht unter dem Volk aufteilt und keine Führer mehr braucht, die euch sagen, was ihr dürft und was nicht – das ist der Zeitpunkt, an dem die Weisenräte gefordert werden, und das ist der Zeitpunkt, wo neue Führer auftreten und euch genau diesen Wunsch erfüllen werden. Dies ist die Revolution, die ihr alle machen werdet, doch wird es eine friedliche Revolution des Herzens sein und niemand wird dabei zu Schaden kommen, denn ihr wisst, wer ihr seid, und ihr wisst, dass es jetzt der richtige Zeitpunkt ist, um zu sagen, was ihr wollt, und dies auch dann sofort umzusetzen.

Frage: Wann ist dieser Zeitpunkt gekommen?

Antwort: Ihr werdet diesen Zeitpunkt genau erkennen können, denn die Demonstrationen gegen die aktuelle Entwicklung in euren Ländern werden immer intensiver und häufiger auftreten, und das macht die Machthaber heute bereits schon sehr nervös. Ihr werdet dann soweit sein, wenn die Finanzsysteme völlig auseinanderzubrechen beginnen und wenn die Welt verstanden hat, dass der Wechsel jetzt bevorsteht. Der Zeitpunkt dafür ist noch etwas flexibel, doch wird er zum Zeitpunkt des Wechsels in die nächste Dimension des Bewusstseins bereits abgelaufen sein. Das bedeutet, dass ihr im Jahr 2012 bereits begonnen habt, eure Systeme in Frage zu stellen, und dass ihr euch bereits mehrfach formiert habt, um euch über die Entwicklung zu beschweren, und eine neue Weltordnung fordert. Diese

Entwicklung wird sehr intensiv zu spüren sein und ihr alle werdet wissen, dass der Zeitpunkt gekommen ist.

Frage: Die Leser könnten der Aufforderung „Beginnt eure Realität umzuformen und beginnt diese so schnell wie möglich wieder in eine dauerhafte Balance zu bringen, aus der euch niemand mehr herausbringen kann" eine gewisse Unsicherheit entnehmen, dass die derzeitigen Machthaber unter Umständen wieder die Oberhand gewinnen könnten und das Projekt der Befreiung aus der Unterwerfung und der Angst scheitern könnte. Ist das möglich, und wo liegen die eventuellen Gefahrenpotenziale?

Antwort: Es gibt keinen Zweifel daran, dass die Prozesse alle so ablaufen werden – es ist dies lediglich eine Aufforderung, dass ihr euch jetzt schon gedanklich darauf vorbereitet, um dann, wenn die Zeit reif ist, einen genauen Plan zu haben, wie ihr eure Weltordnung dann aussehen lassen möchtet. Wenn ihr erst dann beginnt, euch damit zu beschäftigen, wird es etwas länger dauern, bis ihr ein klares Bild eurer neuen Realität habt, und damit dauert es auch länger, bis ihr diese neue Realität hergestellt habt.

Frage: In Band 3 – Die Heilung, die Dir zusteht – hat uns Erzengel Jophiel viel über die enorme Bedeutung der Selbstdefinition erzählt – hier an dieser Stelle, meine ich, wäre es angebracht, dies auf den Punkt zu bringen. Wie genau sollte diese Selbstdefinition aussehen?

Antwort: Die Welt braucht in diesem Zusammenhang ein gemeinsames Ich, denn alle zusammen sollen sich gleich definieren als das, was sie immer schon gewesen sind. Ihr seid Geschöpfe Gottes, und ihr seid ein Teil von Gott und als solches seid ihr in der Schöpfermacht geboren worden und als solche Schöpfer seid ihr auf die Erde gekommen, um das Leben auf diesem Planeten zu verbreiten und in weiterer Folge das Leben ins Universum hinauszutragen. Das ist euer Selbstverständnis, das ihr euch möglichst bald aneignen solltet – ihr alle seid großartige Schöpfer, auch wenn ihr dies erst noch etwas üben müsst. Ihr seid diejenigen, die all das vollbracht haben, was derzeit alles ist, und ihr werdet jene sein, die dafür sorgen, dass dieses „alles, was ist" noch viel intensiver in Erscheinung tritt, indem ihr es weiter ausbreitet und dafür sorgt, dass das ganze Universum erstrahlt und erblüht. Das ist euer Selbstverständnis und das müsst ihr euch einprägen, damit ihr es nie wieder vergesst. Sobald ihr alle dies getan habt, wird es dann auch so sein, denn das kollektive Bewusstsein wird dafür sorgen, dass es daran nie wieder einen Zweifel gibt. Ebenso wie es jetzt dafür sorgt, dass ihr alle euch selbst einzeln definiert und diese Definition zu so vielen unterschiedlichen Formen geführt hat, die letztlich nur im Chaos enden können. Genau auf dieses Chaos steuert ihr zu, und dies ist letztlich genau das Ergebnis, das ihr alle selbst produziert habt. Alle wollt ihr euch alleine etwas Gutes tun und für euch das Allerbeste erreichen, doch vergesst ihr laufend die anderen, und aus dieser Singularität entsteht genau dieses Chaos, das ihr heute vorfindet und das sich noch weiter zuspitzt, bis der Übertritt in die neue Dimension des Bewusstseins geschafft ist – ihr werdet dann genau die zuvor genannte Bewusstseinsebene erreichen, und dadurch wird es Einigkeit geben auf allen Ebenen, und die ist genau die Form des Bewusstseins, die ihr von Anfang an für diesen Zeitpunkt in Auftrag gegeben habt, damit wir euch dorthin führen, damit ihr diesen Zeitpunkt alle zusammen erleben könnt.

Die Umstände haben gewonnen

Die Menschheit wird sich in Zukunft nicht mehr um die Vergangenheit kümmern und viel weniger damit beschäftigen, was sie alles in der Vergangenheit erlebt hat. Die Menschheit wird sich sehr viel mehr mit ihrem neuen Wesen beschäftigen, denn sie hat entdeckt, was sie schon immer hätte sein können, wenn sie nicht so lange in einem Zustand verharrt hätte, der sie sich als getrennt voneinander hat empfinden lassen. Dieser Zustand des Getrenntseins hat endlich ein Ende gefunden, und die Umstände, die dazu geführt haben, haben ihr letztendlich auch zu der Freiheit und Angstlosigkeit verholfen, die sie völlig uneingeschränkt in ihrem Handeln sein lässt.

Nachdem alle Menschen zugleich die Möglichkeit gehabt haben, sich eine Demonstration ihrer Fähigkeiten am Himmel anzusehen, konnten sie zurückkehren in ihre Häuser und nachdenken über das Ereignis, von dem sie soeben Zeuge geworden waren. Ein Ereignis, das der Menschheit vor Augen geführt hat, dass sie schon lange hätte erkennen können, dass sie in Wahrheit ein göttliches Wesen ist, das alles andere auf der Erde hätten erschaffen können als Hass und gegenseitige Bedrohung.

Dies hätten die Menschen schon viel früher erkennen können, doch hat sie ihr Zustand der Getrenntheit voneinander davon abgehalten, sich zu entwickeln und sich zu dem voranzuarbeiten, was sie in Wahrheit immer schon gewesen sind. Jetzt hat jedoch das Ereignis stattgefunden – es hat stattgefunden, und die Menschen haben verstanden, dass dies der Beginn eines völlig neuen Zeitalters ist, und alle Menschen können aufatmen und sich daran erfreuen, dass sie genau in diese Richtung gegangen sind, um zu erkennen, dass die Menschheit vorangegangene Ereignisse heilen und die daraus gewonnenen Lehren dankend annehmen kann, anstatt sie mit Vergeltung zu sühnen.

Wenn die Menschheit verstanden hat, dass sie jetzt gefordert ist, sich mit dem neuen Leben auseinanderzusetzen, dann kann sie beginnen, ein Leben aufzubauen, das von gegenseitiger Achtung und gegenseitigem Respekt gekennzeichnet ist. Die Menschen erkennen, dass sie der Welt jetzt viel zurückzugeben haben, denn sie haben verstanden, dass diese Erde bereits seit geraumer Zeit dem Ende geweiht war und jetzt längst überfällige Gegenmaßnahmen eingeleitet werden müssen. Diese Entwicklung bietet die Chance für alle Beteiligten, sich selbst dabei einzubringen, damit die Welt das zurückbekommt, was ihr über die vielen Jahre genommen wurde. Die Heilung des Planeten läuft auf Hochtouren, und die Menschheit hat verstanden, dass sie alle Umstände der Vergangenheit ebenso heilen wie die zukünftige Lebensgrundlage bereitstellen muss, damit alles Leben auf der Erde vollständig erblühen kann. Dieses neue Leben ist eine wunderbare Angelegenheit, denn es ermöglicht allen Menschen ein friedvolles und respektvolles Miteinander ohne jegliche Einschränkung und ohne jeden Zwang, denn alle Menschen werden sich aus freien Stücken an den Arbeiten beteiligen, um dies zu ermöglichen.

Wenn die Menschen erkannt haben, dass sie längst überfällige Arbeiten erledigen müssen, um das Gleichgewicht auf der Erde wiederherzustellen, dann ist das Neue Zeitalter bereits voll eingeläutet und alle Menschen helfen mit, ihren Beitrag an der Gesundung zu leisten. Jeder wird sofort erkennen, dass es sich ganz anders anfühlt als zuvor, bevor die Öffnung der Herzen stattgefunden hat. Viele Menschen werden zu Beginn noch etwas Scheu haben, sich in der Öffentlichkeit von ihrer neuen Seite zu zeigen, denn sie glauben immer noch, dass es möglicherweise nicht ganz so besonders schön bleiben wird, und ihre alten Bedenken halten sie noch für eine kurze Zeit in den alten Denkmustern fest – so lange bis sie von allen anderen dazu aufgefordert werden, sich zu zeigen und ihre alten Muster loszulassen, damit genug Platz geschaffen wird, um die neuen

Muster zu integrieren. Dieser Wandel geht sehr schnell, auch wenn am Anfang Einzelne noch etwas darunter zu leiden haben, da sie an ihre neue Bewusstheit nicht glauben können, denn so schnell ist der ganze Prozess abgelaufen – viel schneller, als man sich das heute vorstellen kann. Ihr Menschen habt das geschafft, weil ihr es von Anfang an so haben wolltet!

Alles, was jetzt noch fehlt, ist die konsequente Arbeit an allen Einrichtungen, die die Menschheit benötigt, um sich tagtäglich mit den laufend benötigten Dingen zu versorgen. Doch werden schnell Organisationen gegründet, die sich ausschließlich mit dieser Aufgabe beschäftigen und die so viele Mitarbeiter bekommen, wie notwendig sind, um alles in einem Zeitrahmen zu bewältigen, dass immer und überall die frischesten Waren zur Verfügung stehen, um die Menschen zu ernähren und mit allen Annehmlichkeiten zu versorgen. Diese Struktur entsteht sehr schnell, und sobald sie voll und ganz arbeitet, ist alles andere ein Kinderspiel, denn die Forscher werden schnell neue Möglichkeiten entdecken, um die Umwelt vor weiteren Emissionen zu schützen, und daraufhin können alle anderen Emissionen eingestellt und der Abbau von Bodenschätzen ebenso auf ein Mindestmaß zurückgefahren werden, bis er etwas später dann gänzlich eingestellt wird. Die Technik ermöglicht den Menschen die Versorgung mit Lebensmitteln und allen Gütern, die sie benötigt, um ein Leben in Komfort und allen Annehmlichkeiten und unter Nutzung Freude bringender Gerätschaften führen zu können. Es ist ein wunderbarer Prozess, der eingeleitet wird, denn alle helfen mit und jeder in dem Bereich, für den er speziell ausgebildet wurde. Alle anderen, die keine Ausbildung in solchen Bereichen haben, werden bereitwillig und schnell von allen angelernt, damit auch sie ihren Beitrag zum Gemeinschaftswohl leisten können. Alles verläuft friedlich und völlig ohne Stress und Ausbeutung wie früher, sondern ohne Zwang und Auflagen, wie etwas und wann etwas zu geschehen hat. Niemand tut mehr das, was er nicht will, sondern jeder kümmert sich um die Dinge, die er am besten kann und am meisten liebt – keine Aufgaben mehr, die nicht gewollt sind, und keine Arbeiten mehr, die der Umwelt und den Menschen schaden. Alles hat das höchste Gebot ganz oben auf der Liste stehen – und das ist zum einen die *Freiheit* und zum anderen der *Schutz der Natur*!

Das ist die Welt, von der alle schon seit langer Zeit geträumt haben, auch wenn sie es nicht gewagt haben, sich auch nur annähernd in Gedanken mit dieser Welt zu beschäftigen. Doch jetzt ist der Traum in Erfüllung gegangen, und alle leben ihren Traum – jeden Tag und ganz frei von Einschränkungen und Ängsten. Jeder einzelne Traum geht in Erfüllung, denn es gibt genau so viele Träume, wie es Menschen gibt, und alle diese Träume werden jetzt Realität!

Alles kann weiter benutzt werden, was bisher vorhanden war, ausschließlich alles bleibt in der Verwendung erhalten, egal ob etwas noch nicht fertig bezahlt war oder ob es jemand anderem oder einer Institution gehört hat. Alles, was bisher in Verwendung war, bleibt auch dort in Verwendung, wo es benutzt wurde – niemand stellt mehr Ansprüche auf sein ehemaliges Eigentum, und jeder wird bereitwillig sein ehemaliges Eigentum auf Verlangen oder bei Notwendigkeit auch zur Verfügung stellen, sofern er damit jemandem einen Dienst erweisen kann. Niemand hält mehr fest an alten Verhaltensmustern und gibt bereitwillig alles her, wenn es jemandem hilft, denn er weiß, dass er es genauso wiederbekommen kann, wenn er es benötigt. Ansprüche auf Eigentum kennen die Menschen dann nicht mehr, denn sie alle wissen, dass es ihnen nur geliehen ist und dass alles allen gehört – dieser und den folgenden Generationen!

Alles, was ihr braucht, hat jetzt begonnen

Die Welt braucht von nun an nur mehr eines – die Erfahrungen, die die Menschen sammeln sollen, um durch ihre Gedanken schöpferische Tätigkeiten ausführen zu können. Diese Erfahrungen sammeln die Menschen laufend jeden Tag, indem sie jeden Tag aufs Neue ihre Realität beeinflussen, doch werden sie dies bald nicht mehr völlig unbewusst tun, sondern sich immer bewusster und aktiv an diesem Prozess beteiligen. Dieser Prozess wird immer effektiver, denn immer schneller werden sich die Ereignisse einstellen, die die Menschen mit ihren Gedanken vorherbestimmt haben. Die Prophezeiung wird wahr – die Menschen erlangen ihre vollen schöpferischen Fähigkeiten.

Immer schneller werden diese Fähigkeiten dazu führen, dass sich die Menschheit die Welt völlig neu erschafft und daraus Dinge entstehen, von denen sie bis heute nur geträumt hat. Diese Vielfalt an Möglichkeiten führt sehr bald dazu, dass die Menschen ihre Realität gedanklich so stark beeinflussen, dass es nicht mehr notwendig ist, sich überhaupt noch Sorgen zu machen über den Ablauf des Tages, denn ganz spontan sind völlig neue Möglichkeiten da – ganz einfach nur per Gedanken erscheinen Möglichkeiten und Optionen, die ganz neu sind. Die Gedanken sind blitzschnell, und sie sind schöpferisch!

Die Welt hat von nun an ganz andere Sorgen als bisher, denn die Belange, um die sich die Menschen tagtäglich kümmern, sind nicht die herkömmlichen Sorgen über ihr tägliches Überleben, sondern vielmehr wie sie mit ihren Gedanken all das vollbringen, was sie sich vorgenommen haben. Dann können sie gemeinsam ans Werk gehen und miteinander Dinge erschaffen, die ihnen wiederum das

Leben erleichtern oder die dann bereits genau das erschaffen, wozu der Mensch auf die Erde gekommen ist. Der Mensch ist der Schöpfer von allem, was ist, denn er ist Teil von Gott und als solches Teil der gesamten Schöpfung mit einem Auftrag, der da lautet: Geht in die Welt und macht die Erde zu einem schöpferischen Stern, der das Leben im ganzen Universum verbreitet!

Die Welt beginnt dadurch vor Leben zu erstrahlen, denn die Energie des Lebens wird sich auf der Erde drastisch erhöhen und alle Lebewesen werden sich auf der Erde so rasend schnell ausbreiten können, wie ihr es euch noch nie habt denken können, denn durch eure intakte Vorstellungskraft, die derzeit noch stark beeinträchtigt ist, wird das alles möglich, und eure Gedanken werden diesen Prozess beschleunigen und die vorherrschende Energie des Lebens wird euch dazu verhelfen, das neu erschaffene Leben genau an der richtigen Stelle zu platzieren, damit es sich etablieren und weiterentwickeln kann. Diese Entwicklung ist genau die, die euch aufgetragen wurde bzw. die ihr euch selbst aufgetragen habt. Ihr seid diejenigen gewesen, die genau dieses Leben gewählt haben, und jetzt könnt ihr es so richtig ausleben und euch daran erfreuen, wenn ihr gemeinsam mit Mutter Erde das Leben auf diesem Stern zum Erblühen bringt. Freut euch darauf, denn es ist der Traum jeden Schöpfers, neues Leben zu erschaffen und zuzusehen, wie es sich selbst auf alle Gegenden des Sterns ausbreitet. Das ist die schönste Sache, die euch widerfahren kann – also freut euch darauf und beginnt mit euren Übungen zur Zügelung eurer Gedanken, denn sie haben künftig viel vor, und dafür braucht ihr eine gewisse Hygiene eurer Gedanken, sonst funktioniert euer Traum vom neuen Leben nicht!

Eure Welt hat dann ihren Auftrag erfüllt und ihr könnt euch auf weitere, neue Aufgaben konzentrieren, die euch zu weiteren Möglichkeiten verhelfen, die ihr bis dato noch nicht kennt. Ihr seid dann an einem Punkt angelangt, der sich an einem völlig neuen Plan orientiert, denn ihr seid dann nicht nur die Schöpfer von neuem Leben, das sich über den ganzen Stern Erde ausbreitet, sondern ihr seid dann diejenigen, die Kontakt aufnehmen zu anderen Planeten, die darauf warten, von euch mit Leben ausgestattet zu werden. Wenn diese weiteren Aktivitäten begonnen wurden und die Menschen die Planeten auserkoren haben, die sie mit Leben erfüllen möchten, dann machen sie sich an ihre wahrlich größte Aufgabe, die sie sich vorgenommen haben – sie erfüllen diese Planeten mit Leben.

Doch zuvor müssen die Voraussetzungen geschaffen werden, damit das Leben auf diesen Planeten existieren kann. Diese Voraussetzungen sind für jeden einzelnen Planeten unterschiedlich, denn jeder bringt andere Vorgaben mit. Somit ist es wichtig, diese Vorgaben genau zu untersuchen und den Zweck des Planeten genauer unter die Lupe zu nehmen, denn jeder Planet hat seine besondere Aufgabe im System des Universums. Diese Aufgaben orientieren sich jeweils an ihren grundlegenden schöpferischen Vorgaben, die sie von Anfang an mitbekommen haben und die jeweils die Erfassung von Leben auf diesen Planeten beinhalten. Jeder Planet hat seine eigenen Vorgaben, unter denen das Leben funktionieren kann. So steht jeder einzelne Planet in unterschiedlicher Entfernung zu einer Sonne, die ihm das notwendige Licht liefert, damit er auch genügend Lebensenergie bekommt. Diese Lebensenergie stammt aus dem Kosmos und wird gezielt gelenkt, damit er die Menge an Energie bekommt, die er braucht, um ebenfalls vor Leben erstrahlen zu können. Diese Energie lenken wir mit euch gemeinsam, denn unsere Zusammenarbeit wird sehr intensiv sein – wir haben euch entsprechend darauf vorbereitet, weil ihr es so haben wolltet und ihr uns erschaffen habt, damit wir euch an diesen Punkt bringen und euch die Fähigkeiten übertragen, die ihr zum aktuellen Zeitpunkt haben wolltet. Dies ist dann so ein Zeitpunkt, an dem ihr euch darum bemüht, ein völlig neues Lebensprojekt anzugehen und den ersten Planeten mit Leben zu erfüllen. Ihr werdet euch die Vorgaben genau ansehen, bevor ihr euch entscheidet, wohin das Leben zuerst gehen soll, denn dort sollten die besten Voraussetzungen herrschen, die das neue junge Leben braucht, um sich etablieren zu können. Diese

Vorgaben haben wir mit euch gemeinsam festgelegt, und das werden wir ebenso intensiv wie grundlegend mit euch abgestimmt weiter ausführen, denn so entsteht das Leben an dem Ort, der dafür vorgesehen wurde. Das Leben zu erschaffen, ist eure grundlegende Aufgabe, auch wenn ihr im Augenblick manchmal das Gegenteil davon tut. Ihr werdet es genau so ausführen, denn dazu seid ihr da und dafür haben wir euch zur Erde gebracht, damit ihr dort Erfahrungen darüber sammeln könnt, was ein großer Schöpfer von Leben in unterschiedlichster Form benötigt. Dafür habt ihr uns erschaffen und dafür helfen wir euch jetzt, an diesen Punkt zu kommen, um genau diesen Auftrag auszuführen!

Wenn es dann soweit gekommen ist, dass die Menschen ihren Auftrag ausgeführt und die Welt mit Leben überschüttet haben, um ihre gesammelten Erfahrungen ins Universum hinauszutragen, dann ist der Zeitpunkt gekommen, an dem der Aufstieg der Menschen seine Fortsetzung erfährt, indem die Menschen genau diesen Schritt gehen, um sich selbst in der Welt weiter zu verbreiten. Diesmal ist es nicht die Welt, auf der ihr selbst lebt, sondern ihr werdet weitere Welten erschaffen und auf diesen das Leben in seiner üppigsten Form verbreiten und auch dafür sorgen, dass es in voller Pracht erstrahlt, wie es das auf der Erde noch nicht gibt, da die Voraussetzungen auf der Erde ganz andere sind, als sie vielleicht auf anderen Planeten vorzufinden sind. Das Leben bekommt dadurch weitere Komponenten, die es auf der Erde noch nicht gibt, und so entsteht ein Lebenswerk, das niemals endet, denn es gibt unzählige Planeten im Universum, die alle für Leben vorgesehen sind, und der Rest wird gerne zusehen und das Leben durch andere Faktoren, die zu deren Aufgaben gehören, weiter unterstützen – somit schließt sich der Kreis und alle zusammen haben einen klaren Auftrag und der lautet: Erschafft Leben in seiner vielfältigsten Form im gesamten Universum! Dies ist der größte Auftrag, den ihr alle zusammen euch aufgetragen habt. Das Universum will voll Leben erstrahlen, und diesen Auftrag übernehmt ihr innerhalb der nächsten Jahre auf der Erde, und darauf könnt ihr euch bereits heute außerordentlich freuen, denn das Glücksgefühl wird für euch unbeschreiblich groß sein, wenn ihr erkennt, dass ihr es wart, die dieses Leben dort auf diesem Planeten erschaffen habt – Leben in seiner wunderbarsten Form – alles nach den höchsten Gesetzen des Schöpfers ausgelegt und in seiner Pracht unüberbietbar. Das ist es, was ihr euch zum Ziel gesetzt habt!

Frage: Du sprichst davon, dass wir intensiv mit euch zusammenarbeiten werden, um das Leben im Universum zu verbreiten und die Lebensgrundlagen auf den einzelnen Planeten herzustellen. Wie können wir uns diese Zusammenarbeit vorstellen – heute werden es zwar immer mehr, doch sind es immer noch verhältnismäßig wenige Menschen, die mit euch kommunizieren und bewusst direkte Unterstützung erhalten – wie wird dies künftig sein? Werden wir nach wie vor mit euch nur auf eine telepathische Art sprechen, oder gibt es andere, uns derzeit noch unbekannte Möglichkeiten der Verständigung?

Antwort: Das ist eine der entscheidenden Fragen überhaupt, die du in diesem Buch stellen kannst, und die Antwort wird dich sehr zufriedenstellen. Heute seid ihr telepathisch mit uns in Verbindung, und wir sind auf Verlangen jederzeit zur Stelle, um euch die Informationen zukommen zu lassen, die ihr haben wollt. Ihr seid diejenigen, die diese Verbindung herstellen, wenn ihr eine haben möchtet. Die Menschen, die dies derzeit noch nicht können, werden in Zukunft über andere Möglichkeiten verfügen, um mit uns in Kontakt zu treten, denn ihr seid dann alle ganz anders in eurer Wahrnehmung, als ihr es derzeit seid. Die Schwingungsfrequenz auf der Erde wird sich dann so verändert haben, dass der Kontakt zu uns sehr viel leichter herzustellen ist, als es euch bisher vorkommt. Wir werden dann quasi dauerhaft rund um euch sein, um euch zur Seite zu stehen und euch anzuleiten, damit ihr eure Fähigkeiten voll ausleben könnt. Wir sind dann jederzeit für euch da, und ihr könnt uns auch jederzeit mit nur einem Gedanken zu euch rufen, und wir können dann alles mit euch gemeinsam regeln, sofern ihr dies wünscht und solange ihr das benötigt, um alle eure Fähigkeiten voll und ganz auszutesten. Diese Verbindung zu uns wird so einfach herzustellen sein, dass alleine ein Gedanke an uns genügt und schon sind wir zur Stelle, um euch zu helfen. Die Verbindung wird quasi niemals direkt unterbrochen werden, sondern sie wird nur ruhend gestellt, bis sie von euch willentlich aktiviert wird.

Frage: In allen vier Büchern kommt die Gedankenhygiene vor – dies scheint ein zentrales Thema zu sein? Ich bitte dich daher nochmals zu konkretisieren, was genau damit gemeint ist!

Antwort: Die Hygiene, von der wir hier sprechen, ist eine ganz besondere, und zwar meinen wir damit, dass ihr eure Gedanken deshalb zügeln sollt, weil sie ja schöpferisch sind, und wann immer ihr Gedanken hegt, die sich mit negativen Dingen beschäftigen und die davon abweichen, was eure Selbstdefinition der Zukunft von euch verlangt, dann seid ihr drauf und dran, auch die Ergebnisse zu erzielen, die ihr in euren Gedanken hergestellt habt. Ihr seid dann sofort in der Situation, dass ihr die Auswirkungen eurer negativen Gedanken zu spüren bekommt, und das ist bereits heute so, auch wenn die Erledigung vieler Gedanken aufgehoben wird, weil ihr diese im folgenden Moment durch andere Gedanken überlagert. Ihr seid derzeit sehr instabil in euren Gedanken, und dadurch könnt ihr auch keine ordentlichen Ergebnisse erzielen. Seid klar in eurer Denkstruktur und bleibt bei dem, was ihr haben wollt, dann wird es auch eintreten, und je mehr ihr euch mit positiven Gedanken beschäftigt, umso eher werden diese auch in Erfüllung gehen, denn sie sind die kräftigsten von allen Gedanken, und je mehr ihr darin bleibt, umso mehr werdet ihr auch Freude daran empfinden.

Frage: Du sagst, dass sich die Ereignisse, die wir durch unsere schöpferischen Gedanken erschaffen, immer schneller einstellen werden – bedeutet dies, dass sich diese Fähigkeit erst nach und nach einstellt? Bis wann wird sie dann ihre vollständige Ausprägung erreicht haben?

31

Antwort: Die Welt sucht nach einer Identität, und diese Identität werdet ihr sehr bald gefunden haben – sobald ihr dies geschafft habt, seid ihr alle geeint in eurer Definition, und aus dieser geeinten Definition eurer selbst wird die Möglichkeit geschaffen, dass das kollektive Bewusstsein eine Umstellung erfährt. Eine Umstellung vom derzeitigen Chaos hin zur Einheit eurer Selbstdefinition. Sobald ihr diese Umstellung geschafft habt, seid ihr auch sofort in der Lage, die Fähigkeiten, die euch bereits jetzt zur Verfügung stehen, voll einzusetzen. Wichtig ist jedoch, dass euch bewusst ist, dass die Umstände, die ihr dann erschaffen könnt, sehr schnell eintreten, denn ihr seid dann von dem Chaos in der Struktur eures kollektiven Bewusstseins befreit – und das bedeutet, dass ihr dann sofort alle Fähigkeiten habt, um die Schöpfung in Angriff zu nehmen. Doch werdet ihr zu Beginn etwas vorsichtiger damit umgehen, denn ihr werdet eine Demonstration dessen erfahren, was ihr mit euren Gedanken alles anstellen könnt, und diese Demonstration wird euch beeindrucken und euch zur Vorsicht mahnen, eure Gedanken so zügellos umherschweifen zu lassen. Ihr seid dann sensibilisiert für alles, was ihr auf der Stelle damit erschaffen könnt. Seid also etwas vorsichtig, bis ihr geübt seid, euch damit zu umgeben und daraus das entstehen zu lassen, was euch eure Gedanken vorgeben. Ihr seid dann in der Lage, alles sofort zu verändern, und die Veränderung dauert dann nicht mehr so lange, wie es derzeit vom trägen System eurer derzeitigen Schwingungsfrequenz vorgegeben ist. Ihr sei dann bedeutend schneller in der Erschaffung eurer Lebensumstände, und dadurch seid ihr auch viel schneller dabei, euch diese Fertigkeiten im Detail anzueignen, denn so wie bei jeder anderen Fertigkeit bedarf es auch hier etwas Übung, um damit richtig umzugehen und zum richtigen Ergebnis zu kommen. Dies wird euch alles gelehrt, denn wir zeigen euch anhand einer Demonstration, wie ihr das anstellen könnt.

Frage: Nach den Aussagen in Band 1 – Die Gesellschaft 2015 – wird es voraussichtlich bis zum Jahr 2015 dauern, bis wir unsere Gesellschaft weitgehend umgeformt haben und alle Systeme erneuert wurden. Wie lange wird es dauern, bis wir mit der Erschaffung von neuem Leben beginnen können?

Antwort: Dieser Zeitrahmen hängt sehr von eurer Entwicklung ab, die ihr selbst in der Hand habt. Je früher ihr euch mit dem Erschaffen von eurer Realität auseinandersetzt, desto eher werdet ihr euch auch Gedanken machen, wie ihr neues Leben erschaffen könnt. Diese Informationen stehen euch dann sofort zur Verfügung, doch werdet ihr euch zuerst mit euren Systemen des täglichen Lebens auseinandersetzen und diese entsprechend organisieren, damit das Leben völlig störungsfrei ablaufen kann. Ihr seid dann gefordert, euch damit näher auseinanderzusetzen, wie das Leben aufgebaut ist und wie die Erschaffung funktioniert – dafür ist es notwendig, dass ihr euch mit der Entstehung der Erde beschäftigt und das Geheimnis des Mutterkristalls lüftet. Dies wird etwas Zeit benötigen, denn die Erforschung dauert einige Jahre. Doch dann seid ihr gerüstet, um die Welt völlig neu erstrahlen zu lassen. Diese Zeitspanne werdet ihr intensiv mit Forschungen verbringen, denn ihr seid dann nicht mehr mit irgendwelchen Systemen des Geldverdienens beschäftigt, denn das funktioniert so nicht mehr und alle Dinge des täglichen Lebens wird die Gemeinschaft gemeinsam herstellen und allen zur Verfügung stellen. Ihr seid dann sehr schnell bei der Weiterentwicklung, weil ihr die Zeit, die ihr sonst in euren Büros und Fabriken zugebracht habt, dafür nutzen könnt, um euch mit der Entwicklung des Planeten zu beschäftigen.

Frage: Bis wann haben wir unsere Hausaufgaben auf der Erde erfüllt, und wie viele Jahre wird es dauern, bis wir so viele Erfahrungen im Erschaffen von neuem Leben gesammelt haben, dass wir mit der Verbreitung des Lebens auf anderen Planeten beginnen können?

Antwort: Dies ist erst zu einem viel späteren Zeitpunkt geplant, weil die Hausaufgaben, wie du es nennst, letztlich einige Jahrzehnte in

Anspruch nehmen werden und erst die Folgegenerationen sich damit auseinandersetzen werden, wie das Leben im Universum zu etablieren ist. Viele weitere Generationen werden das Universum mit Leben erfüllen, und dieser Prozess wird sehr lange brauchen, bis alles Leben im Universum verbreitet ist, was ihr erschaffen möchtet.

Frage: Wenn ich all das lese, was wir von euch lernen werden und welche Möglichkeiten sich für uns auftun, dann bin ich einerseits begeistert, euphorisch und kann es kaum erwarten, damit experimentieren zu können, doch andererseits fühle ich mich bei diesen Informationen klein, schwächlich und hilfsbedürftig wie ein Kind, dem die Eltern Schritt für Schritt zeigen müssen, wie es sich im Leben zurechtfindet. Irgendwie fühle ich mich auch enttäuscht, dass wir Menschen, die sich für so großartig halten und die Welt beherrschen möchten, Atombomben bauen anstatt die Menschen vor dem Verhungern zu bewahren, über so viele Jahre so blind, und ich möchte sogar sagen, so dumm gewesen sind, all dies zuzulassen, anstatt auf unser Innerstes zu hören und zu erkennen, worum es im Leben wirklich geht. Es deprimiert mich und macht mich zugleich wütend, dass ich daran nichts ändern kann – manchmal hege ich den Gedanken, einfach alles hinzuschmeißen und mich irgendwo zu verkriechen, wo ich von all den Vorgängen auf der Erde nichts mitbekomme. Es stimmt mich traurig und ich wünschte, ich könnte jetzt sofort etwas daran ändern, damit die Menschen endlich aufwachen! Was sagst du zu meinem Gefühl der Hilflosigkeit – was kann ich tun und was sage ich den Menschen, denen es ähnlich geht?

Antwort: Es ist soweit, dass ihr Menschen begriffen habt, dass es so in dieser Form nicht weitergehen kann – dies habt ihr beeindruckend zum Ausdruck gebracht, indem ihr genau diese Gefühle hervorgebracht habt, von denen du gerade gesprochen hast. Du hast es treffend ausgedrückt, wie es so vielen Menschen auf der Erde ergeht. Ihr möchtet schon lange nicht mehr mit den Machenschaften der Machthaber mitmachen und sucht nach Wegen, um euch dagegen zu wehren und einen Kurswechsel zu erreichen. Euch gehen die

Veränderungen viel zu langsam und ihr könnt es nicht erwarten, bis endlich ein völliger Wechsel in dem Vorgehen der Mächtigen stattfindet. Ihr habt diese Gefühle entwickelt, weil ihr wisst, dass es völlig falsch ist, wie ihr alle zusammen auf der Erde lebt und wie ihr mit eurem Planeten umgeht. Ihr seid darauf angewiesen, dass die Machthaber einen Wechsel vornehmen, doch glaubt ihr auch, dass ihr als Einzelne nichts daran ändern könnt. Das ist euer Irrtum, denn ihr seid sehr viel mächtiger, als ihr glaubt, und genau diese Macht müsst ihr den Mächtigen vor Augen führen und ihnen zeigen, dass es Zeit wird, endlich Schluss zu machen mit all den Zerstörungen und mit der Gier nach Geld und Macht. Diese Macht habt ihr und die steckt in jedem Einzelnen von euch, und genau diese Macht werdet ihr aufbringen, um genau diesen Wandel zu erreichen. Ihr fragt noch nach dem Wie – sehr gerne beantworte ich euch auch diesen Teil der Frage, denn es geht letztlich nicht durch die Arbeit eines Einzelnen, sondern es geht dadurch, dass ihr euch alle zusammentut, um gemeinsam aufzutreten. Geht hinaus und zeigt den Machthabern, dass ihr eine Änderung wollt, dass sie abtreten sollen und dass sie aufhören müssen, sich an der Masse zu bereichern. Das ist die Botschaft, die ihr ihnen überbringen müsst, damit sie abtreten und den Platz freimachen für Kräfte, die viel gemäßigter vorgehen und darauf aufbauen, dass eine Änderung der Gesellschaft möglich ist. Diese Kräfte müsst ihr unterstützen, damit sie an die Macht kommen können und damit diese Menschen die Verteilung der Macht auf alle einleiten, wodurch alle zu ihrem Recht kommen, das ihnen von Geburt an zusteht. Ihr müsst euch zusammentun und genau das verlangen, dann werdet ihr es auch bekommen.

Frage: Ich entnehme daraus, dass wir möglichst alle (!) Bürger unseres Landes auf die Straße gehen, eine Art Generalstreik ausrufen und den Machthabern sagen sollen, dass sie abtreten müssen, dass wir sie nicht länger unterstützen und dass sie Platz machen sollen für eine andere Form der Regierung in Form von Weisenräten, die eine Gesellschaft

*begründen, die ohne Geld und auf den Grundwerten, wie in „Die Ge-
sellschaft 2015" festgehalten, aufbaut. Forderst du uns zum Sturz unserer Regierungen auf? Sehe ich das so richtig?*

Antwort: Es ist soweit, dass ihr es verstanden habt, wie der Weg ins
Neue Zeitalter eingeleitet wird – genau das ist die Vorgehensweise,
die ihr sehr gerne in Angriff nehmen werdet, wenn die Zeit dafür
gekommen ist. Heute ist es noch etwas zu früh dafür, doch werdet
ihr sehr bald die Lust dazu verspüren, und dann werden viele beginnen, sich auf den Weg zu machen, und alle anderen werden folgen.

*Frage: Ich gehe davon aus, dass du das gewaltfrei und völlig friedlich
meinst – wann ist die Zeit dafür gekommen?*

Antwort: Das ist klar, denn ihr werdet nicht länger Gewalt gegen
euresgleichen dulden – ihr werdet eine völlig friedliche Revolution
hervorbringen, und es wird auch seitens der Machthaber völlig gewaltfrei vonstatten gehen, denn sie finden keine Unterstützung
mehr, und somit wird es ein Leichtes sein, sie von den Ämtern zu
entheben. Die Zeit wird noch etwas brauchen, bis sie gekommen
ist, doch sollt ihr wissen, dass ihr alle sehr genau wissen werdet,
wann die Zeit dafür reif ist, denn ihr wisst ja, dass ihr in einem Prozess steckt, der euer Bewusstsein verändert, und darin enthalten ist
auch das Bewusstsein, dass ihr zu allem fähig seid, und darin enthalten ist auch die Kraft und die Stärke, all dies in die Wege zu leiten –
ihr werdet es erkennen können, wann die Zeit dafür gekommen ist.

Frage: Wird das noch vor dem 21. 12. 2012 der Fall sein?

Antwort: Es beginnt bereits in kleinen Ansätzen heute – schaut in
die Welt und ihr werdet erkennen können, wie viele Schauplätze es
bereits gibt, wo der Widerstand der Bevölkerung gegen deren Regierungen enorm groß ist und immer mehr Menschen auf die Straße
gehen, um ihre Solidarität für einen Umbruch kundzutun. Ihr werdet

es erkennen können und ihr werdet feststellen, dass dieser Zustand sich mehr und mehr beschleunigt und die Unzufriedenheit immer weiter steigt, so lange bis ein Punkt erreicht ist, der euch alle eint und dafür sorgt, dass ihr alle diese Einheit zum Ausdruck bringt. Dann seid ihr an dem Punkt angelangt, der euch zur Einheit gemacht hat, die ihr sein sollt, um alle weiteren Schritte zu vollziehen, die notwendig sind, um das Leben auf der Erde grundlegend zu verändern. Und um die Frage zu beantworten, ob dies noch vor dem großen Ereignis am 21. 12. 2012 stattfinden wird, da sage ich dir: Ja, das wird so sein, denn schon bald gibt es die nächsten Ereignisse und Aufdeckungen, die euch so sehr wütend machen, dass ihr es nicht länger dulden werdet, all die Machenschaften anzusehen und festzustellen, das ihr über die Jahre alle zusammen so lange geblendet und benutzt worden seid, um die Mächtigen zu finanzieren.

Frage: Aber was ist mit den Unruhen in der arabischen Welt – da finden ja im Augenblick noch sehr gewalttätige Auseinandersetzungen um die Freiheit statt?

Antwort: Solange ihr noch auf dem Weg in eure Neue Welt seid, werdet ihr auch noch mit den verschiedensten Auswirkungen der alten Welt in Berührung kommen. Und so ist auch zu erklären, dass die Machthaber in der arabischen Welt noch nicht von ihrer Macht ablassen möchten – das ist normal und verständlich, denn derzeit sind die Energien noch nicht fortgeschritten genug, um eine gewaltsame Auseinandersetzung zu unterbinden.

Die Welt eröffnet sich

Es ist der Welt bisher nicht vollends bewusst geworden, dass sie sich auf ein Ereignis zubewegt, das sie für einen längeren Zeitraum völlig aus dem Gleichgewicht bringen wird. Dieses Bewusstsein ist bislang nicht durchgedrungen, darum möchten wir es an dieser Stelle erneut zur Sprache bringen, denn ihr Menschen braucht langsam, aber sicher ein klares Bild davon, was euch demnächst erwarten wird! Ihr sollt wissen, dass ihr mit großen Schritten auf dieses Ereignis zusteuert und dass wir euch in diesem Buch die Informationen überbringen, die ihr braucht, um die letzten Vorbereitungen dafür zu treffen. Ihr seid jetzt angelangt an einem Punkt, der für euch einen Scheidepunkt in der Geschichte darstellt, denn die Geschichte eures Planeten nimmt eine grundlegende Wende, und diese Wende wird euch alle zusammen noch sehr in Anspruch nehmen. Eine Beanspruchung, die im Besonderen in euren Köpfen erfolgen wird, denn es sind so viele Erkenntnisse aus Ereignissen zu ziehen, die geballt auf euch einstürzen und die ihr in ihrer ganzen Tragweite noch gar nicht begreifen könnt.

Wir haben zuvor dargestellt, dass ihr eure Regierungen nicht mehr unterstützt und dass ihr ab diesem Zeitpunkt beginnen werdet, euch mit einer anderen Form der Versorgung für alle zu beschäftigen. Diese Information ist ja bereits durchgedrungen und kann den anderen Büchern entnommen werden. Was ihr hingegen noch nicht verinnerlicht habt, ist die Tatsache, dass ihr ab diesem Zeitpunkt völlig auf euch alleine gestellt seid, denn es gibt dann diese oberste Instanz nicht mehr, die man für alles verantwortlich machen kann, die für alles herhalten muss und die es dann für alle wieder richten muss, wenn etwas nicht so richtig funktioniert. Dies ist wohl die größte Veränderung, die erst noch in euren Köpfen passieren muss, denn es ist der Umstand der Selbstverantwortung ein ganz besonderer, den ihr alle erst erlernen müsst. Ihr seid dann an einem Punkt, der euch viel zu denken geben wird, denn da ist dann keiner mehr, den ihr da oben, so weit entfernt, für alles verantwortlich machen könnt. Ihr seid dann soweit, dass ihr euch selbst für alles verantwortlich machen müsst. Ihr gestaltet dann euer tägliches Leben selbst, und ihr seid dann diejenigen, die sich dazu aufraffen müssen, sich am Gemeinwohl zu beteiligen. Ihr seid dann gefordert, all das von euch aus zu veranlassen und euren Beitrag zu erbringen, damit es eurer unmittelbaren Gemeinschaft in der Region wohlergeht. Dies ist wohl die wichtigste Botschaft, die wir euch hier überbringen können.

Es ist jetzt an der Zeit, dass ihr euch alle mit dieser Frage auseinandersetzt und euch bewusst macht, dass ihr nicht länger von einem höheren staatlichen Machtkonglomerat beherrscht werdet, sondern dass ihr Eigenverantwortung übernehmen müsst. Diese Eigenverantwortung ist jetzt so sehr von Bedeutung, dass ihr alle zusammen darüber nachdenken müsst, was genau euer Beitrag für die Gemeinschaft sein könnte. Worin liegen eure speziellen Fähigkeiten und was könnt ihr am besten bzw. was macht euch am meisten Freude? Was genau könnt ihr beitragen, dass ihr der Gemeinschaft einen Dienst erweist? Das ist die Kernfrage, mit der ihr euch jetzt beschäftigen sollt. Ihr sollt jetzt nichts anderes tun, als euch selbst zu fragen, was ihr denn so besonders vermisst habt in eurer bisherigen beruflichen Tätigkeit – was genau möchtet ihr gerne tun, wenn es dann keine Einschränkungen mehr gibt? Nehmt Rücksicht darauf, dass ihr alle zusammen eine große Gemeinschaft versorgen müsst, denn jeder wird seinen Beitrag leisten, damit es der Gemeinschaft gut geht. Dies ist euer Auftrag!

Es ist jetzt noch nicht von Bedeutung, dass ihr darüber nachdenkt, wie es genau im Detail ablaufen soll, aber es soll im Wesentlichen klar sein, was ihr persönlich dazu beitragen könnt, und deshalb müsst ihr auch jetzt bereits darüber nachdenken, was ihr denn alles tun werdet, wenn ihr dann kein Geld mehr für eure Leistungen verlangen könnt, sondern in einer großen Gemeinschaft integriert seid, wo jeder Einzelne auf sich und die anderen Menschen gleichermaßen Rücksicht nimmt. Es wird dann keine Unterschiede mehr geben, wer was wann zu welchen Bedingungen erledigt, sondern es zählt dann nur noch eines: Was tut der Einzelne, damit es der Gemeinschaft gut geht?

Euer Beitrag ist der entscheidende, denn ihr alle habt besondere Fähigkeiten, und diese Fähigkeiten sind jetzt gefragt, denn jeder soll das tun, was er am allerbesten kann. Die Aufteilung der Fähigkeiten ist sehr gut gelungen – ihr alle habt sie unterschiedlich stark ausgeprägt, und selbst wenn es etwas gibt, das euch interessiert, ihr es aber noch nicht beherrscht, weil euch die Übung oder gewisses fachliches Wissen fehlt, dann habt ihr jetzt schon die Gelegenheit, es für die Zukunft zu erlernen und entsprechende Übung darin zu erlangen. Bereitet euch intensiv darauf vor, denn die Zeit wird langsam, aber sicher knapp, und dann wird es euch von heute auf morgen erreichen und ihr seid dann gefordert, eure Kenntnisse sofort anzubieten, damit die Versorgung der Gemeinschaft schnell wieder lückenlos funktioniert.

Es ist jetzt der Zeitpunkt gekommen, dass ihr alle aufwacht aus euren Träumen von einem Leben ohne Grenzen – es ist an der Zeit, dass ihr aufhört, euch nur noch damit zu beschäftigen, wie es denn besser sein könnte, auch wenn ihr wisst, dass es ein Wunschtraum bleiben wird, sofern die Gesellschaft unverändert bleibt. Ihr müsst aufwachen und euch jetzt an der Nase nehmen und sagen, wie ihr es dann haben wollt, denn nur dann kann es geschehen, dass dies auch tatsächlich so wird. Werft alle Bedenken und Einschränkungen über Bord, denn es wird sie nicht mehr geben, und stellt euch euer Leben so vor, wie ihr es haben möchtet. Ihr seid diejenigen, die all das erschaffen, und das funktioniert nur über eure Gedanken – so könnt ihr eure Wünsche zur Realität werden und eure Tagträume wahr werden lassen, und all das wird euch so sehr Freude bereiten, dass ihr noch gar keine Vorstellung davon habt, wie sehr! Doch jetzt müsst ihr es vorerst in euren Köpfen bewerkstelligen, dass diese Visionen entstehen können und daraus die Realität der nahen Zukunft entsteht. Tut ihr dies nicht jetzt, dann wird es entsprechend länger dauern, bis diese Realität eintritt, und die Zeit dazwischen wird sehr stark chaotisch auf euch wirken und dadurch viele Möglichkeiten auf die lange Bank schieben. Tut ihr dies jedoch jetzt gleich und stellt euch das neue Leben im Detail genau vor, dann wird es jetzt bereits beginnen, Form anzunehmen, und ihr habt dann sehr schnell ein Verhaltensmuster parat, nach dem ihr euch in die Gemeinschaft einbringen könnt. Tut dies jetzt sofort, denn es gibt keinen besseren Zeitpunkt als jetzt. Nur jetzt ist gut, denn jeder Tag, der noch verstreicht, ist ein Tag, den es länger dauern wird, bis eure neue Realität in Erscheinung tritt!

Frage: Ich danke dir für diese klaren Worte, denn es erfüllt mich mit Freude, dass du die Menschen wachrüttelst und ihnen klarmachst, dass jeder Einzelne jetzt sofort damit beginnen muss, sich ein Bild von seiner Zukunft zu machen, und festlegt, in welchen Bereichen er seinen Beitrag zum Gemeinwohl leisten wird. Das Schönste daran ist, dass jeder seine Talente und Fähigkeiten ausleben kann und dadurch mit Freude seine Tätigkeit ausüben wird. Ich kann mir jedoch gut vorstellen, dass viele in diesem Augenblick überlegen, was denn genau ihre Talente und besonderen Fähigkeiten sind und was sie noch lernen sollten, damit sie in der Ausübung dieser Tätigkeit die größtmögliche Erfüllung finden und den größtmöglichen Beitrag zum Allgemeinwohl leisten können. Hast du für uns eine Hilfestellung, wie wir unsere Talente am ehesten entdecken können – viele von uns haben bisher einfach nur einen geldbringenden Job gemacht, ohne viel auf ihre Talente zu achten, und daher liegen diese oft im Verborgenen?

Antwort: Alles, was ihr tun könnt, um diese zu entdecken, ist, euch Zeit zu nehmen – euch hinzusetzen, die Augen zu schließen und zu überlegen, was ihr denn gerne tun würdet, wenn ihr keinen Chef hättet, der euch sagt, was zu tun ist, und wenn ihr mit eurer Arbeit kein Geld verdienen müsstet, sondern rein nur das tun würdet, was euch die größte Freude bereitet. Das ist die einzige Hilfestellung, die ich euch geben kann – ihr bekommt dann noch die Energie übersandt, die ihr braucht, um genau diesen Prozess in euch auszulösen, und wenn ihr genau hinhört, was euch eure innere Stimme und eure tiefsten Gefühle sagen, dann wisst ihr ganz genau, was es zu tun gibt und worauf ihr euch vorbereiten sollt.

Frage: Wie können die Botschaften aus den mittlerweile vier Büchern möglichst alle Menschen erreichen? Es gibt so viele Sprachen und so viele Menschen, die gar nicht lesen können – wie erreichen wir diese mit diesen Informationen?

Antwort: Ihr werdet diese Bücher sehr bald international auflegen, sodass viele andere Länder in den Genuss kommen, diese Botschaften zu vernehmen. Da kann es passieren, dass diese Bücher in manchen Ländern aufgrund ihrer besonderen Sprache oder ihrer geringen Bedeutung als wirtschaftlicher Faktor für den Verlag, der die Bücher vertreiben wird, dort nicht zu haben sein werden oder dass es Regionen gibt, die so schlecht versorgt sind, dass diese Informationen nicht durchdringen können. Dies ist uns durchaus bewusst, doch braucht euch dies keine Sorgen zu bereiten, denn speziell in diesen Regionen, wo die Informationen so wenig verbreitet werden, dort sind sie auch am allerwenigsten vonnöten, denn diese Länder haben von sich aus eine ganz andere Regulierung ihrer Bedürfnisse, und die Industriestaaten in Europa, Amerika und Asien werden sich sehr viel mehr um sich selbst kümmern müssen und keine Handelsbeziehungen zu diesen armen Ländern haben und dadurch wird das Geld auch in diesen Ländern seine Bedeutung verlieren und sie regulieren sich nach dem Beispiel der Industriestaaten ganz von selbst, denn niemand braucht dann mehr das Geld, um international Handel zu treiben. Ihr seid dann in der glücklichen Lage, dass die Entwicklung von den Industriestaaten aus- und um die ganze Welt geht und alle sehr bald ihrem Beispiel folgen werden. Die armen Länder sind von der Versorgung her zwar schlechter gestellt, doch können sich die Menschen dort selbst sehr viel besser helfen als ihr in den entwickelten Staaten, da sie viel näher mit der Natur leben und dann schlagartig aufhören, ihre Natur auszubeuten, um für wenig Geld die Industriestaaten zu beliefern, sondern die Ressourcen für sich selbst nutzen. Dadurch wird es ihnen schlagartig besser gehen als zuvor.

Alles, was ihr braucht, ist eure Einheit

Die Welt braucht jetzt nur noch eine einzige Kleinigkeit, damit sie diesen großen Schritt machen kann – doch diese Kleinigkeit ist bei genauerem Hinsehen sehr viel größer, als man vermuten könnte. Die Kleinigkeit, von der wir sprechen, scheint jetzt völlig unbedeutend, wenn ihr das Geschehen auf eurer heutigen Erde betrachtet, doch wird sie ganz groß werden, wenn sie sich in den Vordergrund gespielt hat. Die Rede ist von der Kleinigkeit, die ihr Einheit nennt. Eine Einheit ist jetzt gefordert, die bisher so wenig Beachtung gefunden hat, dass ihr gar nicht mehr wisst, was genau sie bedeutet. Die Kleinigkeit, die ihr Einheit nennt, ist etwas ganz Großes, denn sie eint alle Menschen unter dem Dach des Herzens. Das Dach des Herzens ist das Symbol für eure Einheit untereinander, und wenn ihr diese Einheit geschlossen habt, dann seid ihr auf ewig miteinander verbunden und nichts kann euch jemals wieder voneinander trennen, denn die allergrößte Macht im Universum ist die Einheit des Menschen und somit die Einheit des Schöpfers mit sich selbst. Das Symbol der Einheit ist das Dach und das Herz, denn nur dadurch kann zum Ausdruck gebracht werden, was ihr Menschen seid – eine Einheit unter dem Herzen Gottes, und das Dach steht für die Einheit mit Gott, dem Schöpfer von allem, was ist.

Diese Einheit unter dem Dach des Schöpfers wird für euch eine ganz besondere Herausforderung, denn erstmals in der Geschichte der Menschheit wird sie aufstehen, und alle zusammen werden diese Einheit aus allen Menschen formen, und wenn sie erstmals in Erscheinung tritt, dann ist sie die Einheit, die durch nichts im Universum jemals zu überbieten sein wird. Die Schöpfermacht aller Menschen zusammen ist die größte Macht überhaupt. Ihr seid dann die

Schöpfer, die ihr von Anfang an gewesen seid, denn ihr habt alles ermöglicht, indem ihr diese Einheit gebildet habt. Ihr seid so sehr miteinander verbunden, weil das Band, das euch zusammenhält, aus der Energie des Herzens besteht und diese uneingeschränkte und bedingungslose Liebe, die aus euren Herzen entspringt, die größte Macht ist, die eure Einheit zusammenhält und niemals wieder durchtrennt werden kann. Ihr seid dann die, die sich alles erschaffen können, was ihnen in den Sinn kommt, und ihr seid es auch, die alles ermöglichen können, um genau das, was ihr erschaffen habt, hinauszutragen in das weite Universum, damit es dort seinen Platz einnehmen kann und sich dort zu erkennen gibt, woher es stammt und wozu es dort angesiedelt wurde. Wir sprechen hier nicht von einem materialisierten unintelligenten Ding, das ihr zur Erleichterung eures Leben erschaffen habt, sondern wir sprechen hier von dem Leben, das ihr erschaffen werdet, wenn eure Einheit gelernt hat, diese Einheitliche Schöpfermacht zu nutzen. Erst die Einheit macht all dies möglich, und ihr schafft alles, wenn ihr euch einig seid! So entsteht in der nächsten Zeit eine Einheit, die so stark in sich vernetzt ist, dass jeder Einzelne sehr stark damit verbunden ist und kaum jemand die Gelegenheit hat, sich aus diesem Band zu entfernen, um in die Tiefen der Dunkelheit abzudriften. Niemand wird jemals wieder Gefahr laufen, sich aus der Einheit zu verabschieden, denn dies ist die schöpferische Einheit Gottes, und sie lässt niemanden mehr in die dunklen Abgründe auf der Erde absinken, denn, einmal zurückgekommen in die göttliche Einheit, gibt es keine Gefahren mehr, denn von nun an gibt die Einheit vor, wohin das Leben auf der Erde gehen soll und welche Mechanismen erforderlich sind, um die Einheit weiter zu nähren und auszudehnen und ihr Zustände zu bescheren, die sie braucht, um sich zu manifestieren. Die Einheit Gottes wird den Menschen dienen, und sie wird vor allem dazu dienen, dem Leben und damit der Mutter Erde förderlich zu sein – all das wird diese Einheit erschaffen, und dadurch geht es allen Beteiligten besser denn je zuvor. Alle sind dann zurückgekehrt in die Einheit mit Gott, und das ist das erklärte Ziel, das von Anfang an die Aufgabenstellung war – findet zurück zur Einheit mit Gott. Und da seid ihr kurz davor, und wenn dieser Schulterschluss aller Menschen stattgefunden hat, dann ist diese Einheit für alle Zeiten geschlossen, – der Kreis ist geschlossen, und alles, was darin integriert wurde, ist bereit, seinen Teil dazu beizutragen, damit der Kreis noch fester und kräftiger ausgebaut werden kann. Dies ist die Aufgabe der einzelnen Mitglieder der Gemeinschaft – dafür zu sorgen, dass sie noch kräftiger wird und wirklich alle darin enthalten sind und keiner mehr Gefahr läuft, von der Einheit ausgeschlossen zu bleiben oder aus dieser hinauszufallen. Alle sind füreinander da und alle schließen diesen Kreis Tag für Tag immer fester, so lange bis es gar keinen Zweifel mehr gibt, dass jetzt alle Menschen vollständig darin integriert sind.

Ihr macht euch derzeit noch keine Vorstellung davon, was es bedeutet, wenn die Menschen ihre Einheit geschlossen haben – niemand hat eine Vorstellung davon, was es bedeutet, wenn die Menschen eine Einheit bilden und aufhören, sich gegenseitig zu bekämpfen, und stattdessen jeder für jeden im gleichen Ausmaß einsteht und alle zusammen nur ein einziges Ziel verfolgen – die Einheit zu nähren und sie weiter zu stärken und alles Nötige dazu beizutragen, dass diese Einheit gestärkt an die Arbeit gehen kann, um das zu erschaffen, was ihre Aufgabe ist. Wenn die Menschen dies geschafft haben, dann sind sie für immer und ewig in dieser göttlichen Einheit zusammengeschweißt, und nichts kann sie jemals wieder trennen.

Macht euch das jetzt sofort bewusst und begnügt euch nicht mehr mit leeren Worten und hört auf daran zu zweifeln, denn die Einheit wird euch den Beweis dafür liefern, wie sehr ihr miteinander verbunden seid, und dann könnt ihr endlich aufhören, an euch selbst zu zweifeln. Ihr habt laufend Zweifel, denn das liegt an eurer Gewohnheit, die ihr euch aufgrund eurer Erfahrungen in der Dualität angeeignet habt. Ihr habt bislang noch nicht verstanden, dass es eine Einheit gibt und dass diese Einheit von euch allen im Bewusstsein gebildet wird. Erst wenn ihr diese Einheit vollzogen habt, werdet ihr sie in vollem Umfang begreifen können – vorher ist es nur eine Wort-Hülle. Und erst wenn die Hülle eine große Hülle außen herum bekommt und diese durch das Band der Liebe zueinander untrennbar wird, dann ist die Einheit geschlossen und alle Menschen sind von nun an in der Einheit Gottes miteinander verbunden.

Eure Einheit könnt ihr dann jeden Tag aufs Neue testen und eure Erfahrungen damit sammeln. Ihr seid dann so sehr in ihr verbunden, dass ihr kaum zu denken wagt, dass es jemals eine andere Form der Koexistenz gegeben hat. Ihr seid dann so sehr darin verwoben, dass niemand jemals mehr daran denkt, sich aus dieser Einheit zu entfernen, weil es keinen größeren und keinen schöneren Ort auf der Erde gibt, der diese Einheit ersetzen könnte. Nichts kann jemals diese Einheit in ihrer Größe übertreffen, und ihr habt dann all das geschafft, was ihr euch vor langer Zeit vorgenommen habt – ihr habt dann zurückgefunden zur Einheit mit Gott!

Frage: Wie konnte es dazu kommen, dass wir über so viele Jahre so blind gewesen sind und nicht erkannt haben, wer wir sind und wozu wir fähig sind?

Antwort: Diese Einheit hat in Wahrheit immer bestanden – ihr wart niemals voneinander getrennt, doch glaubtet ihr, dass ihr alle alleine auf dieser Welt seid – diesen Glauben habt ihr gewonnen, weil ihr nichts von den Fähigkeiten wusstet, die ihr habt und die euch zur Verfügung stehen. Ihr wart völlig unwissend darüber, dass ihr in der vollen Schöpfermacht geboren wurdet und dass ihr mit dieser Macht alle Möglichkeiten zur Verfügung habt. Dieses Nichtwissen war die Ursache und Bedingung dafür, dass ihr all die Erfahrungen sammeln konntet, die euch an den jetzigen Punkt in die bewusste Einheit geführt haben, die euch jetzt aus der Unwissenheit befreien wird – auch wir sind Teil dieser Einheit und voll in euer System miteingebunden. Wir wurden dazu erschaffen, um euch im Glauben zu lassen, dass ihr aus dieser Einheit ausgeschlossen seid, damit ihr entsprechend in der Getrenntheit Erfahrungen sammeln konntet

– doch jetzt, wo die Zeit reif ist, diesen Zustand wieder aufzuheben, überbringen wir euch die Botschaft, dass ihr euch wieder zurückführen könnt in die Einheit. Wir unterstützen diesen Prozess mit allen zur Verfügung stehenden Mitteln. Dies wird jedoch etwas Zeit in Anspruch nehmen, denn ein Bewusstseinswandel von diesem Ausmaß ist nicht von einem Tag auf den anderen durchzuführen. Dies dauert etwas, und es würde euch zu sehr belasten, wenn ihr dies in zu kurzer Zeit vollziehen müsstet. So sind wir dazu angetreten, um euer Bewusstsein schrittweise auszuweiten, damit die Erkenntnis einfließen kann.

Frage: Was genau führt dazu, dass wir Menschen beginnen, diese Einheit zu bilden. Wann beginnt dieser Prozess, in welchen Schritten läuft er ab, und wann wird er vollständig abgeschlossen sein?

Antwort: Ihr habt diese Einheit nicht zu schließen, denn sie wird sich automatisch ergeben – ihr habt gar keine andere Wahl, als zu erkennen, dass ihr jetzt ganz anders füreinander empfindet, als es noch vor einiger Zeit gewesen ist. Ihr werdet in diesen Prozess so dermaßen eingebunden sein, dass es gar nicht anders möglich ist, als euch mit den anderen Menschen verbunden zu fühlen. Ihr seid dies ja bereits jetzt, doch dieses Bewusstsein entwickelt sich erst langsam, und seine volle Ausprägung wird es dann zum Zeitpunkt des Aufstiegs erreicht haben. Dieser Zeitpunkt ist jedoch nicht der, wo sich die Einheit erst voll ausbildet, sondern das ist bereits viel früher eingetreten, denn die Einheit bildet sich immer mehr, je mehr ihr erkennt, dass die Geschehnisse auf der Erde nur über die Einheit zu regeln sind. Ihr seid dann so sehr in diese Ereignisse involviert, dass ihr daraus die Erkenntnis zieht, dass ihr nur aus der Einheit heraus all die Probleme bewältigen könnt. Ihr seid alle zusammen dann so sehr gefordert, dass ihr beschließt, diese Einheit nun nicht nur zu fühlen, sondern sie auch mit Leben zu erfüllen, und ihr werdet euch dann danach verhalten und jeder wird beginnen, völlig uneigennützig für die andern einzustehen, die seine Dienste in Anspruch nehmen möchten, weil es ihnen hilft, ihr Leben besser bewältigen zu können.

Frage: Wie bringen wir die Menschen, die jetzt noch daran zweifeln, dazu, dass sie sich in diese Einheit eingliedern?

Antwort: Ganz einfach, tut dies nicht aktiv, denn sie werden von selbst erkennen, dass sie ein Mitglied dieser Einheit sind – verhaltet euch so, als wären diese Menschen bereits ein Mitglied dieser Einheit, und sie werden von selbst erkennen, dass sie gerne mit dabei sind, denn es gibt keinen schöneren Zustand, als zu erkennen, dass die Einheit alles bietet, was der Mensch für ein glückliches Dasein braucht. Diese Einheit bildet sich nicht durch einen willentlichen Akt – sie bildet sich durch ein Selbstverständnis, das alle Menschen nach und nach entwickeln, und daraus entspringt dann genau diese Einheit, und nichts und niemand wird sie jemals wieder auseinanderbringen.

Frage: Wann wird diese Einheit erstmals in Erscheinung treten?

Antwort: Erstmals werdet ihr diese Einheit erkennen können, wenn sie sich um die Ereignisse der kommenden Zeit kümmert, denn darin werden so viele Aktivitäten zu erledigen sein, dass niemand mehr darüber nachdenkt, ob er für seine Dienste eine Entschädigung bekommt oder nicht – diese Einheit wird mit jeder einzelnen Tat, die von Menschen aus dem Selbstverständnis heraus getan wird, immer stärker ausgeprägt, und je mehr Menschen sich so definieren, desto mehr Menschen werden dem Beispiel folgen. Immer mehr und mehr Menschen werden in diese Einheit vollautomatisch hineingelangen, ohne es wirklich als bewusste Entscheidung zu empfinden, denn sobald sie in den Genuss dieser Tatsache gekommen sind, werden sie erkennen, dass es nichts Schöneres gibt, als in dieser Einheit geborgen zu sein.

Der Mensch hat sich wiedergefunden

Es kommt der Zeitpunkt, wo sich die Welt gar nicht mehr daran erinnern kann, dass früher einmal alles ganz anders war, sich jeder für sich alleine gefühlt hat und alle zusammen keine gemeinsamen Interessen verfolgt haben. Niemand mehr erinnert sich so wirklich an diese Zeit, die so vielen das Leben schwer gemacht hat, denn durch den Schluss der Einheit zwischen den Menschen unter dem Zeichen der Herzlichkeit Gottes kann niemand mehr so richtig eine Vorstellung davon entwickeln. Ihr seid dann in der neuen Einheit so sehr geborgen, dass ihr alles zusammen erschafft, was euch nur in den Sinn kommt, damit es der Welt und der Einheit der Menschen möglichst gut ergeht. Diese Einheit ist genau das, was euch gefehlt hat, damit ihr dem Leben auf der Erde seine schönste Seite abgewinnen könnt.

Jetzt ist es soweit, dass die Menschen begonnen haben, sich mit sich selbst auseinanderzusetzen, ihre Herkunft nicht mehr in Frage zu stellen, sondern zu akzeptieren, dass sie göttliche Wesen sind und dass sie auf die Erde gekommen sind, um einen klaren Auftrag auszuführen. Dieser Zeitpunkt wird sehr bald nach dem Aufstieg kommen, denn dann, wenn die Menschen alle diese Prozesse verinnerlicht haben, erkennen sie auch die vielen Vorteile, die sie aus der neu gewonnenen Einheit ziehen können. Dieses Bewusstsein wird ihnen dazu verhelfen, dass sie loslaufen und nach neuen Herausforderungen suchen, die sie dann gemeinsam mit der Einheit bewältigen möchten. Diese Herausforderungen sind so vielfältig, dass ihr alle zusammen viele Jahre damit beschäftigt sein werdet, das zu tun, wozu ihr euch selbst erschaffen habt.

Es ist für euch alle eine wirklich große Herausforderung, zu akzeptieren, dass ihr schöpferische Fähigkeiten habt, die euch zu allem befähigen, was ihr euch vorstellen könnt. Ihr seid so mächtig, und diese Macht will voller Verantwortungsgefühl benutzt werden. Ihr habt so viele Erfahrungen aus euren vielen Inkarnationen mitgebracht, dass ihr all diese Weisheit in die Schöpfungen einbringt, die euch dann beschäftigen. Ihr seid dann so weit vorangeschritten, dass ihr das Materialisieren in Angriff nehmen könnt, und euch darin versucht, euch das Leben so einfach wie möglich zu gestalten, auch wenn es am Anfang noch ein wenig hakt und ihr da und dort noch etwas Unterstützung benötigt. Ihr seid dann dabei, euch die Dinge zu erschaffen, die ihr tagtäglich benötigt, um euch das Leben einfacher zu machen. Dazu gehört alles, was nicht direkt der Natur entstammt. Alles, was aus der Natur stammt, entwickelt sich dort auch ohne euer Zutun, doch die Gerätschaften, die ihr braucht, um das Leben komfortabel zu gestalten, die erschafft ihr euch selbst. Dies funktioniert im Laufe der Zeit immer besser und eure Ergebnisse können sich sehr bald so richtig sehen lassen. Ihr seid dann in der Lage, euch die Strukturen, die dazu gedacht sind, diese Geräte für euch funktionell zu machen, mithilfe eurer gedanklichen Prozesse zu gestalten. Ihr werdet diese dann nur durch einen Grundstoff und einen Geist, der euch behilflich ist, aus dem Nichts erschaffen – der Grundstoff ist jedoch, ebenso wie ihr alle, selbst ein kleines Wunder, das ihr erst entdecken werdet. Die Grundstoffe, aus denen die Erde besteht, sind alle zusammen ganz besonders einfache Systeme, die man aus dem reichen Spektrum an Möglichkeiten auswählt. Ihr seid dann in der Lage, diese Grundstoffe einzeln herzustellen und sie dann aufgrund eurer Gedanken-Macht so weit in die Realität zu rufen, dass daraus die Materialien entstehen und die Formgebung, die ihr braucht, um genau dieses Gerät herzustellen. Alles, was euch jetzt noch sehr unrealistisch erscheint, wird dann sehr logisch sein, denn ihr werdet feststellen, dass eure Gedanken wirklich alles ermöglichen, sofern sie sich nach den Grundprinzipien der Göttlichkeit richten. Ihr habt diese Macht in euch, und nachdem ihr die Grundprinzipien der Göttlichkeit bislang noch nicht im Detail verinnerlicht und nur sehr bedingt in euren täglichen Abläufen integriert habt, stehen sie erst zu einem späteren Zeitpunkt zur Verfügung. Doch werdet ihr sie, je mehr ihr darin fortschreitet, immer mehr erkennen können, denn sie werden mehr und mehr euer Leben bestimmen.

Die Erde kann sich dieser Entwicklung nicht entziehen – alles verläuft genau nach dem Prinzip, wie wir es euch hier darstellen. Ihr seid auf dem Weg dorthin, und der Zeitpunkt naht mit Riesenschritten, auch wenn euch die Zwischenzeit noch etwas in Atem hält. Ihr habt bislang noch nicht vermocht, alles auf einmal zu verinnerlichen – das ist zu viel für euch, doch werdet ihr euch langsam daran gewöhnen müssen, dass die Entwicklung rasend schnell geht und dass ihr all das, was euch heute noch wie eine Zukunftsvision vorkommt, sehr bald als nahende Realität erkennen werdet. Nehmt euch die Zeit, um eure heutige Ausgangslage genau anzusehen – beobachtet euch selbst und seid überrascht, wenn ihr erkennt, dass die Menschheit in ihrer Entwicklung bereits so weit vorangeschritten ist, dass ihr die letzte Zeit völlig übersehen habt, dass die Widerstände gegen die alten Systeme bereits so groß sind, dass ihr kurz davorsteht, diese aufzugeben und euch dagegen zu wehren. Dieses euch dagegen Wehren ist bereits die erste Stufe der Einheit, in der sie sich voll und ganz manifestieren wird. Die Mächte der Einheit sind so stark, dass alles, was sich dagegenstellt, keine Möglichkeit hat, sich ihrer zu wehren, und dadurch wird alles, was glaubt, sich wehren zu müssen, voll in die Einheit integriert, und jeder Einzelne wird erkennen, dass es viel besser ist, sich der Einheit anzuschließen bzw. zuzulassen, dass man sich selbst in der Einheit, in die man sowieso bereits integriert ist, auch voll und ganz zum Ausdruck bringt.

Es wird sich alles der Reihe nach einstellen, genau so wie hier beschrieben, auch wenn die Menschen zwischendurch immer wieder gewisse Zweifel hegen werden – dies liegt in ihrer Natur begründet und basiert auf ihren Erfahrungen. Das ist auch in Ordnung so, denn das ist der Prozess, in dem ihr euch befindet, denn nach und nach werden die Zweifel weniger werden, bis sie eines Tages dann ganz verschwunden sind. Ihr habt dann alles geschafft, worauf ihr schon lange hinarbeitet, und dann seid ihr ein aktives Mitglied dieser Einheit. Je mehr Mitglieder diese Einheit hat, desto stärker wird ihre Macht sein, und je mehr Macht sie ausstrahlt, desto weniger wird man sich dagegen wehren können. Also macht euch diesen Umstand bewusst – nehmt die Menschen, die sich in diesem Prozess erst im Anfangsstadium befinden, mit und zeigt ihnen die Möglichkeiten, die sie haben, denn dann werden sie sehr schnell ihren Weg zu Ende gehen können. Alles, was ihr jetzt noch braucht, ist, diese Einheit zu leben und diese Einheit auf alle Fälle weiter voranzutreiben, denn ihr müsst alle mitmachen, damit sich dieser Zustand möglichst schnell einstellt. Je mehr aktive Mitglieder diese Einheit hat, desto schneller wird ihre Macht steigen, daher ist es wichtig, dass ihr im Zuge eurer Arbeit an euch selbst so viele Menschen wie möglich mitnehmt, dass sie eurem Beispiel folgen und verinnerlichen, wer sie sind und zu welcher Einheit sie gehören. Es gibt nur eine Einheit, und diese Einheit ist die schöpferische Einheit der Menschen unter dem Zeichen der göttlichen Liebe zueinander.

Frage: Du forderst uns auf, möglichst viele Menschen auf unserem Entwicklungsweg mitzunehmen – wie sollen wir am besten vorgehen, damit uns diese auch wirklich folgen?

Antwort: Ihr sollt euch nicht davon abhalten lassen, den Menschen von eurem Wissen zu erzählen, damit sie selbst neugierig werden können und sich auch auf die Reise begeben und von sich aus Aktivitäten unternehmen, um sich mit all dem zu umgeben, was ihnen hilft, auf den Weg zu kommen. Ihr sollt diesen Menschen dann, wenn sie an einem Punkt angelangt sind, der sie vielleicht zweifeln lässt, zur Seite stehen. Alles andere ergibt sich wie von selbst.

Frage: Du hast zuvor als Symbole für die Einheit das Dach und das Herz erwähnt – ist es sinnvoll, dass die Menschen, die das Bewusstsein der Einheit bereits verinnerlicht haben, dieses Symbol nach außen deutlich sichtbar tragen, damit sie den anderen Menschen signalisieren, dass sie unter diesem Zeichen und seinen Grundprinzipien leben und allen anderen Menschen damit zum Ausdruck zu bringen, dass sie ihnen helfend zur Seite stehen?

Antwort: Das Herz ist das Symbol für die Liebe und das Dach ist das Symbol für die Vereinigung, die darunter stattfindet – dieses Symbol soll euch allen dienen, damit ihr der Welt zeigen könnt, welche Überzeugung ihr in euch tragt. Nutzt dieses Symbol, damit alle sofort erkennen können, wer ihr seid und was ihr vom Leben erwartet. Nutzt dieses Symbol, um der Welt vor Augen zu führen, dass ihr diejenigen seid, die das Herz am richtigen Fleck tragen, und dass ihr dieses geöffnet habt, um alle Menschen darin aufzunehmen. Nutzt dieses Symbol für alle Bereiche eures Lebens, damit sofort erkennbar wird, welche Gesinnung ihr in euch tragt. Es wird euch helfen, Zugang zu den Menschen zu finden, denn sie werden euch darauf ansprechen und wissen wollen was dieses Symbol bedeutet.

Frage: In Band 2 hat uns Erzengel Gabriel bereits über unsere Fähigkeit des Materialisierens aufgeklärt – ich vermute, dass es mir ähnlich geht wie vielen Lesern, wenn ich feststelle, dass ich mir diesen Prozess nicht wirklich vorstellen kann. Kannst du uns näher erläutern, wie dies funktioniert?

Antwort: Die Welt wird für diesen Schritt noch etwas Zeit brauchen, denn ihr seid noch lange nicht an den Punkt gekommen, wo euch diese Fähigkeit voll und ganz zur Verfügung steht. Erstmal müsst ihr euch mit dem Erschaffen der Grundlagen eures Lebens begnügen, denn die Geisteshaltung, die dazu führt, könnt ihr bereits jetzt einnehmen. Übt euch erst einmal darin, denn das ist die Vorstufe dafür, dass ihr die Stabilität in euren Gedanken behalten könnt, um das Materialisieren zu ermöglichen. Stabile Gedanken sind das Wichtigste beim Erschaffen von neuen Hilfsmitteln. Erst wenn ihr darin geübt seid und eure Lebensumstände so erschaffen habt, wie ihr es haben möchtet, dann könnt ihr euch an die nächste Aufgabe heranmachen.

Frage: Gibt es hierfür einen Zeitpunkt, den du uns nennen kannst?

Antwort: Das hängt von euch ab, je nachdem wie schnell ihr es geschafft habt, eure Gedanken zu zügeln und Stabilität hineinzubringen, dann werdet ihr es entdecken, und darauf könnt ihr euch bereits jetzt freuen, denn es ist der erste wirklich große Schöpfungsprozess, den ihr vollbringen werdet.

Die Welt hört auf zu hoffen

Die Welt hört deshalb auf zu hoffen, weil Hoffnung immer ein Ausdruck von Irrtum ist – es drückt aus, dass derjenige, der hofft, sich selbst nicht zu helfen weiß. Dieses Hoffen ist immer eine Art Hilflosigkeit, die letztlich dazu führt, dass sich die Menschen ganz ihrer Hoffnung hingeben und nicht selbst aktiv erschaffen, was sie haben möchten. Diese Hoffnung wird euch nicht genommen, sondern ihr versteht, was sich dahinter verbirgt. Es ist ein völlig neues Denken, das über euch kommt und euch hilft, festzustellen, dass Hoffnung niemals zum Ergebnis führt! Das Ergebnis kommt letztlich immer nur über eine klare Vorstellung dessen, wie es denn sein soll, zustande, und erst wenn ein klares Bild mit allen Einzelheiten vorhanden ist, könnt ihr beginnen, darauf hinzuarbeiten. Vorher befindet ihr euch in der Ohnmacht und in der sogenannten Hoffnung, wo ihr letztlich darauf wartet, dass alles besser wird. Doch wie kann es denn besser werden, wenn ihr nicht wisst, wie genau es denn sein soll! Die Definition: *besser* ist letztlich nichts wert, denn darin liegt so viel Handlungsspielraum und so viele Variationsmöglichkeiten, dass das Ergebnis niemals konkret werden kann. Es verbirgt sich letztlich dahinter immer wieder das Fehlen eines klaren Bildes. Hoffnung ist zuletzt der Ausdruck von Missfallen an der aktuellen Situation und damit kommt lediglich zum Ausdruck, dass an der jetzigen Situation etwas geändert werden muss. Hoffnung drückt aus, dass sich der Betroffene letztlich außerstande sieht, selbst etwas dagegen zu unternehmen und selbst aktiv zu werden, dass sich die Situation verändert.

Diese Hoffnung wird euch nicht weiterbringen, denn sie ist letztlich nicht mehr wert als nur das Wort, das ihr dafür gebraucht.

Nichts ist sie wert, die Hoffnung, wenn sie nicht durch ein klares Bild des geänderten Zustandes unterlegt ist. Und wenn ihr dieses Bild geschaffen habt, dann braucht ihr nicht mehr zu hoffen, und damit hat sich die Hoffnung schon von selbst erledigt, denn das Hoffen endet immer dort, wo es ein klares Ziel gibt, und wenn jemand mit vollem Bewusstsein auf ein klares Ziel zugeht, dann kann er sich darauf freuen, sehr bald dort anzukommen. Jemand, der hofft, beginnt jedoch niemals zu reisen, und jemand, der stillsteht, kann niemals seine Position verändern und somit niemals den gewünschten Ort bzw. den gewünschten Zustand erreichen. Das ist das Prinzip der Hoffnung, und die funktioniert niemals so, wie ihr es euch vorstellt!

Frage: Das Sprichwort „die Hoffnung stirbt zuletzt" ist sehr weit verbreitet und gibt wahrscheinlich Aufschluss über den Geisteszustand unserer Gesellschaft. Ich habe das Gefühl, dass wir uns alle den Umständen ausgeliefert und aufgehört haben, selbst unser Leben zu gestalten. Wir haben uns in so viele Abhängigkeiten begeben, damit wir immer wieder jemanden haben, den wir beschuldigen können, es nicht geschafft zu haben, dass es uns besser geht. Somit bleibt uns nichts als die Hoffnung, dass es ein anderer für uns besser kann, anstatt es selbst in die Hand zu nehmen. Eine Menge von Menschen mit finanziellen Problemen wenden sich laufend an mich und möchten einen Rat, was sie tun können – ich sollte doch mit den Engeln Kontakt aufnehmen und von ihnen Rat erbitten. Was antwortest du diesen Menschen, die so sehr hoffen, dass sich bald etwas ändert?

Antwort: Alle, die sich hier an dieser Stelle angesprochen fühlen, sollen jetzt ganz genau zuhören und verinnerlichen, was ich ihnen zu sagen habe. Ihr alle seid die Gestalter eures Lebens, und wenn ihr euer Leben in dieser Form nicht weiterleben möchtet, dann seid ihr ganz alleine in der Macht, dies zu ändern! Niemand wird es für euch tun, sofern ihr nicht in euren Gedanken sehr klar definiert habt, wie es denn genau aussehen soll. Definiert euer Ziel und sagt nicht nur, dass ihr mehr Geld haben wollt, sondern definiert ganz genau, woher es denn kommen soll, wie ihr es denn erreichen könnt, dass es zu euch kommt, und dann lasst los – hindert eure Gedanken nicht mit Zweifeln, dass sie sich in der Realität zeigen. Hindert euch selbst nicht durch Zweifel an euren Fähigkeiten, denn sonst werdet ihr auf jeden Fall recht behalten. Ihr seid diejenigen, die es in der Hand haben, euer Leben zu ändern, und ihr seid es auch, die ganz alleine dafür verantwortlich sind, wie sich euer Leben heute zeigt. Ihr seid es gewesen, die es in euren Gedanken erschaffen haben, denn ihr ganz alleine seid die Schöpfer eures Lebens! Niemand kann euch helfen – ihr selbst könnt es tun, und das auf eine sehr einfache Art und Weise. Lasst los von den Gedanken, was ihr euch alles nicht erhofft, sondern legt euch einen klaren Plan zurecht, was ihr alles erreichen möchtet, und gebt dem Ganzen einen Zeitplan, der durchaus ambitioniert, jedoch realistisch sein soll. Geht hin und schreibt all das auf, und es wird dann schon viel leichter zu ertragen sein – dass es euch derzeit noch schwerfällt die Situation auszuhalten, in der ihr steckt, ist verständlich, doch wird es viel leichter sein, wenn ihr es geschafft habt, euch gedanklich aus der Situation herauszuziehen und stabil daran zu glauben, das ihr es auch schaffen werdet, euch dort herauszuholen, denn wer soll es denn sonst tun außer ihr selbst?

Frage: Das klingt fast so, als dürfte uns auch niemand helfen?

Antwort: Wenn ihr glaubt, dass euch Hilfe von selbst zuteil wird, dann irrt ihr gewaltig! Bevor ihr nicht klar definiert habt, wie ihr die Situation ändern möchtet, bekommt ihr auch keine Hilfe, denn die Energie eurer Gedanken des gewünschten Zustandes kann sich nicht manifestieren und auch von niemandem aufgenommen werden. Erst wenn die Definition klar und deutlich ist, könnt ihr herausfinden, wer euch eventuell behilflich sein könnte, doch müsst ihr dabei einiges beachten, das von größter Wichtigkeit ist. Ihr könnt euch sehr gerne helfen lassen, und es wird auch viele Menschen geben, die euch gerne helfen, doch müsst ihr diesen auch einen klaren Plan vorlegen, wie ihr es erreichen möchtet, dass der gewünschte Zustand eintritt. Sagt den Menschen genau, was ihr haben möchtet und wie ihr glaubt, dass ihr es schaffen könnt, dieses Ziel zu erreichen. Dann werden diese Menschen in der Lage sein, euch zu unterstützen, vorher war dies jedoch nicht möglich. Auch wenn ihr glaubt, dass euch etwas geschenkt wird, weil ihr ja so arm seid und ihr nichts habt, um ein freudiges Leben zu führen, dann kann dies aus einem glücklichen Zufall vielleicht einmal geschehen, doch ist dies dann kein schöpferischer Akt, sondern es sind Almosen an einen armen Menschen, der ja „so vom Schicksal getroffen ist". Niemand anderer hat diesen Zustand hervorgerufen als ihr selbst – ihr selbst habt es zugelassen, dass ihr euch jetzt als Opfer fühlt, und darum habt ihr auch jetzt die Konsequenz zu tragen, dass ihr als Opfer behandelt werdet und von Almosen leben müsst. Ihr seid diejenigen gewesen, die all das produziert haben, und die Gedanken, die dazu geführt haben, waren sehr mächtig, denn sie haben genau das immer wieder verlangt. Und jetzt müsst ihr herausfinden, welche Gedanken es gewesen sind, die diesen Zustand herbeigeführt haben. Dann müsst ihr sie umkehren und genau das Gegenteil denken und von euch verlangen, dass sich eure Gedanken an einem positiv formulierten Ziel aufrichten, denn dann werden sie unweigerlich beginnen, sich dorthin zu bewegen, und je mehr ihr dies auch wirklich wollt und je weniger ihr es mit euren Zweifeln untergrabt, desto eher werdet ihr dort ankommen. Die heutige Energie auf der Erde lässt bereits sehr viel schneller Entwicklungen zu, als es noch vor einigen Jahren möglich war, doch werdet ihr auch damit konfrontiert, dass es nicht nur Entwicklungen zu eurem Positiven gibt, sondern es gibt die Entwicklungen ebenso schnell ins Negative – je nachdem wie eure Gedanken gelagert sind – das müsst ihr euch klarmachen, denn nur eure Gedanken haben die Macht, all das zu verändern!

Alles, was aufhört, ist gut

Die Welt hat sich vor langer Zeit dazu entschlossen, sich nicht länger selbst auf dem heißen Parkett der Entwicklung zu grillen. Ihr seid selbst soweit gekommen, dass ihr festgestellt habt, dass es euch langsam zu heiß wird, denn die Entwicklung auf der Erde wird immer schneller in eine Richtung gelenkt, die unter Garantie die falsche ist. Das Ende ist schon so nah zu sehen, dass es euch Angst macht. Ihr solltet euch langsam, aber sicher bewusst machen, dass dieses Gefühl der Angst, das ihr empfindet, wenn ihr die Entwicklung eurer Natur betrachtet, nicht umsonst in euch hochkommt, denn diese Angst ist mehr als begründet. Ihr habt diesem Planeten schwer zugesetzt, und die Angst, die deshalb in euch zu spüren ist, ist genau aus diesem Grund da, um euch etwas zu sagen. Diese Botschaft habt ihr bereits verstanden, doch werdet ihr nicht länger zusehen, dass die Machthaber und die Reichen dafür sorgen, dass die Ausbeutung und die Zerstörung der Natur weiter voranschreitet. Ihr habt all dies verstanden, und doch seid ihr nicht in der Lage, etwas dagegen zu unternehmen. Eure Gedanken drehen sich immer um das Gleiche, denn ihr glaubt zwar, dass ihr etwas unternehmen müsst, damit sich auf der Erde etwas verändert, doch habt ihr immer wieder die gleiche Grenze vorgefunden, an der ihr zu stehen kommt, da die Grenze euch einfach nicht darüber hinaus lässt. Es ist dies die Grenze der Machbarkeit, wie ihr es auszudrücken pflegt – diese Grenze der Machbarkeit ist aber letztlich eine Grenze der Finanzierbarkeit und keine Grenze der Machbarkeit. Ihr könnt es einfach nicht finanzieren, euch den Umweltschutz zu leisten und gewisse Mechanismen abzustellen. Ihr könnt es deshalb nicht machen, weil ihr nicht genug Geld dafür habt. Das ist das Dilemma, in dem ihr euch befindet. Ihr alle wisst genau, dass ihr etwas unternehmen müsst, doch wisst ihr nicht genau, woher ihr das Geld nehmen sollt, um all das zu realisieren. Ihr habt dieses Dilemma selbst produziert, denn eure Gedanken drehten sich ausschließlich um das Verdienen von Geld und das Mehren eures bereits angesammelten Geldes. Das habt ihr euch immer und immer wieder in den Kopf gesetzt und nicht den Schutz eurer Natur, und jetzt könnt ihr die Spirale nicht mehr stoppen, denn das eine würde den Verlust des anderen bedeuten. Nehmt ihr all das Geld in die Hand, um die Natur zu schützen und alles rückgängig zu machen, was ihr ihr angetan habt, dann verliert ihr das, was euch so heilig geworden ist – das Geld. Ihr habt eure Reichtümer angesammelt, damit ihr Reserven habt für ein wunderbares Leben in absoluter Unabhängigkeit und in Luxus. Ihr glaubt, dass ihr dies nur mithilfe von Geld erreichen könnt, und deshalb habt ihr all das unternommen, das euch zu den vielen Ersparnissen geführt hat. Ihr habt euch so viele Gedanken darüber gemacht, dass die wirklich wichtigen Gedanken auf der Stecke geblieben sind und dass ihr alle zusammen jetzt das Chaos erntet müsst, was ihr damit „gesät" habt.

Ihr fragt euch, wie ihr aus dieser Spirale aussteigen könnt? Ganz einfach, denn es geht weder dadurch, dass ihr alle Ersparnisse zusammenlegt und sie in Umweltprogramme investiert, noch indem ihr weitermacht und einfach nicht hinseht, was alles zerstört wurde und laufend zerstört wird. Beides funktioniert nicht, doch was ist die Alternative?

Die Welt braucht Neues

Eine Welt, die sich von nun an ganz anders verhalten soll, braucht eine völlig neue Art zu denken und eine völlig neue Art von Bewusstsein. Wenn ihr alle zusammen die von euch angestrebte Einheit geschlossen habt, dann wird sich diese Welt ganz anders zeigen als bisher, denn sie wird sich an allen Ecken und Enden völlig neu definiert haben, und diese Definition ist die entscheidendste Wende, die die Menschheit auf der Erde jemals gemacht hat. Diese Wende ist verankert in ihrem Bewusstsein, das von nun an ganz anders abläuft als bisher. Bisher waren die Menschen zwar alle miteinander verbunden, doch hatten sie davon keine Kenntnis und fühlten diese Verbindung auch nur sehr schwach. Doch diese Verbindung ist in der letzten Zeit bereits viel stärker geworden und beginnt sich weiter zu intensivieren. Sehr bald wird sich die Intensität so stark erhöht haben, dass die Menschen mehr und mehr spüren, dass sie auf dieser Welt nicht alleine sind, und dadurch können sie mehr und mehr zueinander finden und sich miteinander über viele Dinge verständigen, die früher im Chaos geendet hätten. Heute sind die Interessen noch voneinander getrennt, doch bald werden die Menschen zusammenfinden und ihre Interessen gemeinsam vertreten, denn es sind Interessen, die nicht nur Einzelne betreffen, sondern alle Menschen und die gesamte Natur und den gesamten Planeten, ja ebenso das gesamte Universum, das davon betroffen ist. Alle möchten, dass der Wandel so schnell wie möglich voranschreitet, und alle möchten besser heute als morgen diese Einheit schließen, damit sie sich in allen ihren Ausprägungen zeigen kann.

Die Welt braucht viele Neuerungen, damit sie sich von sich aus der Umstände erwehren kann, die sie derzeit in ihrer Existenz bedrohen. Die Welt braucht viele Veränderungen, damit sie nicht länger auf den großen Knall zusteuert, der unter Garantie erfolgen würde, sofern sich nicht schon seit längerer Zeit der Wandel abzeichnen würde. Alles, was jetzt noch fehlt, ist der schlagende Beweis, dass die Menschen alle zusammengehören. Dieser Beweis aber wird von den Menschen selbst erbracht, indem sie alle immer näher zusammenrücken und sich mehr und mehr als Einheit verstehen. Das ist ein Prozess, der von sich aus vonstatten geht, denn die Einheit bildet sich ohne jegliches Zutun von außen. Niemand greift direkt in dieses Verständnis der Menschen ein, ganz alleine die Schwingung der Erde und des gesamten Energiefeldes wird dafür sorgen, dass sich die Menschen anders definieren als bisher. Die Erhöhung der Schwingung ist die entscheidende Größe, die dafür sorgt, dass sich die Menschen mehr und mehr als Einheit fühlen. Alle bisherigen Aktivitäten, die zu solch einer Einheit führen sollten, waren vergeblich, denn das Verständnis ihrer selbst hat die Menschen davon abgehalten, sich zusammenzuschließen. Dies ändert sich jetzt und alle rücken ein Stück näher. Jeden Tag wird dieses Näher-zusammenrücken ein Stück enger und enger, so lange bis alle unter dem Dach der Einheit Platz genommen haben und sich als solche fühlen und dies im Zeichen des Herzens und der göttlichen Liebe zueinander bestätigen.

Eine völlig neue Verhaltensweise wird dadurch an den Tag gelegt, die die Menschen von sich aus gerne unterstützen und alle zusammen damit beginnen, sich mehr und mehr für die Belange des gesamten Planeten zu interessieren. Nach und nach werden die persönlichen Interessen hintangestellt, denn alle haben verstanden, dass das Problem nur gemeinsam gelöst werden kann und nur gemeinsam die wirklich großen Veränderungen in Angriff genommen werden können. Dieses Verständnis wird die Menschen dazu bringen, dass sie alle zusammen mehr und mehr danach trachten, dass die grundsätzlichen Systeme dieser Erde und der Gesellschaft der Menschen zerschlagen und durch völlig neue Werte und völlig neue Regeln ersetzt werden. Das Wichtigste dabei ist, dass diese Regeln die

Natur als allerhöchstes Gut berücksichtigen und dass es niemals mehr vorkommen kann, dass die Natur Schaden nimmt, nur weil Einzelne sich daran bereichern möchten – ein Reichtum übrigens, der keineswegs von Nachhaltigkeit geprägt ist, sondern sich nur in Form des Materialismus der aktuellen Zeit, der in Wahrheit nicht einmal das Papier wert ist, auf den er gedruckt wurde, äußert.

Alles, was die Erde jetzt noch braucht, damit sich alles Hinderliche in Wohlgefallen auflösen kann, ist der Schluss dieser Einheit der Menschen – nichts kann diese Einheit aufhalten, denn sie bildet sich quasi von selbst – alle Menschen tragen gerne dazu bei, und sie werden die Verbundenheit immer stärker fühlen. Jeder macht das, wonach ihm gerade ist, denn er spürt, dass er gefordert ist umzudenken, und dadurch werden die Menschen immer rücksichtsvoller im Umgang miteinander. Sie rücken so sehr zusammen, dass sie sich immer weniger vorstellen können, dem anderen etwas zuleide zu tun, denn ihr Bewusstsein schreitet voran und es öffnen sich Areale in den Gehirnen, die bisher völlig unzugänglich gewesen sind. Diese Gehirnareale enthalten das bislang Erfahrene und gespeicherte Wissen über die bisherigen Inkarnationen, die jeder von euch bereits absolviert hat. Ihr werdet dann in der Lage sein, die Weisheit, die ihr daraus erlangt habt, genauer anzuwenden und euch mehr darüber klarzuwerden, dass ihr diese Leben gelebt habt, damit ihr dieses Wissen ansammelt und diese Weisheit für euch verwenden könnt. Die Weisheit ist es, die in den Vordergrund tritt und euch dazu veranlasst, dass ihr aufhört, euch ständig so zu benehmen, als gäbe es kein Morgen mehr. Dazu dienten euch die vielen Male, die ihr auf der Erde gelebt habt, damit ihr heute das Leben mit ganz anderen Augen betrachten könnt, als ihr es bisher getan habt.

Eine neue Weltordnung wird dadurch heraufbeschworen, die langsam, aber sicher den ganzen Erdball erreicht, ohne dass sich jemand gegen diese Entwicklung stellt, denn jeder hat erkannt, dass die Erde genau diesen Wandel braucht, um nicht „gegen die Wand zu fahren", wie ihr es so treffend ausdrückt. Diese Wand ist bereits in Sichtweite, auch wenn ihr begonnen habt, die Ruder auf ein

Ausweichmanöver zu stellen. Dieses Ausweichen ist letztlich nicht nur ein Ausweichmanöver, um danach wieder auf dieselbe Straße zurückzukehren, sondern ihr biegt in einem sehr spitzen Winkel ab und bahnt euch dadurch einen völlig neuen Weg in eine Zukunft, die ihr alle ganz besonders lieben werdet.

Frage: Lass uns bei dieser Metapher bleiben, denn ich vermute, dass die Leser diese Wand gut sehen können, und vermutlich hat jeder bemerkt, dass wir mit sehr hoher Geschwindigkeit darauf zurasen. Wenn wir jetzt in einem spitzen Winkel abbiegen möchten, so geht dies nur, wenn wir unsere Geschwindigkeit sehr verlangsamen, damit wir nicht aus der Kurve fliegen. Was wird uns so schnell und so stark einbremsen?

Antwort: Ihr sollt euch keine Gedanken machen, wie ihr eure Geschwindigkeit verringern könnt, denn dies ist bereits in vollem Gange – ihr habt alle Weichen dadurch gestellt, dass ihr genügend Anker ausgelegt habt, die euch sehr schnell in eine andere Richtung abbiegen lassen. Diese Anker sind vielzählig, und sie werden der Reihe nach ihre Festigkeit unter Beweis stellen. Bereits der erste Anker hat euch ganz schön straucheln lassen und die Weltwirtschaft mächtig ins Wanken gebracht. Der zweite Anker ist schon gut im Boden verankert, und das Seil, das ihn mit euch verbindet, ist kurz davor, seine volle Spannung aufzubauen. Ihr fahrt langsam, aber sicher auf den nächsten Kollaps zu und die weiteren Ereignisse werden euch dies bestätigen. Eure Gedanken sollen nicht dem Bremsmanöver gelten, sondern eure Aufmerksamkeit sollt ihr auf die Zeit danach richten und euch damit beschäftigen, wie denn das Leben danach genau aussehen soll. Dazu habt ihr viele Gelegenheiten, denn die Ereignisse werden euch immer wieder zeigen, wie ihr es auf gar keinen Fall mehr haben möchtet. Nehmt diese Beispiele als negative Vorlage dessen, was ihr in Zukunft haben wollt – baut darauf auf und zeigt den Menschen den Weg, den ihr euch gedacht habt, und ihr werdet sehr bald viele Anhänger finden, die sagen, dass sie genau dieses Ziel mit euch erreichen möchten.

Frage: Verstehe ich das richtig, dass wir unser Augenmerk nicht auf die aktuelle Banken- und dadurch ausgelöste Weltwirtschaftskrise lenken und uns ebenso wenig mit den Ereignissen, die in Kürze auf uns zukommen, beschäftigen sollen, sondern stattdessen jeder für sich und in Diskussionen alle zusammen Visionen für unser neues Zeitalter entwickeln sollen, die frei von allen aktuell noch vorherrschenden Einschränkungen sind?

Antwort: Ich danke dir, dass du es so treffend formuliert hast, denn genau das ist unsere Absicht – wir möchten, dass ihr die Ereignisse durchaus wahrnehmt und eure Erkenntnisse daraus zieht, doch sollen sie euch im vollen Bewusstsein erreichen, dass sie euch dienlich sind, um genau diese Erkenntnisse daraus zu ziehen, die ihr dann wieder verwendet, um das neue Zeitalter in euren Köpfen bereits ins Leben zu rufen.

Frage: Du sagst, dass sich die Menschen ihre Einheit selbst beweisen – woran können wir bereits jetzt und im weiteren Verlauf unsere Einheit erkennen?

Antwort: Eure Einheit erkennt ihr bereits jetzt sehr deutlich, denn alleine dadurch dass ihr diese Bücher schreibt und sie allen anderen zur Verfügung stellt, damit sie an diese Informationen gelangen, beweist, wie sehr euch an den anderen Menschen liegt und wie sehr ihr möchtet, dass sie möglichst bald an die Informationen kommen, die darin enthalten sind. Ihr seid alle bereits mittendrin und bereits alle miteinander so stark verbunden, dass ihr mehr und mehr versteht, was sich alles in der Welt ereignet, um diese Einheit mehr und mehr zu festigen. Ihr erkennt es an so vielen Details eures täglichen Lebens – seht genau hin und beobachtet die Menschen in allen möglichen Unternehmen und bei Aufgaben, die ihnen in Wahrheit gar keine Freude bereiten – alleine darin erkennt ihr die Einheit, die ihr zusammen bereits über einen langen Zeitraum aufgebaut habt. Ihr seid euch einig, dass ihr es so nicht mehr haben möchtet, und dadurch seid ihr immer mehr zusammen bemüht, diese Veränderungen durchzusetzen, auch wenn es euch derzeit noch nicht gelingt.

Frage: Die Erfahrungen und die Weisheit aus den vergangenen Inkarnationen wird uns demnach bald zur Verfügung stehen – bedeutet dies, dass wir uns an die bereits gelebten Leben im Detail erinnern können oder auf eine andere Art und Weise Zugang erhalten?

Antwort: Ihr werdet dieses Wissen in euch nach und nach erkennen, indem ihr an die Weisheit herankommt, die ihr in euch gespeichert habt. Es fehlen jedoch die einzelnen Erinnerungen an die gelebten Leben – diese Informationen sind euch im Detail nicht zugänglich, denn das wäre so eine Fülle von Details, die euch für eure weitere Entwicklung nicht dienlich wären. Die Erkenntnisse daraus sind euch durchaus dienlich, und daher könnt ihr sehr bald bereits auf einen Großteil dieses Wissens zugreifen.

Frage: Wenn uns dieses Wissen plötzlich zur Verfügung steht, dann hat dies bestimmt massive Auswirkungen auf unsere Persönlichkeit. Ich kann mir vorstellen, dass einige davon ziemlich geschockt sein könnten und sich selbst nicht wiedererkennen – wie werden wir diese zusätzlichen Informationen aufnehmen und verarbeiten können?

Antwort: Euer Verständnis eurer selbst wird euch diesbezüglich sehr zu Hilfe eilen, denn indem ihr euer Selbst neu definiert, habt ihr bereits Platz gemacht für die neuen Erkenntnisse aus der Vergangenheit, die euch zugänglich werden. Diese neue Selbstdefinition als Kinder und Geschöpfe Gottes, der euch mit allen Fähigkeiten ausgestattet hat, die er selbst zur Verfügung hat, das alleine wird euch schon helfen, diese Weisheit anzunehmen und sie voll in euer Wesen zu integrieren. Dies wird euch keine Probleme bereiten, denn es ist ja eine Entwicklung, die mehr als positiv ist, und daher wird sie euch keine Schwierigkeiten bereiten.

Frage: Über die Wichtigkeit der Selbstdefinition hat uns Erzengel Jophiel in „Die Heilung, die dir zusteht" bereits näher aufgeklärt – möchtest du seine Ausführungen noch ergänzen?

Antwort: Nein, dieses Thema ist mehr als ausführlich behandelt worden – es gibt keine Veranlassung, dies noch weiter auszuführen – nehmt diese Passage zur Hand und lest sie nach, denn sie ist von größter Bedeutung für euch alle!

Die Welt erobert sich neue Territorien

Nachdem sich die Erde in ihrer Entwicklung so weit vorangebracht hat, dass die Menschen in der Lage sind, sich und die gesamte Natur in einem ganz anderen Licht zu betrachten, können sich die Menschen mit der Eroberung des Weltraums beschäftigen. Dieser Weltraum, wie er von euch genannt wird, ist der Raum, den ihr alle mit freiem Auge sehen könnt. Er umfasst den Raum, der unmittelbar die Erde umgibt – darin enthalten ist nicht nur euer Planet bzw. euer Stern Erde, sondern das gesamte Sonnensystem, das auf euch bei klarem Nachthimmel herunterleuchtet. Ihr seid dann in der Lage, diesen Raum nicht nur mit freiem Auge zu sehen, sondern ihn auch näher zu inspizieren, um Genaueres darüber in Erfahrung zu bringen.

Diese Bereiche eures Sonnensystems sind für euch ab diesem Zeitpunkt sehr viel interessanter, denn ihr habt euch neue Möglichkeiten erschaffen, um diese Bereiche genauer betrachten zu können. Es sind dies Möglichkeiten, die ihr euch dank der Fähigkeiten, die in den Kristallen verborgen sind, erschlossen habt, um diese Bereiche sehr viel genauer zu beobachten, ohne dass ihr die Erde verlassen müsst. Es ist eine ganz besondere Art der Beobachtung, die ihr hier zur Verfügung habt, denn sie funktioniert wie ein dreidimensionaler Spiegel, in den ihr blicken könnt. Es ist eine dimensionale Erweiterung eures Geistes, die ihr erfahren werdet und die euch so viele neue Möglichkeiten eröffnet, diese Dimensionen nutzen zu können, um für euch viel mehr an Informationen zu erhalten, als ihr euch heute vorstellen könnt. Diese Fähigkeiten, die auf der dimensionalen Erweiterung eures Geistes beruhen, bekommt ihr, nachdem ihr euch mit all den anderen Gegebenheiten im neuen Leben beschäftigt habt. Ihr habt die Prinzipien des neuen Lebens bereits in diesem und den anderen Büchern kennengelernt und müsst euch zuerst mit der Neugestaltung eures Lebens auf der Erde auseinandersetzen, um Zugang zu den anderen Fähigkeiten zu erhalten, die mit der Erweiterung eures Bewusstseins und eurer Gehirnareale einhergehen. Diese Erweiterung ist eine große Hilfe für euch, damit ihr euch räumliche Vorstellungen und Projektionen von weit entfernten Dingen und Gestalten erschaffen könnt. Es ist für euch eine ganz besonders große Hilfe, dass ihr nicht mehr so weit reisen müsst, um gewisse Vorstellungen zu bekommen, denn ihr seid durch die Möglichkeiten dieser Projektionen so viel leichter bei den Dingen, die für euch weit entfernt liegen, ohne dass ihr euch große Mühe machen müsst, dorthin zu gelangen. Es ist dann genau umgekehrt – alles, was weit entfernt ist, muss nicht mehr von euch besucht werden, sondern ihr könnt es hierher zu euch holen, um von hier auf der Erde aus ganz andere Möglichkeiten zu erschaffen, als ihr es euch heute vorstellen könnt. Ihr seid dann in der Lage, die Bereiche eures euch unmittelbar umgebenden Weltraums so nahe und real vor eurem Auge zu betrachten, dass ihr glaubt, ihr wäret dort vor Ort. So real wird diese Projektion für euch sein. Ihr begebt euch somit nicht in die Gefahr, diese großen Reisen durchführen zu müssen, sondern ihr macht es euch viel einfacher und holt euch diese Welten einfach zu euch.

Ihr könnt euch dies heute nur schwer vorstellen, denn es fehlt euch diese dimensionale Komponente in eurem Bewusstsein, in der sich ungeahnte Möglichkeiten verbergen, die ihr für sehr viele eurer künftigen Tätigkeiten sehr gut gebrauchen könnt. Es ist dies eine Art Spiegelung eurer parallelen Welten da draußen, und sie zeigen euch Realitäten, die ihr so noch nicht gesehen habt. Es wird euch dadurch möglich sein, euch eine ganz konkrete Vorstellung zu machen, wie genau diese Planeten und Sterne aussehen, denn ihr könnt dann darin erkennen, was genau auf deren Oberfläche existiert und wie ein mögliches Leben dort aussehen müsste, damit es sich entsprechend verbreiten kann. Ihr seid dann gefordert, euch

Gedanken zu machen, welche Voraussetzungen geschaffen werden müssen, um dort besonderes Leben entstehen lassen zu können. Diese Voraussetzungen sind es, die darauf warten, von euch geschaffen zu werden, denn dafür seid ihr alle zusammen hier angetreten, um dies zu ermöglichen, um euren schöpferischen Auftrag zu erfüllen.

Frage: Wir müssen uns also zuerst mit der Neugestaltung unseres Lebens auseinandersetzen, um Zugang zu den anderen Fähigkeiten, die mit der Erweiterung unseres Bewusstseins und unserer Gehirnareale in unsere Reichweite rücken, zu bekommen. Mir drängen sich mehrere Fragen auf: Wie lange werden wir für die Neugestaltung unseres Lebens hier brauchen, und welche anderen Fähigkeiten gibt es da noch bzw. wann werden uns die darüber hinausgehenden Fähigkeiten zur Verfügung stehen?

Antwort: Diese Frage wird im Wesentlichen im Laufe des Buches beantwortet, du musst dich also noch etwas gedulden.

Frage: Ich habe aufgrund deiner Aussagen einen Versuch unternommen, im Zusammenhang mit der dimensionalen Erweiterung unseres Geistes die Dimensionen allgemein zu verstehen und habe mich ins Internet begeben und folgende Aussage gefunden:
  „Für seine Existenz benötigt das System "Universum" nur 3 Dimensionen. Diese 3 Dimensionen lauten überraschenderweise nicht Länge, Breite und Höhe, sondern Raum, Zeit und Energie."
  Auf Wikipedia habe ich unter unzähligen noch schwieriger zu verstehenden Details folgendes gefunden:
  „In der Mathematik wird mit der Dimension ein Konzept bezeichnet, das im Wesentlichen die Anzahl der Freiheitsgrade einer Bewegung in einem bestimmten Raum bezeichnet. Der Begriff der Dimension tritt in einer Vielzahl von Zusammenhängen auf. Kein einzelnes mathematisches Konzept vermag es, die Dimension für alle Situationen zufriedenstellend zu definieren, darum existieren für verschiedene Räume auch unterschiedliche Dimensionsbegriffe."

Ich entnehme dieser Information, dass eine Aussage über Dimensionen pauschal nicht möglich und immer vom Zusammenhang abhängig ist. Dieses Buch handelt vom Aufstieg und Leben in der 5. Dimension – dem entnehme ich aufgrund der Erkenntnis von zuvor, dass zwischen den Dimensionen, von denen das Buchthema handelt, und der dimensionalen Erweiterung unseres Geistes ein direkter Zusammenhang besteht, oder irre ich da?

Antwort: Die Frage über die Dimensionen ist eine häufig gestellte, denn wie du völlig richtig erkannt hast, hängt dies immer vom Zusammenhang ab. Es ist dies jedoch generell ein sehr schwieriges Thema und daher möchte ich euch eine Erklärung liefern, die für euch möglichst einfach anzunehmen ist. Wenn wir vom Verstand des Menschen sprechen, dann ist er heute so weit eingeschränkt, dass ihr gewisse höhere Dimensionen nicht erfassen könnt. Die göttliche Dimension ist in eurer Vorstellung so dermaßen vage, dass ihr zwar akzeptieren könnt, dass es sich dabei um ein Wesen handelt, das völlig frei von allen Einschränkungen, wie ihr sie kennt, existiert, doch viel mehr könnt ihr damit nicht anfangen. Ihr werdet dies in der derzeitigen Schwingung auch nicht anders wahrnehmen können. Dadurch, dass sich die Schwingung eures Energiefeldes der Erde massiv erhöht und immer weiter steigt, kommt ihr an die nächst höheren Dimensionen näher heran und könnt anfangen, diese zu begreifen. Diese Vorstellungskraft, die es benötigt, um sich die nächst höheren Dimensionen vor seinem geistigen Auge ansehen zu können, habt ihr derzeit noch nicht. In Zukunft steigt die Energie der Erde weiter und euer Verstand erweitert sich – dadurch wird es euch möglich, andere Dinge, die eurem Verstand bislang verborgen geblieben sind, wahrzunehmen. Ihr seid dann in der Lage, neue Vorstellungen zu entwickeln, was euch derzeit unmöglich ist. Dies ist ein Schritt in der Entwicklung eures Verstandes, dem noch weitere folgen werden. Der nächste Schritt in eurem Bewusstsein ist der, dass ihr euch an die aufsummierten Ereignisse aus früheren Inkarnationen erinnern könnt, d.h. ihr kennt ansatzweise die Ergebnisse eurer Erfahrungen, die ihr früher gemacht habt. Das ist quasi die nächste Stufe, die euer Bewusstsein erreicht. Im Zusammenhang mit dem Aufstieg in die 5. Dimension könnt ihr euch von weiteren Bewusstseinsschritten leiten lassen. Ihr macht einen weiteren großen Schritt in eurem Bewusstsein, indem ihr eure Göttlichkeit erkennt und diese annehmt. Dadurch wird es euch möglich, zu verstehen, was es bedeutet, ein schöpferischer Gott zu sein. Dies ist der nächste Schritt, der dann sogleich folgt, sobald ihr euer Bewusstsein um die Komponente der Informationen aus vergangenen Inkarnationen erweitert habt.

Frage: Jetzt kommt etwas Licht in die Sache – vielen Dank dafür! Ich entnehme daraus, dass dies vorläufig nicht der letzte Schritt in der Ausweitung unseres Bewusstseins ist und bald noch mehrere Entwicklungsstufen auf uns warten – sind dies dann wieder dimensionale Schritte, so dass wir dann in die 6. und 7. Dimension aufsteigen?

Antwort: Es ist so, dass ihr Menschen sowieso laufend Entwicklungsschritte absolviert, und immer dann, wenn sogenannte Meilensteine in der Entwicklung erreicht werden, diese zu einem Dimensionssprung führen, der von Anfang an so geplant und vorbereitet war. Auch die Entwicklung, die euch unmittelbar bevorsteht, ist von langer Hand geplant und seit ewigen Zeiten festgelegt worden. Eure weiteren Entwicklungsschritte führen euch immer weiter an euren Ursprung zurück, und das ist das erklärte Ziel – alle Entwicklungsstufen zu durchlaufen, um in die höchste Göttlichkeit zurückzukehren und mit ihr wieder zu verschmelzen. So einen Meilenstein absolviert ihr derzeit und ihr könnt euch glücklich schätzen, denn es gibt nichts Höheres, als den schöpferischen Auftrag in sich zu entdecken und diesen in Angriff zu nehmen!

Erfahrungen als Mahnmal

Es wird sich langsam, aber sicher alles in die Richtung entwickeln, dass die Menschen verstehen, wer sie sind, und dass sie verachten, was bisher auf der Erde geschehen ist. Sie werden es nicht mehr ertragen, dass sie so lange Zeit all die verschiedenen Missetaten an der Umwelt und an anderen Menschen zugelassen haben. Diese Taten stehen in den Büchern der Erde festgeschrieben und dienen als Mahnmal für alle weiteren Generationen, denn sie sind deshalb alle aufgeschrieben worden, damit die Menschen erkennen, was alles passieren kann, wenn man eine der wesentlichen Komponenten in der Schöpfung vernachlässigt. Dieses Mahnmal sind die Geschichtsbücher der Menschen und alle darin verzeichneten Gräueltaten, die ihr euch alle gegenseitig angetan habt.

Die Welt kann sich an alle Details der Geschichte ganz genau erinnern, denn sie kann dies nicht nur in den Geschichtsbüchern der Erde nachlesen, sondern es gibt noch viele andere Gelegenheiten, sich daran zu erinnern und im Nachhinein all die Lehren, die man daraus hat ziehen können, zu erfahren. Es wird euch allen immer wieder einmal ein Bedürfnis sein, euch mit der Geschichte im Detail auseinanderzusetzen, denn ihr solltet euch immer wieder in Erinnerung rufen, dass es von allergrößter Bedeutung ist, dass ihr wisst, was geschehen kann, wenn ihr in euren Schöpfungen der Zukunft die göttliche Komponente nicht ausreichend berücksichtigt und eure Schöpfungen nicht mit dem Auftrag des Ausdrucks der höchsten Göttlichkeit versehet.

Ihr müsst dies immer und immer wieder berücksichtigen, denn ihr erfahrt ansonsten erneut, was alles geschehen kann, wenn dies nicht so ist!

Diese Erfahrungen sind für euch so dermaßen einprägsam gewesen, dass ihr euch nichts sehnlicher wünscht, als diese Ereignisse rückgängig zu machen. Ihr könnt nicht ertragen, was alles auf der Erde bereits geschehen ist und was ihr selbst erlebt habt. Diese Erfahrungen waren derart tief, dass ihr auf gar keinen Fall mehr möchtet, dass auch nur annähernd ähnliche Geschehnisse erneut vorkommen. Damit dies auch nicht mehr passieren kann, habt ihr euer neues Bewusstsein erlangt, das euch dazu nicht mehr befähigt. Lediglich die Auswirkungen sollt ihr in Erinnerung behalten, damit ihr diese bei euren Schöpfungen voll und ganz ausschließen könnt. Ihr seid dann in der Verantwortung, dass ihr Leben erschafft, das sich ausschließlich an der höchsten Göttlichkeit orientiert. Euer Auftrag ist dann genau der, die Göttlichkeit in euren Schöpfungen uneingeschränkt zum Ausdruck zu bringen. Es wird euch gelingen, wenn es auch zu Beginn eine wirklich große Herausforderung sein wird.

Ihr werdet euch langsam, aber sicher an die Aufgabe herantasten, damit ihr euren Auftrag voll und ganz erfüllen könnt. Ihr seid die Geschöpfe, die sich selbst dafür auserkoren haben – ihr seid die göttlichen Geschöpfe, die sich selbst erschaffen haben, um all diese Erfahrungen machen zu können, damit in Zukunft völlig ausgeschlossen ist, dass Ähnliches erneut auf der Erde oder irgendwo anders im Universum vorkommt. Ihr seid es gewesen, die nichts anderes als genau diese Entwicklung haben wollten, damit ihr erkennen konntet, welche Folgen dies haben kann. Jetzt ist der Zeitpunkt gekommen, um diese Komponente wieder vollständig in euch zu integrieren und euch die Gelegenheit zu geben, all das zu erreichen, was ihr euch selbst als Auftrag mitgegeben habt.

Ihr werdet euch auf die Suche nach völlig neuen Erfahrungen machen, die ihr in der Zeit nach dem Bewusstseinswandel machen könnt, damit ihr die Komponente, die euch bisher ziemlich fremd war, in eure Handlungen und Schöpfungen integrieren könnt. Ihr werdet euch immer mehr in Übereinstimmung mit der neuen Zeit entwickeln und eure Handlungen dementsprechend ausrichten, und ihr werdet erkennen, dass die Welt eine völlig andere geworden ist. Eine Welt, die sich zwar an all die Ereignisse gut erinnern kann, die sich jedoch so sehr davon distanziert, dass sie sagt: Es war unsere Vergangenheit und es soll keinesfalls unsere Zukunft sein! Ihr werdet es so intensiv spüren und dadurch außerstande sein, auch nur im Ansatz Ähnliches zuzulassen. Jeder, der im Ansatz daran denkt, wird sofort mit den Auswirkungen konfrontiert, und alles, was euch widerstrebt, werdet ihr auf gar keinen Fall durchführen und auch nicht bei anderen zulassen. Es ist somit völlig ausgeschlossen, dass ihr in die alten Muster zurückfallt.

Es wird euch in der nahen Zukunft manchmal etwas befremdlich vorkommen, wenn ihr an die alte Zeit zurückdenkt, denn es ist ja erst vor so kurzer Zeit gewesen, und ihr könnt euch immer noch nicht so richtig vorstellen, dass dies nicht mehr möglich sein wird. Ihr glaubt es selbst noch nicht ganz, denn euer Bewusstsein ist ja noch so jung, und die Gefahr, die ihr seht, ist die des Rückfalls in die alten Zeiten, doch sollt ihr wissen, dass dies absolut ausgeschlossen ist! Nichts und niemand wird jemals in der Lage sein, euch in die alte Zeit zurückzubringen und euch zu all dem zu befähigen, was in euren vergangenen Leben vorgefallen ist. Niemand wird dazu in der Lage sein – nicht einmal ihr selbst!

Frage: Wir kommen hier somit wieder an den Kern unseres Daseins und den Zweck all unserer Erlebnisse in dieser und den vergangenen Inkarnationen. Ich verstehe es so, dass wir uns selbst mit dieser scheinbar fehlenden Komponente der Göttlichkeit erschaffen haben, damit wir die ganzen Auswirkungen davon am eigenen Leib erfahren können, um für unsere weitere Aufgabe als Schöpfer genau dies auszuschließen. Ziemlich makaber, wenn man dies mit etwas Abstand betrachtet – grenzt an eine Art Masochismus. Wie soll ich das richtig bewerten und einordnen?

Antwort: Es wird euch allen sicher etwas eigenartig vorkommen, wenn ihr erkennt, dass dies, was ihr euer Leben nennt, eigentlich nur die Vorstufe zu einer Entwicklung ist, die für euch von allergrößter Freude sein wird. Ihr habt all die Ereignisse hingenommen und über euch ergehen lassen, damit ihr die Erkenntnisse daraus ziehen könnt, um diese Erfahrungen in eurem weiteren Leben immer wieder als Mahnmal daran zu erkennen, dass ihr in eurer weiteren Arbeit genau dies berücksichtigen müsst, dass es eben nicht mehr dazu kommen kann. Diese Lehre war für euch die allerwichtigste, und diese habt ihr jetzt alle bravourös bestanden, auch wenn ihr erst aus eurem Traum aufwachen müsst, um all dies so einzuordnen, wie es gedacht war. Ihr könnt diese Informationen dazu benutzen, um euer Selbst viel besser zu erkennen, denn von nun an ist das Leben nicht mehr nur Erfahrung dessen, was *nicht* eintreten soll, sondern von nun an ist das Leben Erfahrung dessen, was *alles* eintreten soll. Somit erfolgt jetzt die Umkehr eures Paradigmas – ihr seid ab sofort nicht mehr diejenigen, die erfahren, was sie auf jeden Fall vermeiden sollen, sondern ihr macht Erfahrungen davon, was alles Wunderbares möglich ist, wenn man die göttliche Liebe in alle Handlungen und Gedanken voll und ganz integriert. Diese Erfahrungen macht ihr ab dem Zeitpunkt, wo ihr euer neues Bewusstsein voll erlangt habt.

Die Welt hat es verstanden

Es ist jetzt genau der richtige Zeitpunkt für jeden Einzelnen, sich mit seiner Zukunft zu beschäftigen! Ihr alle habt bisher immer in der Angst gelebt, euch könnte etwas Schlimmes zustoßen, das euch völlig aus der Bahn wirft und euch in eurer Existenz bedroht, wobei ihr mit Existenz nicht euer physisches Leben gemeint habt, sondern in erster Linie eure wirtschaftliche Existenz. Dies ist derzeit noch eure größte Sorge und das ist genau der Punkt, an dem wir heute bei euch ansetzen. Wir helfen euch, dies zu erkennen, damit ihr den Weg aus dieser Sackgasse heraus finden könnt. Ihr seid in diese Sackgasse geraten, weil ihr es verabsäumt habt, zu erkennen, wer ihr wirklich seid. Wir machen euch dies heute keinesfalls zum Vorwurf, denn es war durchaus so gewollt, dass ihr in der Tiefe der Dualität zu euch findet, und an dem Punkt, wo ihr gerade jetzt steht, solltet ihr die Erleuchtung bekommen und feststellen, wer ihr wirklich seid und warum ihr all das erleben durftet.

Ihr solltet dies tun, damit ihr alle zusammen an den Punkt kommt, wo ihr feststellt, dass es jetzt endgültig genug ist und dass die Anzahl an Erfahrungen in der Tiefe der Dualität mehr als ausreichend waren. Ihr habt das jetzt voll und ganz integriert, und ihr wisst jetzt genau, was ihr wollt, und genau deshalb seid ihr kurz davor, den großen Sprung in eurem Bewusstsein zu machen. Ihr seid alle auf den Plan gerufen worden, um diese Erfahrung in den letzten Zügen auszukosten, doch dürft ihr euren Unmut über die aktuelle Situation bald voll und ganz zum Ausdruck bringen. An allen Ecken und Enden des Planeten brodelt es bereits in den Kochtöpfen eurer Emotionen – immer mehr Menschen empfinden, dass es so nicht weitergehen kann, und immer mehr Menschen sind sehr stark frustriert über ihre aktuelle Situation und wissen gar nicht, wie sie sich daraus befreien können. Letztlich kann euch im Augenblick niemand daraus befreien, denn die Suppe eurer Emotionen ist zwar schon sehr heiß, doch kocht sie noch nicht über, und bevor dieser Punkt nicht erreicht ist, werdet ihr auch keine grundlegende Änderung erreichen. Ihr seid jetzt an dem Punkt, wo ihr in dieser Suppe alles im Detail erkennen könnt, was hier nicht mehr hineingehört, und darum wollt ihr den Suppentopf zum Überkochen bringen, damit ihr euch genau dessen entledigen könnt. Die Suppe kocht und sie steigt den Topf empor, doch wartet sie noch etwas, bis wirklich alle mitmachen, um diesen Topf endgültig zum Überlaufen zu bringen.

Wir haben diesen Zeitpunkt für euch gewählt, weil er ein Zeitpunkt des Neubeginns ist. Ihr seht es aus eurer Sicht als Beginn der Reise der Erde um die Sonne und ihr seht es als Beginn eines neuen Jahres, wenn das Kalenderjahr endet. Ähnlich wie euer Kalenderjahr endet zum Termin des Aufstiegs auch im Universum eine Epoche und das führt dazu, dass die Reise der Erde durch die Sternzeichen von vorne beginnt. Ebenso wichtig wie ein Jahresbeginn ist dieser Neubeginn der Reise der Erde, und doch werdet ihr es noch viel intensiver empfinden, wenn ihr wisst, dass dies der Zeitpunkt ist, an dem die Welt eine völlig neue Bedeutung bekommt. Sie bekommt die Bedeutung eines Schöpfersterns, und als solcher wird die Erde von nun an das Universum gestalten, und die großartigen Menschen, die dies bewerkstelligen, haben ihre volle Schöpfermacht übernommen und anerkannt, dass sie göttliche Wesen sind und von nun an die Erde und alle anderen Planeten mit Leben ausstatten. Das ist der Auftrag, auf den ihr so lange vorbereitet wurdet, und jetzt könnt ihr es so richtig feiern, dass ihr verstanden habt, wer ihr seid und warum das alles überhaupt geschehen ist. Jetzt seid ihr soweit, und ich freue mich ganz besonders, dass es euch ermöglicht wird, zu verstehen, warum all dies so sein musste und warum ihr alle hier seid und was ihr demnächst alles noch erleben werdet. Ein großer Feiertag für uns alle, denn es ist der Tag, an dem ihr es endgültig umsetzen könnt – eurer Bestimmung bis ins letzte Detail zu folgen!

Wenn es dann soweit gekommen ist und ihr Menschen verstanden habt, dass ihr es auf keinen Fall mehr rückgängig machen könnt und die Welt genau auf diesen großen Moment gewartet hat, dann werdet ihr alle zusammentreffen und es erst einmal richtig feiern, denn das ist der größte Moment eures Lebens – dieses Lebens!

Alles, was ihr jetzt noch tun müsst

Ihr werdet euch in der nächsten Zeit sehr oft fragen, was denn genau alles auf euch zukommt und womit ihr euch am besten auseinandersetzen sollt, um für diese neue Zeit am besten gerüstet zu sein. Diese Frage werdet ihr so oft stellen, dass ihr langsam, aber sicher darauf auch eine Antwort finden werdet, denn die Zeit der Veränderung ist voll im Gange und ihr werdet kaum Gelegenheit dazu bekommen, euch zurückzulehnen und einfach zu warten, was denn alles noch passiert. Ihr braucht auch diese Phasen, wo ihr beobachtet, was alles daherkommt, doch sind diese Phasen nur von kurzer Dauer, denn es wird schon bald darauf die nächste Herausforderung auf euch zukommen und euch dazu bringen, dass ihr aufhört, euch viel Gedanken über das Geschehen auf der Erde zu machen, sondern dass ihr beginnt, das neue Leben in euren Gedanken vorwegzunehmen. Das ist der größte Teil eurer Vorbereitungsarbeit, denn dieser Teil ist so dermaßen bedeutend, weil ihr es eben vorwegnehmen müsst, um dann einen klaren Kopf zu behalten und die Wege zu ebnen, die ihr braucht, um eure neue Gesellschaft ins Leben zu rufen. Ihr werdet diese Wege bereits vorher gedanklich durchgehen, damit ihr wisst, wohin sie euch führen sollen, denn wie ihr ja bereits wisst, gibt es ohne Ziel keinen Weg, und dieser Weg wird sich auf jeden Fall vor euch auftun, sodass ihr auf alle Fälle gut dafür gerüstet sein müsst.

Alles, was ihr außerdem noch tun müsst, steht unmittelbar mit dem großen Ziel in Verbindung. Das Ziel ist die Einheit der Menschen unter dem Dach der Göttlichkeit. Alles, was ihr tun müsst, damit ihr diese Göttlichkeit annehmen könnt, ist, das Bewusstsein davon schon jetzt in euch zu integrieren. Macht euch diese Göttlichkeit bewusst und arbeitet intensiv daran, dass ihr anerkennt, dass ihr diese Göttlichkeit schon immer in euch getragen habt, und nehmt euch die Zeit, um in euch zu gehen und diese Göttlichkeit in euch zu entdecken. Experimentiert mit euren Gedanken, denn die sind das schöpferische Werkzeug, das in euch wohnt und euch zu wunderbaren Dingen befähigt. Macht euch dies ganz besonders bewusst, denn die Göttlichkeit findet über die Gedanken ihren Ausdruck.

Eine weitere große Komponente ist die Herzlichkeit, denn diese Herzlichkeit könnt ihr alle bereits jetzt in euch spüren – ihr wisst, dass ihr alle mit der göttlichen Liebe gesegnet seid und diese in euch tragt. Das Ziel ist hier *der Ausdruck* dieser göttlichen Liebe, die ihr alle so sehr in euch integriert habt, was euch jedoch nicht wirklich bewusst ist. Diese Liebe schreit danach, sich ausdrücken zu können, und wann immer ihr es tut, dann werdet ihr dieses unglaubliche Gefühl empfinden. Die Liebe ist das Großartigste, was der Mensch in sich trägt, und es ist ebenso großartig, was er damit erreichen kann.

Ihr sollt euch immer mehr damit beschäftigen, was genau es bedeutet, diese göttliche Liebe in allen Gedanken und Handlungen zum Ausdruck zu bringen, denn ihr werdet feststellen, dass ihr damit so viele wunderbare Dinge anstellen könnt, die euch allen die größtmögliche Erfüllung bringen. Ihr werdet euch damit noch intensiv beschäftigen, weil ihr verstanden habt, dass ihr mit den derzeitigen Verhaltensweisen nicht mehr weiterkommt – ihr sollt es euch voll und ganz „auf der Seele zergehen lassen", was ihr alles erfahrt, wenn ihr euer Verhalten und euer Denken umstellt, denn genau dort wird es für euch wie Balsam sein, wenn ihr diese göttliche Liebe ausdrückt. Balsam für die Seele ist das Ziel, und es wird nicht nur eurer Seele guttun, sondern auch der Seele der Menschen, die in den Genuss eurer göttlichen Liebe kommen. Dies ist für euch eine besondere Erfahrung, denn bisher habt ihr fast alle eure Handlungen am Geld gemessen, das ihr dafür bekommen könnt – in Zukunft werdet ihr einen ganz anderen Maßstab anlegen.

Wenn ihr begonnen habt, euch darin zu üben, dann werdet ihr feststellen, dass es genau die Art des Umgangs ist, die ihr euch für euch und euresgleichen wünscht, denn niemand wird jemals wieder auf die Idee kommen, etwas anderes für die Menschheit zu wollen. Ihr seid jetzt in der Lage, euch selbst für eine aktive Gestaltung eurer liebevollen schöpferischen Tätigkeit zu entscheiden, denn von nun an gilt nur noch ein einziges Gesetz und das ist die höchste göttliche Liebe von euch zu allem, was ist.

Frage: Wunderbare Worte, die voraussichtlich alle Leser gerne in ihr tägliches Verhalten integrieren möchten. Ich habe die Erfahrung gemacht, dass der Ausdruck der Liebe zu allem, was ist, in der ersten Zeit, in der man versucht, dies in jeder Sekunde und in jedem Gedanken umzusetzen, enorm schwierig ist. Mir persönlich fällt es nach wie vor von Zeit zu Zeit schwer, alle Menschen, auch wenn sie mir noch so unsympathisch sind oder ich über ihre Taten der Vergangenheit Bescheid weiß, trotzdem wertfrei als das anzuerkennen, was sie sind. Ich gebe zu, dass ich immer wieder einmal erst im Nachhinein feststelle, dass meine Gedanken und Handlungen nicht diesem höchsten Maßstab entsprochen haben. Als Ursache habe ich für mich herausgefunden, dass die Bewertung das Hauptproblem ist – man ist schnell geneigt, über die Menschen zu urteilen und ihre Taten zu verurteilen. Das Urteilen beginnt bereits bei Äußerlichkeiten und der Art, wie diese Menschen leben – wie sie gehen, reden, gekleidet sind und was sie ausstrahlen. Sowie einem Taten der Menschen bekannt werden, die verachtenswürdig sind, wird es noch viel schwieriger, das Verurteilen zu unterlassen. Wie können wir dies am besten abstellen?

Antwort: Es wird für euch alle in der nächsten Zeit immer wieder Herausforderungen geben, die euch zeigen, dass das Verhalten, das ihr an den Tag legt, nicht dem höchsten Ideal entspricht, doch ist dies mehr als natürlich, denn ihr habt so viele Jahre ein ganz anderes Leben gelebt, und Gewohnheit zu ändern, ist ein schwieriger Prozess – vergleicht dies mit einem Raucher, der aufhören soll zu rauchen – dies gelingt ihm auch nicht sofort auf Anhieb – er muss ebenso wie ihr jeden Tag daran arbeiten, so lange bis er endgültig von seiner Gewohnheit entwöhnt ist. Dies ist normal und es soll euch nicht dazu veranlassen, euch selbst negativ zu bewerten, sondern es soll euch die Gelegenheit geben, dass ihr euer Verhalten selbst bewertet und erkennt, ob es der Ausdruck der Göttlichkeit in euch war oder eben nicht, und wenn es nicht so war, dann sollt ihr hingehen und euch entsprechend dafür entschuldigen, denn es hat euer Gegenüber sicherlich verletzt, wenn ihr eben nicht diese göttliche Liebe zum Ausdruck gebracht habt. Tut dies und ihr werdet langsam, aber sicher den Weg dorthin finden, und es wird euch allmählich sehr viel Freude bereiten, zu erkennen, dass ihr es könnt!

Frage: Die göttliche Liebe bzw. die Herzlichkeit ist meiner Erfahrung nach in erster Linie eine Geisteshaltung – man könnte es auch Lebenseinstellung nennen. Hast du eine Hilfe für all jene, die im Augenblick keine Vorstellung davon haben, wie sie diese Geisteshaltung einnehmen und dauerhaft integrieren können?

Antwort: Ihr werdet alle zusammen durch das Leben gehen und durch diesen Weg erkennen können, was gerade das Beste für euch ist – ihr könnt euch alle zusammen auf den Weg machen und euch untereinander darin bestärken, indem ihr euch gegenseitig ein Feedback über euer Verhalten gebt – nehmt diese Herausforderung an, denn ihr seid auf dem richtigen Weg in eine Welt, die keine bösartigen Handlungen mehr kennt, und ihr seid auf dem Weg in eine Welt, die keine andersgeartete Lebensweise mehr kennt als die im Einklang mit den höchsten göttlichen Werten. Der Weg dorthin ist sicherlich nicht der einfachste, doch wird es für euch immer wieder Herausforderungen geben, die euch dazu animieren, diese Geisteshaltung einzunehmen. Ihr könnt euch selbst helfen, indem ihr einfach das annehmt, was ihr seid. Es ist, wie du richtig sagst, eine Geisteshaltung, und diese Haltung ist letztlich eine Einstellungsfrage zu sich selbst – wenn ihr darauf eingestellt seid, dass ihr göttliche Wesen seid, dann werdet ihr auch in der Lage sein, eure Einstellung zum Ausdruck zu bringen. Erst wenn ihr anerkannt habt, dass ihr göttliche Wesen seid, werdet ihr dies auch zum Ausdruck bringen können – vorher werdet ihr immer noch ein Mensch sein, der den Weg zu sich selbst noch nicht gefunden hat!

Frage: Wir alle befinden uns auf dem Weg in ein neues Zeitalter, das unser Leben grundlegend verändern wird. Ihr Erzengel und die Aufgestiegenen Meister gebt uns laufend Informationen, was uns erwartet und wie wir uns am besten darauf vorbereiten, damit wir diesen Wandel bestmöglich bewältigen können. Es gibt einen interessierten und teilweise aktiven Kreis an Menschen, der erfreulicherweise immer mehr wächst, doch ist die Mehrheit der Menschen nach wie vor nicht wirklich daran interessiert, sich selbst zu erkennen und einen Wandel im Inneren zu vollziehen. Selbst Menschen, die diese Bücher gelesen haben, fühlen sich oftmals nicht wirklich angesprochen und leben unverändert weiter. Ich frage mich, wie es uns gelingen kann, dass möglichst alle Menschen zuhören und sich auf den Weg machen? Ich habe dazu in einem Film erst eine Aussage gehört, die mich inspiriert hat, diese Metapher in diese Frage einzubauen: „Wenn man möchte, dass einem die Menschen Aufmerksamkeit schenken, dann reicht es nicht aus, sie an der Schulter anzustupsen – man muss sie schon mit dem Vorschlaghammer treffen." Bildhaft gesprochen, sollte dies bedeuten, dass viel mehr geschehen muss, als wunderschöne und gut gemeinte Worte zu verbreiten – habt ihr so einen bildhaften Vorschlaghammer für die Menschheit vorbereitet?

Antwort: Ihr werdet laufend mit Ereignissen konfrontiert, die euch allen sehr nahegehen, auch wenn sie der Reihe nach erst noch geschehen und erst durch ihre Häufung die Menschen im Herzen erreichen werden. Ihr werdet feststellen, dass im Laufe der Zeit die Ereignisse wirklich allen Menschen nahegehen und dadurch langsam, aber sicher die Öffnung stattfindet. Diesen Vorschlaghammer, wie du ihn nennst, wird es im klassischen Sinne nicht geben – sieh es so, als würde die Wucht des Vorschlaghammers auf viele einzelne Hammerschläge aufgeteilt und die Gesamtwirkung auf einen längeren

Zeitraum verteilt. Ihr bekommt dann zum Abschluss doch noch einen heftigeren Stoß versetzt, doch ihr werdet durch die Ereignisse und durch die Möglichkeit, Informationen im Vorfeld aufzunehmen, darauf vorbereitet. Die Meisterjahre sind eine Zeit der Erkenntnis, und in dieser Zeit steckt ihr mittendrin, auch wenn viele diesen Weg erst begonnen haben und sich erst langsam zu öffnen beginnen. Das ist in Ordnung so, wie es ist, denn jeder soll in seiner Geschwindigkeit erkennen, dass er ein göttliches Wesen ist und die Möglichkeit hat, sich dementsprechend zu verhalten.

Frage: Von welchem heftigeren Stoß sprichst du?

Antwort: Ihr werdet, wie bereits angekündigt, die Gelegenheit bekommen, die Auswirkungen eurer Gedanken unmittelbar in eurem Leben zu verspüren. Das bedeutet, dass ihr alle zusammen eure Gedanken sehr schnell Realität werden lassen könnt. Diese Möglichkeit für eine Kostprobe eurer Fähigkeiten wird für einen begrenzten Zeitraum sehr intensiv freigeschaltet und dadurch könnt ihr erkennen, was für ein Potenzial in euren Köpfen schlummert. Und ihr werdet daran lernen, dass ihr alle zusammen göttliche Wesen seid, die einen schöpferischen Auftrag haben. Und da passt natürlich euer gedankliches Potenzial, das ihr derzeit an den Tag legt, nicht wirklich dazu. Dies ist für euch die große Erkenntnis, dass ihr schöpferische Wesen seid, und das wird euch für einige Zeit intensiv beschäftigen, und dann ist es mehr als natürlich, dass ihr erkennt, dass es nicht mehr angebracht ist, euch so zu verhalten, und dass es eines Schöpfergottes unwürdig ist, sich darüber Gedanken zu machen, wie er sich selbst am besten bereichern kann und möglichst viele Vorteile für sich selbst herausholt.

Frage: Natürlich darf ich den Lesern die Frage nach dem Zeitpunkt nicht schuldig bleiben. Wann bekommen wir die Kostprobe unserer schöpferischen Fähigkeiten, und wie können wir uns das vorstellen?

Antwort: Es wird euch für einen gewissen Zeitraum die Möglichkeit gegeben, eure Gedanken und Visionen blitzschnell in der Realität wiederzuerkennen. Es werden also gewisse Umstände, die ihr euch erdenkt, sofort eintreten, und dadurch könnt ihr erkennen, wie ungeheuer mächtig eure Gedanken sind. Dieser Zeitraum wird sich in etwa von der Mitte des Jahres 2012 bis zum Übertritt ins Neue Zeitalter erstrecken. Ihr werdet dann in der Lage sein, eure Gedanken sofort zu manifestieren, und das Ergebnis wird viele erst einmal erschrecken, denn sie werden erkennen, was sie den ganzen Tag über für Gedanken hegen, und das wird sie dazu veranlassen, dies sofort einzustellen, weil ihnen die Ergebnisse ganz und gar nicht gefallen.

Doch ist jetzt genug davon erzählt, denn ihr sollt euch darauf freuen und nicht jetzt schon beginnen, damit zu experimentieren, denn es wird jetzt noch nicht in diesem Ausmaß funktionieren – hört auf, mehr danach zu fragen, sondern lebt euer Leben bis dahin so, dass es euch dann Freude bereiten wird, denn diese Fähigkeit bleibt euch dann erhalten bzw. wird euch noch intensiver zur Verfügung stehen!

Alles, was recht ist, wird von nun an ganz anders zu bewerten sein

Es ist für die Menschheit ein wirklich großer Sprung in die neue Dimension des Bewusstseins, denn dieser Sprung bietet allen die Gelegenheit, sich von dem zu befreien, was ihnen bisher so große Einschränkungen in allen Lebenslagen gebracht hat. Ihr habt euch so sehr daran gewöhnt, dass ihr aufgehört habt, dies alles zu hinterfragen und habt es einfach hingenommen, dass ihr in allen Bereichen des Lebens eingeschränkt werdet. Ihr habt die Obrigkeit als etwas angenommen, das man nicht umstoßen kann, und die Macht der Regierung und die Macht der Gesetze, die von ihr erlassen wurden, auf keinen Fall umgangen werden können. Ihr seid dann zu einem gewissen Zeitpunkt dazu übergegangen, euch aus dem Leben auszuklinken, und habt vergessen, dass ihr völlig fremdbestimmt seid und nur noch das tun dürft, was euch von oben genehmigt wird. Ihr seid dann alle auf einmal losgegangen und habt gefragt, wo die Grenzen sind, anstatt diese einfach zu überschreiten und euch von nichts und niemandem mehr einschränken zu lassen. Euch ist dieses Fragen nach der Grenze so in Fleisch und Blut übergegangen, dass ihr alle aufgehört habt, euch selbst zu hinterfragen und eure eigenen Grenzen auszuloten, wo ihr festgestellt hättet, dass eure Grenzen sehr viel weiter zu stecken sind, als ihr es selbst für möglich gehalten hättet.

Eure Grenzen könnt ihr alle selbst definieren, und ihr könnt selbst entscheiden, wie weit ihr in euren Möglichkeiten gehen wollt. Euer Leben auf diesem Planeten ist tatsächlich nur durch einige wenige Grundgesetze eingeschränkt. Diese sind die des frühzeitigen Feststellens, dass das Leben in seiner Dauer begrenzt ist, dass ihr an die Gesetzmäßigkeiten des Planeten angebunden seid und dass ihr, um zu überleben, gewisse Grundstoffe benötigt, die ihr reichlich auf dem Planeten vorfindet. Mehr gibt es nicht, was euch einschränkt – absolut gar nichts dürfte euch darüber hinaus einschränken, denn alles, was euch einschränkt, habt ihr euch selbst auferlegt!

Eine grundlegende Annahme, dass ihr alle einer Gesetzmäßigkeit unterworfen seid, hat es bei der Erfindung der Erde nicht gegeben – niemand wollte, dass ihr eingeschränkt werdet, und niemand wollte euch in eurer Entwicklung so sehr hemmen, wie ihr es selbst getan habt. Ihr seid in eurer Entwicklung sehr gehemmt, denn eure wirtschaftlichen Voraussetzungen nehmen euch die wichtigste Zeit, um an euch zu arbeiten. Ihr habt so viel Energie in das Geldverdienen investiert, dass ihr alle zusammen längst hättet viel weiter kommen können, wenn die Sache mit dem Geldverdienen nicht gewesen wäre. Ihr hättet längst verstanden, dass ihr göttliche Wesen seid und dass ihr mit euren Gedanken eine Menge toller Möglichkeiten erschaffen könnt, wenn ihr euch nicht auf eine Gesellschaftsform eingelassen hättet, die euch in mehrere Klassen einteilt – die einen sind die Obrigkeit, die alles entscheidet und die Macht hat, das Volk zu unterdrücken und auszunützen. Die andern sind diejenigen, die dienen müssen, die sich ein Leben mit Entbehrungen auferlegen müssen, um der Obrigkeit zu dienen und dafür zu sorgen, dass diese im Luxus leben kann. Das ist die Einteilung eurer Gesellschaft, doch sollte dies bald ein Ende finden.

Alles, was recht ist, hat jetzt die Bedeutung, dass euch Rechte gegeben werden, die ihr sonst nicht habt – ihr sollt euch den Rechten und Pflichten unterwerfen, die euch von anderen gegeben wurden. Dies kann auf Dauer nicht funktionieren, denn euer Geist lässt sich nicht einschränken – er wird immer wieder rebellieren und euch darauf aufmerksam machen, dass ihr nicht genug Möglichkeiten habt, um euch zu dem zu entfalten, was ihr im Innersten immer schon gewesen seid. Ihr seid Schöpfer, und genau dieses Schöpfertum sollt ihr ausleben und euch nicht von anderen Menschen unterdrücken lassen. Ihr seid jetzt an der Reihe, euch daraus zu befreien und die

Obrigkeit darauf hinzuweisen, dass die Macht ab sofort auf alle in gleichem Ausmaß verteilt werden soll. Ihr werdet euch nicht mehr länger gefallen lassen, dass man euch durch Gesetze und Maßregelungen, die auf der Macht des Geldes beruhen, in eurer Entwicklung behindert. Ihr werdet euch dagegen wehren und den Machthabern sagen, dass es jetzt genug ist mit den Regelungen, denn ihr seid auf diese Welt gekommen, um euer Leben in absoluter Freiheit zu führen. Freiheit von Zwängen, Freiheit von Gesetzen, Freiheit von Meinung und Gedanken und somit Freiheit eures Schöpfergeistes.

Ihr werdet von nun an immer mehr das Bewusstsein verkörpern, das euch die Bewusstheit eines Schöpfers nahelegt – ihr werdet immer mehr verstehen, dass es nicht möglich ist, einen Schöpfer in seiner Ausweitung einzuschränken – ihr werdet immer mehr feststellen, dass euer Schöpfergeist alleine dazu imstande ist, Situationen herbeizuführen, in denen ihr ihn in aller Freiheit, von allen Einschränkungen befreit, voll zum Ausdruck bringen könnt. Ihr seid dann alle so sehr damit beschäftigt, eurem Geist freien Lauf zu lassen, dass ihr die Reglementierungen der Gesellschaft dadurch völlig aufweicht und alle Grenzen so weich gestaltet, dass man ohne Probleme jederzeit darüber hinwegsteigen kann. Befreit euch aus den Zwängen, die ihr euch selbst auferlegt habt, und ihr könnt zurückkehren in die Einheit mit Gott!

Frage: Mancher könnte es so formulieren: „Wir fordern von unseren Regierungen, dass man uns unsere Freiheit zurückgibt." Ich glaube jedoch, dass bereits diese Formulierung falsch ansetzt – sollte es nicht heißen, dass wir uns unsere Freiheiten einfach nehmen und negieren, was uns unsere Regierungen auferlegen? Eine Forderung würde bedeuten, dass wir auf die Straße gehen und für unsere Freiheiten so lange demonstrieren, bis sie uns gegeben werden. Doch meine ich, dass auch dies der falsche Ansatz ist – welchen Weg sollten wir gehen, um der Obrigkeit klarzumachen, dass wir uns unsere völlige Freiheit einfach genommen haben?

Antwort: Die Welt hat genau diesen Weg vor sich, denn sie wird sich von ihrer derzeitigen Abhängigkeit von Gesetzen, Geld und Machthabern völlig distanzieren und beginnen, sich einen Weg zu suchen, wie sie ohne diese auferlegten Einschränkungen existieren kann. Ihr Menschen habt dazu natürlich vielfältige Möglichkeiten, um euren Unmut kundzutun. Die eine Art ist die Demonstration – die andere ist jedoch die völlig klare und eindeutige Aussage jedes Einzelnen, dass er auf die Regierung verzichtet und sich selbst einer viel größeren Macht anschließt, und zwar der Macht der Gemeinschaft. Diese Gemeinschaft ist es, die die Regierungen zum Abdanken zwingen wird – es werden nicht eure Revolutionen auf der Straße sein, die dazu führen, dass ihr euch von der Regierung verabschiedet – ihr seid dann quasi im freien Fall aus der Abhängigkeit und landet im weichen Polster der absoluten Freiheit. Ihr werdet euren Widerstand gegen die Einschränkungen einfach dadurch zu erkennen geben, dass ihr auf die Vorgaben der Regierung einfach nicht mehr reagiert – es ist eine Art stiller Protest gegen die Systeme, indem ihr die Systeme einfach nicht mehr mit Leben erfüllt. Ihr werdet alle aufhören, eure Steuern zu zahlen – ihr werdet aufhören, zur Arbeit zu gehen, und ihr werdet aufhören, euch vorzustellen, wie es denn wäre, wenn man weiter mit Geld leben muss. Ihr wollt das alles dann nicht mehr, und darum werdet ihr einfach hergehen und alles dafür unternehmen, dass die Welt und ihre Systeme nicht mehr funktionieren. Indem ihr die Systeme lahmlegt, werden alle anderen euch folgen, und daraufhin wird niemand mehr die Gelegenheit haben, euch auf etwas einzustimmen, was ihr nicht haben wollt. Ihr seid dann so weit freigeworden, dass ihr im ersten Schritt die staatlichen Mechanismen einfach außer Kraft setzt und dadurch keine Vorgaben mehr habt, was ihr wann zu tun habt. Parallel dazu müsst ihr jedoch ein Szenario entwickeln, wie ihr den friedlichen Protest gegen die Systeme umsetzt. Ihr werdet dies dann auf eine Art und Weise tun, wie ihr sonst gegen Systeme vorgeht, die ihr nicht mehr haben wollt. Euer Szenario der Zukunft wird dann gefordert sein, denn ihr müsst dann eine klare Vorstellung davon haben, wie ihr euch denn selbst versorgen könnt, und das ist die größte Herausforderung, die ihr entsprechend bedenken müsst. Es ist für euch sicherlich ein ungewohnter Gedanke, dass ihr gegen die Systeme eurer Regierung und gegen die Systeme eurer Gesellschaft rebelliert. Ihr könnt euch nicht vorstellen, welche Tragweite diese Rebellion für eure Gesellschaft haben wird. Das Erste ist der Bankrott unzähliger Unternehmen und aller öffentlichen Einrichtungen, denn dadurch, dass ihr nicht mehr zur Arbeit geht und eure Abgaben nicht mehr entrichtet, werdet ihr alles Leben, das auf Geld aufgebaut ist, zum Erliegen bringen. Dies ist ein großer Schock für alle, denn niemand kann sich vorstellen, wie das komplexe Wirtschaftssystem eures Landes ohne Geld funktionieren kann. Im ersten Augenblick wird dieses auch völlig zum Stillstand kommen, und die Versorgung der Bevölkerung ist die größte Herausforderung in dieser ersten Übergangszeit. Nachdem ihr euch zuvor bereits Szenarien zurechtgelegt habt, wie ihr diese Zeit am besten bewältigen könnt, werdet ihr euch alle zusammentun und euch treffen, um über weitere Aktivitäten zu beratschlagen. Ihr werdet euch insofern abstimmen, dass ihr alle miteinander entscheidet, wer welche Aufgaben übernimmt und wie das ganze Leben funktioniert, wenn das Geld nicht mehr vorhanden ist. Die wichtigste Erkenntnis wird die sein, dass ihr feststellt, dass alles ganz normal weiterfunktionieren kann, wenn diejenigen, die für diese Aufgaben ausgewählt wurden, ihre Aufgabe entsprechend ausführen und durch ihren Beitrag zum Gemeinwohl dafür sorgen, dass alle wieder an die grundlegenden Dinge herankommen, die sie für ihr tägliches Leben brauchen. Es werden die Menschen, die für Elektrizität sorgen, diese aufrechterhalten, und es werden die Menschen, die für die Versorgung mit Lebensmitteln zuständig sind, ihre Aufgabe ernstnehmen und die Kette der Versorgung weiterführen. Ihr werdet euch alle zusammentun und jeder wird sich zuvor bereits überlegen, was er für die Gemeinschaft tun kann, was sein Beitrag ist, um der Gemeinschaft zu dienen. Jeder wird das tun, was er am besten kann, und jeder wird sich darum kümmern, dass sein Beitrag ein wichtiger ist, damit die Gemeinschaft all das hat, was sie benötigt, um sich zurechtzufinden. Alle Menschen helfen zusammen, denn alle werden sich dazu berufen fühlen, ein aktives Mitglied dieser Gemeinschaft zu sein. Alle Menschen werden diesen Beitrag mit großer Freude leisten, denn es sind ja viele da, die ihren Job nicht mehr machen müssen, denn er hatte mit Geld in irgendeiner Form zu tun. Sie waren früher Banker, Finanzbeamte oder Versicherungsangestellte, die jetzt keiner mehr braucht, da diese Arbeiten alle auf Geld aufgebaut waren, und nachdem dieses nicht mehr erforderlich ist, werden sehr viele Kräfte frei werden, um der Gemeinschaft zu dienen. So entsteht eine große in sich geschlossene Gemeinschaft, in der alle nichts anderes wollen, als in Ruhe ihr Leben in Freiheit zu genießen. Es wird so sein, dass ihr Menschen auf einmal erkennt, dass jeder die gleiche Arbeit weiter ausführen kann, außer sie hatte etwas mit Geld und Verwaltung von Geld zu tun – all jene, die davon betroffen sind, werden sich eine neue Aufgabe suchen und dafür sorgen, dass die Gemeinschaft binnen kürzester Zeit wieder bestens funktioniert. Ihr werdet alle wieder das tun, was ihr immer schon gerne getan habt, und ihr werdet weiterhin alle Aufgaben gerne annehmen, die sinnvoll sind und die der Gemeinschaft dienen, auch wenn vielleicht vorübergehend euer Traumjob nicht mit dabei ist. Eure Aufgaben werden so vielfältig sein, dass ihr alle die Gelegenheit habt, euch das auszusuchen, was euch Freude bereitet. Das größte Augenmerk liegt immer auf der Versorgung der Gemeinschaft in der jeweiligen Region. So werden Regionen definiert, die sich zusammentun und die einen gemeinsamen Rat der Weisen wählen, der ihnen helfen soll, das Chaos etwas zu ordnen und eine Verwaltung entstehen zu lassen, die hilft, die Infrastruktur in der Region aufrechtzuerhalten, und dafür sorgt, dass die Versorgungsgüter koordiniert dorthin gelangen, wo sie gebraucht werden. Alles, was ihr alle zusammen benötigt, ist letztlich nichts anderes als das, was ihr jetzt auch braucht, um euer tägliches Leben zu bestreiten. Ihr werdet euch langsam daran gewöhnen müssen, dass es kein Geld als Gegenleistung mehr gibt, doch werdet ihr als Gegenleistung die Freiheit bekommen, die ihr braucht, um an euch selbst zu arbeiten, um eure Gedanken in die Richtung weiter-zuentwickeln und euch zu dem zu machen, was ihr immer schon gewesen seid. Ihr seid dann alle frei in der Entscheidung, was ihr machen wollt, und ihr seid frei in der Entscheidung, wann ihr es tut, und niemand wird euch Vorschriften machen, was ihr mit wem zu welcher Zeit und an welchem Ort zu tun habt, sondern ihr wer-det euch für eine Sache bewerben, die öffentlich ausgeschrieben wurde, und man wird euch dafür danken, dass ihr gerne dazu bereit seid.

Frage: Wieviel Zeit werden die Menschen durchschnittlich dafür auf-wenden, um ihren Beitrag zur Gemeinschaft zu leisten?

Antwort: Die Welt braucht keine Regeln mehr, wer wieviel wann und wo arbeitet, denn das wird alles auf völlig freiwilliger Basis ge-schehen. Jeder wird so viel dazu beitragen, wie er beitragen möchte, und ihr werdet es nicht verurteilen, wenn jemand für einen gewis-sen Zeitraum nichts beitragen möchte. Alles, was in diesem Zusam-menhang zählt, ist die Freiwilligkeit, und dies wird von Mensch zu Mensch und von Zeit zu Zeit unterschiedlich sein. Je nachdem wel-che Bedürfnisse der Einzelne hat und was ihm gerade am wichtigs-ten ist.

Frage: Mit etwas Abstand betrachtet, ist das Geld aus der Sicht der Machtelite eine geniale Erfindung – es wäre sonst wohl niemals möglich gewesen, das Volk so sehr einer Obrigkeit zu unterwerfen, wenn man sie nicht durch das Geld hätte zwingen können, eben zur Erlangung des Geldes Dinge zu tun, die es sonst niemals getan hätte. Phantastisch, wenn auch sehr traurig! Wir sind in dieses System hineingeboren und kennen nur dieses, darum fällt es uns so schwer, uns vorzustellen, dass wir uns von der Obrigkeit lossagen können, indem wir dieses System einfach nicht mehr unterstützen. Das Lossagen von der Obrigkeit löst bei mir ein gewisses Unbehagen aus – erst jetzt verstehe ich so richtig, was du uns mit dem Kapitel „Die Welt eröffnet sich" bewusst machen möchtest –, denn dann gibt es wirklich niemanden mehr, den man verantwortlich machen kann. Wie können wir mit diesem Gefühl, das wieder einmal aus unserem Angstzentrum kommt, besser umgehen und den Mut schöpfen, uns auch tatsächlich gegen die Systeme zu stellen?

Antwort: Alles, was ihr dazu tun müsst, ist, auf eure Göttlichkeit zu vertrauen, die euch zu diesem Zeitpunkt bereits voll und ganz bewusst sein wird.

Frage: Um etwas wirklich Großes zu vollbringen, hinter dem die breite Masse auch tatsächlich mit ihrer ganzen Energie steht, braucht es aus meiner Erfahrung immer einen starken Auslöser, der die Massen eint und sie geschlossen auftreten lässt. Etwas, das ihnen sehr widerstrebt und sie aktiv werden lässt. Was wird dieser Auslöser sein?

Antwort: Es wird für euch keinen Auslöser brauchen, denn ihr seid dann alle so weit in eurem Bewusstsein fortgeschritten, dass ihr längst erkannt habt, dass die Welt eine Veränderung braucht und es gar keinen Zweifel daran gibt, dass sich die Welt jetzt sofort verändern muss. Die Ereignisse, die jetzt bereits zahlreich in Erscheinung getreten sind, werden euch mehr als genug Auslöser sein, und dadurch geht ihr mit Freude ans Werk und befreit euch von den Zwängen der Macht und dem Diktat des Geldes.

Frage: Das Wort Revolution hat für mich den Beigeschmack, dass etwas gegen den Willen einiger stattfindet, deshalb würde ich dieses Wort gerne vermeiden – mir fällt jedoch kein anderes Wort ein, um die bevorstehenden Vorgänge treffender zu beschreiben, daher bleibe ich vorläufig dabei. Um eine Revolution hervorzurufen, wird es notwendig sein, dass sich die Massen untereinander absprechen – dazu dient heute das Internet und die Mobiltelefonnetze. Werden die Machthaber diese Kommunikationskanäle unterbinden, um die Revolution zu verhindern, und mit welchen anderen Gegenmaßnahmen ist zu rechnen, wenn die Machthaber realisieren, was sich hier gegen sie zusammenbraut. Werden *sie versuchen gegenzusteuern? Als eine der Maßnahmen kann ich mir vorstellen, dass sie versuchen, Polizei und Militär auf den Plan zu rufen, um möglicherweise mit Gewalt für Ordnung und Gehorsam zu sorgen.*

Antwort: Alles, was ihr alle zusammen braucht, ist lediglich der tiefe Wunsch, dass sich etwas grundlegend verändert – das ist die einzige Voraussetzung, die notwendig ist, damit dieser Wandel vollzogen werden kann. Eure Machthaber unterliegen derselben Entwicklung wie ihr alle, denn auch sie haben erkannt, dass sie mit der derzeitigen Vorgehensweise auf dem Holzweg sind, doch haben sie bislang keine Alternative entdeckt, die es ihnen ermöglicht, diese Welt zu verbessern. Ihr lebt nicht mehr im Mittelalter, wo das Volk mit roher Gewalt klein gehalten wurde und wo die Menschen vor Angst erstarrt sind. Ihr habt heute alle Möglichkeiten der Kommunikation, somit gelangen alle Informationen darüber, was sich auf der Erde alles tut, in derselben Sekunde in alle auch noch so weit entfernten Winkel der Erde und können dort ihre Wirkung tun. Verlasst euch darauf, dass es keinen Widerstand der Machthaber geben wird, denn sie haben das gleiche Interesse wie alle anderen auch, und somit können sie gar nicht anders, als von ihrer Macht Abstand zu nehmen und das neue System zuzulassen.

Frage: Ich habe nachgelesen und für die Revolutionen in unserer Geschichte folgende wiederkehrende Abfolge von Schritten und Voraussetzungen festgestellt:

1. Menschen tun sich zusammen und definieren ein Ziel. Sie beschließen, dass dieses Ziel auf jeden Fall erreicht werden muss, und schließen Verhandlungen darüber aus.

2. Die Machthaber schließen Verhandlungen ebenfalls aus, somit verharren beide Seiten auf ihren Standpunkten und es kommt zur Machtprobe.

3. Eine entscheidende Rolle spielen die noch unentschlossenen, vorläufig neutralen Teile der Bevölkerung, denn je nachdem, wie sie sich entscheiden, wird die Revolution breite Unterstützung finden oder eben nicht.

4. *In der Regierung gibt es sogenannte Erosionsprozesse – das bedeutet, dass Teile der Machthaber sich abspalten und Polizei und Streitkräfte auf ihre Seite ziehen, die die bestehende Ordnung schützen. Die Machtelite ist somit gespalten.*

5. *Teile der Macht werden von den oppositionellen Gruppen übernommen.*

Je nachdem, in welchem Ausmaß die genannten Punkte erfüllt sind, kann es zur Revolution kommen oder eben auch nicht. Welche Parallelen zu unserer Geschichte können wir ziehen bzw. worin unterscheidet sich der bevorstehende Wandel?

Antwort: Die Welt wird sich auf diese Art und Weise nicht von den jetzigen Problemen befreien können, denn die Revolutionen der Vergangenheit haben letztlich nichts anderes gebracht als andere Machthaber, die letztlich wieder das Gleiche von ihrem Volk erwartet haben. Sie haben letztlich genau wieder die gleiche Form der Unterdrückung gewählt und konnten vielleicht einige Bedingungen verbessern, doch im Wesentlichen ist das System selbst unangetastet geblieben. Ihr steuert nun aber auf eine ganz andere Form der Revolution zu und die passiert nicht als Gewaltakt gegen eure Machthaber, sondern sie passiert in euren Köpfen, und davon ist niemand ausgenommen – alle sind darin voll und ganz integriert und niemand wird sich ernsthaft gegen diese Veränderungen stellen. Das Einzige, was die Menschen vielleicht etwas beunruhigen könnte und sie zum Ausharren bewegt, ist die Angst vor der Ungewissheit, was auf sie zukommt. Aus dieser Angst wird zu Beginn vielleicht da und dort noch etwas Diskussionsbedarf bestehen, doch wird diese Angst sehr bald verflogen sein, wenn einige Menschen mit diesen verängstigten Personen gesprochen haben. Alles verläuft absolut friedlich, und jeder trägt seinen Teil dazu bei, das System der Vergangenheit durch ein neues, viel wirksameres zu ersetzen. Eine völlig friedliche Revolution des Bewusstseins und kein Machtumbruch wie in früheren Zeiten!

Frage: Wann genau ist der Zeitpunkt gekommen, und wie werden sich die Menschen untereinander abstimmen, um festzulegen, dass genau jetzt der richtige Zeitpunkt ist, um die alten Systeme außer Kraft zu setzen?

Antwort: Es ist dann die Zeit gekommen, wenn wir euch das Signal dafür geben – wir werden euch dazu animieren und euch zeigen, dass all das, was ihr alle im Vorfeld bereits durch die Weitung eures Bewusstseins eingeleitet habt, jetzt Realität werden soll. Ihr werdet klar und deutlich erkennen können, dass wir euch jetzt das Signal dafür gegeben haben, um den Umschwung einzuläuten. Ihr seid dann nicht alleine, das darf ich euch jetzt schon bestätigen, denn alle Kräfte, die uns zur Verfügung stehen, werden diesen Prozess begleiten, und wir werden euch dann so nahe sein, wie wir es noch nie gewesen sind, um euch zu begleiten und euch behütet auf die andere Seite zu führen, damit ihr dort all das erleben könnt, wozu ihr hierher gekommen seid. Habt Vertrauen darauf, dass wir euch leiten und euch den Weg weisen, wohin ihr euch zum rechten Zeitpunkt bewegen sollt. Wir haben dann alle Medien so weit vorbereitet, dass sie nur noch auf das Signal warten, um euch den Startschuss zu geben. Die Kommunikation läuft über die bewährten Mittel, die ihr heute auch nutzt.

Die Welt eröffnet sich eine neue Chance

Es wird sich in sehr naher Zukunft euer Leben so sehr umändern, dass ihr bereits jetzt dringend damit beginnen müsst, euch vorzustellen, auf welche Art und Weise ihr es in Zukunft gestalten möchtet. Es ist jetzt für alle sichtbar, dass die Welt, die ihr derzeit vorfindet, ihr Ende finden wird. Ihr kennt das Ende ja bereits und doch habt ihr so wenige Ideen entwickelt, wie es denn anders viel besser laufen könnte. Genau diese Ideen sind jetzt gefragt, denn ihr müsst ja alle euer künftiges Leben selbst bestimmen und nicht mehr darauf warten, bis ihr wieder bestimmt werdet. Ihr seid es ja, die darauf drängen, dass die Welt eine bessere wird, doch seid ihr eurem alten Muster wieder treu geblieben und habt alles nur beschimpft, statt euch darum zu kümmern, herauszufinden, wie es denn anders viel besser sein könnte und was ihr alle dazu beitragen könnt.

Ihr werdet euch jetzt alle hinsetzen, um für euch alleine erst einmal eine Idee zu entwickeln, wie denn das Leben ohne die bisherigen Systeme funktionieren kann – ein Prozess, der etwas Zeit braucht, denn eure Vorstellungen von dem neuen Leben sind ja noch etwas vage und ihr müsst sie erst einmal konkretisieren, damit sie auch in die Realität kommen können. Dies zu erreichen, ist eure Aufgabe, und es ist wichtig, jetzt sofort damit zu beginnen, Ideen zu entwickeln, wie das Leben ablaufen soll. Ihr werdet dabei wahrscheinlich in alte Muster zurückfallen und davon ausgehen, dass dies ja sowieso nicht möglich sein wird, weil es ja so viele Einschränkungen gibt, die euch daran hindern. Ihr seid geneigt, gleich wieder damit aufzuhören, denn es geht ja angeblich sowieso nicht – und dann wird es auch so sein. Ihr habt alle zusammen nicht den Mut, euch jetzt sofort mit euren Freunden und Bekannten zusammenzusetzen und über diese Entwicklung zu diskutieren – ihr seid nicht mutig genug, euch dazu zu bekennen, dass die Welt ganz anders funktionieren kann, wenn ihr es einfach nur wollt!

Euer Leben hängt jetzt von vielen Details ab, die ihr euch bislang nicht einmal im Ansatz klargemacht habt, denn euer Leben steht auf einer Basis, die ihr in die Hände von vielen anderen Personen gelegt habt, die jedoch dieses Vertrauen nicht dazu benutzt haben, um die Basis für euch so gut wie möglich zu entwickeln, sondern um für sich einen Vorteil daraus zu gewinnen. Gemeint sind damit nicht nur eure Politiker, sondern es sind auch alle anderen Institutionen, die dafür sorgen, dass diese Welt regiert werden kann. Dazu gehören in erster Linie nicht nur die Banken, die euch das Geld aus der Tasche ziehen, sondern dazu gehören auch ganz besonders die Institutionen, die euch mit dem versorgen, was euch als Grundrecht als Schöpfer, der auf der Erde lebt, zusteht. Die Rede ist nicht von Institutionen, die staatsnah sind, sondern ich rede von Organisationen, die für eure Lebensmittel sorgen und euch stattdessen mehr Müll vorsetzen, als „Mittel zum Leben". Ihr bekommt derzeit leider so wenig Qualität und so wenige Nährstoffe mit eurer Nahrung, dass ihr alle an Mangelerscheinungen leidet. Ihr wisst dies im Detail gar nicht, doch solltet ihr euch einmal genau ansehen. Ihr seid alle sehr gut genährt, doch fehlt es bei eurer Gesundheit grundsätzlich an allen Ecken und Enden – dies ist das Resultat eurer Landwirtschaft, und wenn ihr die Nahrungsmittelindustrie betrachtet, dann werdet ihr feststellen, dass diese nur im Hinblick auf Profit erzeugt und nicht deshalb, um euch hochqualitative, gesundheitsfördernde Lebensmittel zur Verfügung zu stellen.

Euch ist dies in vollem Umfang gar nicht bewusst, und daher sage ich euch, dass ihr euer Augenmerk für die künftige Entwicklung sehr stark darauf richten sollt, damit ihr alle in die Lage versetzt werdet, das Potenzial, das in euren Körpern steckt, voll und ganz zu nutzen. Ihr seid derzeit zwar alle in der Lage, euch fortzubewegen, doch das wahre Potenzial eures Körpers kennt ihr gar nicht, denn das wurde euch noch nie so richtig bewusst. Ihr steckt in einer lebendigen Hülle aus Fleisch und Blut, und diese ist nicht nur mit einem sehr großen Gehirn mit unzähligen Fähigkeiten ausgestattet, sondern besteht aus einem wunderbaren Mix aus Kraft, Ausdauer und vor allem Zähigkeit, was das Aushalten von Veränderungen anbelangt. Ihr seid alle so sehr mit dem Komfort großgezogen worden, dass ihr diesen gar nicht mehr zu schätzen wisst und ihn als selbstverständlich anseht. Diese Zähigkeit, die euren Körper auszeichnet, ist etwas ganz Besonderes, denn darin steckt das Vermögen, euch anzupassen und euch auf die wechselnden Umstände, die euer Leben mit sich bringt, schnellstmöglich umzustellen. Ihr habt dieses Potenzial auch deshalb mitbekommen, damit ihr den Wandel, den euer ganzes Leben bedeutet, auch aushalten könnt. Ihr durchlauft diesen Wandel auch unter anderem, damit ihr diese Entwicklung nicht nur beobachten, sondern aktiv fördern könnt. Ihr seid dazu auserkoren, ein Leben in Veränderung zu führen, und ihr seid dazu bestimmt, euch dabei immer weiter nach oben zu entwickeln. Dies ist sowohl geistig wie auch physisch zu verstehen.

Anstatt dies alles zu beherzigen, habt ihr es euch im Wohnzimmersessel sehr bequem gemacht und könnt euch vor lauter Komfort kaum noch bewegen.

Wenn ihr nicht bald versteht, was es bedeutet, ein Schöpfergott zu sein, dann werdet ihr es wahrscheinlich nicht umsetzen können, denn es wird euch so sehr treffen, wenn ihr erkennt, was ihr alles in eurem Leben bisher verpasst habt, und dies mag euch im ersten Augenblick sehr schwer belasten. Ihr seid in diesem Leben dazu auserkoren, einen grandiosen Aufstieg mitzumachen, und genau deshalb solltet ihr auch die ganze Tragweite dieses Aufstiegs verstehen. Er hat nicht nur etwas mit eurer Gesellschaft zu tun und richtet sich nicht nur an die Finanzwelt, und es hat auch nicht nur damit zu tun, dass ihr einen schöpferischen Auftrag habt, um neues Leben zu erschaffen, sondern er richtet sich auch direkt an euch selbst, und dieser Auftrag lautet: Mach etwas aus deinem Körper – nutze ihn für deine Zwecke, denn er ist das Instrument und das Werkzeug für die Göttlichkeit in dir.

Es ist in euch das grundlegende Wissen ganz tief verankert, dass euer Körper dazu da ist, das Leben hautnah zu spüren und am eigenen Leib all das zu spüren, was es bedeutet, am Leben zu sein – ihr sollt euch darum bemühen, dass euer Körper sich selbst einmal so richtig spüren kann. Dies tut er nicht dadurch, dass ihr ihn mit gehaltlosen Lebensmitteln versorgt und ihn Reserven anlegen lasst, die er niemals wieder vollständig abbauen kann, ohne Schaden zu nehmen. Dazu ist er nicht geschaffen, sondern er ist dafür geschaffen worden, um möglichst alles wirklich hautnah zu spüren. Das bedeutet nicht nur, einfach zu leben, sondern alles dafür zu tun, um das Leben hautnah erleben zu können. Das ist in eurem Leben so zu verstehen: Ihr seid auf der Erde und ihr steckt in einem Körper, der von sich aus nur das tut, was notwendig ist, um am Leben zu bleiben. Alles andere ist willentlicher Art – dazu gehört alles, was ihn pflegt und ihn optisch ansprechend hält, dazu gehört aber in erster Linie all das, was wir unter Entwicklung verstehen – das heißt, dass ihr körperliche Fertigkeiten entwickelt, aus denen ihr wiederum ableiten könnt, dass ihr am Leben seid und dass ihr die Liebe zum Leben verspüren könnt. Körperliche Fertigkeiten sind in erster Linie alles Dinge, die man mit dem Körper erschaffen kann, ohne ihn dabei zugrunde zu richten, sondern mit ihm gemeinsam eine Sache zu erschaffen, die man als wirklich sehenswert bezeichnen kann. Jede einzelne Fertigkeit, die ihr eurem Körper beibringen könnt, ist eine wunderbare schöpferische Sache, die aus euren Gedanken entstanden ist und die der Körper erlernt hat, damit er all sie in sich aufnehmen und weiter ausbauen kann. *Ausbauen* ist genau das Stichwort – eure Fertigkeiten sind dazu da, dass ihr sie einsetzt, dass ihr etwas daraus machen könnt, was euch viel Freude bereitet und für die anderen Menschen ebenfalls einen Nutzen bringt.

Alles, was ihr aus dem Erwähnten mitnehmen sollt, ist Folgendes: Ihr sollt verstehen, dass der Körper nicht nur am Leben zu erhalten ist, sondern dass ihr einen Körper ausgewählt habt, damit er euch dienlich ist, um das Leben zu spüren, um mit ihm etwas zu vollbringen, etwas zu erschaffen. Dafür habt ihr ihn ausgewählt und ihn mit all dem ausgestattet, was ihr euch für dieses Leben vorgenommen habt. Euer Körper ist perfekt darauf ausgelegt, was in eurem Leben alles geschehen soll, und ihr habt ihn bestens vorbereitet auf all die Erlebnisse, die ihr machen wolltet. Wenn ihr zurückblickt und feststellt, dass ihr euren Körper bisher einfach nur dazu benutzt habt, um euch an gewissen Dingen zu erfreuen, dann ist das grundsätzlich in Ordnung, doch solltet ihr auch wissen, dass die größten Freuden, die ihr im Leben erfahren könnt, ausschließlich auf körperlicher Basis beruhen. Alles, was euch am meisten Freude bereitet, alles, was euch am meisten Spaß macht, ist eine körperliche Sache. Ihr seid geschaffen worden, um die Freude am eigenen Leib verspüren zu können, und ihr seid dazu auserkoren, euren Körper auf das Bestmögliche zu schulen und dadurch all das zu vollbringen, wozu ein Schöpfer in Form eines lebenden Menschen imstande ist. Ihr seid alle mit einem enormen Potenzial an Gehirn ausgestattet, das wiederum dafür sorgen soll, dass der Körper eben all diese Fertigkeiten erlernen kann. Ihr seid es, die bestimmen, was ihr alles am besten tun könnt – ihr bestimmt es, indem ihr eurem Körper all das anlernt, was er braucht, um diese Tätigkeiten bestmöglich ausführen zu können, und ihr solltet nicht ruhen, um an euren Fertigkeiten weiter zu feilen, so lange bis ihr sagen könnt, das geht besser nicht mehr – ich habe die absolute Meisterschaft erreicht.

Ihr sollt euch bewusst machen, dass euer Körper letztlich dazu da ist, um möglichst das, was ihr alles an Talenten mitbekommen habt, zu nutzen, damit aus diesen Talenten Fertigkeiten entstehen, die euch die größte Freude bringen, die überhaupt nur möglich ist. Dies ist erst dann der Fall, wenn ihr durch eine Spezialisierung so weit fortgeschritten seid, dass ihr alles, was ihr tut, mit höchster Präzision tun könnt, und deshalb für die anderen Menschen von großem Nutzen seid. Ihr seid ein Kollektiv, und dieses Kollektiv ist dafür geschaffen worden, um gemeinsam alles möglich zu machen, wozu schöpferische Wesen imstande sind. Ihr seid alle zusammen aufgefordert, gemeinsame Sache zu machen. Euer Auftrag ist das Erschaffen von Umständen, die für euch alle die größte Freude bringen.

Die Freude am Leben ist es, um die es letztlich geht, denn niemand außer euch wird es vollbringen, dass die Menschheit einen Aufstieg macht, der nicht nur auf geistiger Ebene stattfindet, sondern der auch auf körperlicher Ebene die Meisterschaft ermöglicht, genauso wie das auf geistiger Ebene euer Ziel ist.

Es wird euch allen eine große Freude sein, wenn ihr verstanden habt, dass ihr nicht mehr darauf achten müsst, welche Fähigkeiten den meisten Profit bringen, sondern welche Fähigkeiten euch die größte Freude bereiten – das ist letztlich genau der springende Punkt, der euer Leben heute vom Leben in naher Zukunft unterscheidet. Ihr seid an einem Punkt angelangt, der euch allen dazu verhelfen soll, endlich das tun zu können, was ein schöpferisches Wesen, das in einem hochspezialisierten Körper steckt, alles erschaffen kann, und diese Tatsache wird euch so sehr erfreuen, dass es wahrlich zu Strömen von Ausbildungen kommen wird, die ihr absolviert, um eure Fertigkeiten auf den höchstmöglichen Stand zu bringen.

Frage: Wenn du davon sprichst, dass alles, was uns am meisten Spaß bereitet, eine körperliche Sache ist, da könnten viele Menschen im ersten Augenblick an Sex denken. Aber was genau meintest du damit?

Antwort: Die Menschen, die an dieser Stelle diesen Gedanken gehegt haben, sind sicherlich etwas vom eigentlichen Thema abgekommen. Ich meinte damit in erster Linie die Entwicklung eurer Fertigkeiten, die ihr mit eurem Körper zum Ausdruck bringen könnt. Das betrifft alle eure künstlerischen Fähigkeiten, genauso wie es eure handwerklichen Berufe betrifft. Ihr seid dazu auserkoren, euren Körper dazu einzusetzen, um über ihn alle eure schöpferischen Gedanken zum Ausdruck zu bringen – dazu ist er da.

Die Liebe ist ein Ausdruck der Göttlichkeit, und dazu gehört auch der Ausdruck eurer Sexualität. Dies ist wohl eine der stärksten körperlichen Empfindungen, die ihr haben könnt, und solange ihr die Liebe durch eure körperliche Vereinigung zum Ausdruck bringen möchtet, bin ich sehr dafür, dass ihr dies intensiv tut.

Frage: Viele Tätigkeiten sind geistiger Natur – meintest du damit, dass wir uns verstärkt um handwerkliche und künstlerische Fähigkeiten bemühen sollen, statt uns geistig weiterzuentwickeln?

Antwort: Es wird sehrwohl Unterschiede geben zwischen Menschen, die rein handwerklich tätig sind, und Menschen, die sich sehr um ihre körperlich-geistigen Verbindungen bemühen. Körperliche Arbeit und Arbeiten, die sehr viel Denkarbeit voraussetzen, sind gleichermaßen körperliche Arbeit, denn euer Gehirn ist ja Teil eures Körpers und somit in diesen Prozess voll und ganz mit eingebunden. Geistige Arbeit als Vorstufe zur Ausführung von feinen, kleinen, präzisen Tätigkeiten ist hier ebenso einzustufen wie alle anderen Tätigkeiten, die rein auf Fertigkeiten zurückzuführen sind, die z.B. überwiegend eure Arme verrichten.

Frage: Wir bewerten heute die Arbeit eines Handwerkers weit geringer als die eines Finanzexperten. Kehrt sich dieses Verständnis wieder um, und wird der Handwerker wieder mehr geschätzt als die Menschen, die mehr geistig als körperlich tätig sind?

Antwort: Die Menschen, die ihr heute wegen ihrer geistigen Arbeit so sehr bewundert und denen so viel Geld bezahlt wird, werden auch in Zukunft sehr wichtig sein, denn Menschen mit solchen Fähigkeiten, gedankliche Prozesse vorauszuberechnen und vorherzubestimmen, wie etwas ablaufen soll, sind nach wie vor enorm wichtig, und diese Fertigkeiten sind sehrwohl von großer Bedeutung. Doch Menschen, die sich z.B. lieber darum kümmern, dass eure Häuser und Fassaden schön gestaltet sind, haben den gleichen Stellenwert wie all jene, die sich um Prozesse und deren Entwicklung kümmern. Da gibt es keine Unterschiede mehr.

Frage: Du meintest also mit körperlichen Fertigkeiten nicht nur die physische Tätigkeit, sondern ebenso die geistige Arbeit?

Antwort: Es ist für eure Tätigkeit nicht von Bedeutung, ob sie aus dem unmittelbaren Einsatz eurer gedanklichen Fähigkeiten abgeleitet wird oder ob eure Arbeit erst einmal im Zusammensuchen von Möglichkeiten und dem gedanklichen Ausprobieren von Prozessen besteht – dies ist kein Unterschied – das Einzige, was ich euch damit klar- und deutlich machen wollte, ist der Umstand, dass ihr eure Fähigkeiten weiter ausbauen sollt, damit ihr in dem, was ihr am besten könnt und was euch am meisten Spaß macht, den größten Nutzen für die Allgemeinheit erzielen könnt.

Frage: Jetzt habe ich verstanden – du willst uns also aus unserem gemütlichen Wohnzimmersessel vorm Fernseher herausholen und uns animieren, die Zeit zu nutzen, um unsere Talente weiter auszubauen. Mir stellt sich dabei die Frage der körperlichen Fähigkeiten, die wir im Sport ausleben. Wie ist das mit dem Sport – ist das körperliche Training, um z.B. professionell Fußball zu spielen, einen Marathon zu laufen oder einen Ironman-Wettkampf zu bestreiten, hier ebenfalls als Ausbau der Fertigkeiten zu sehen, und wo ist da der Nutzen für die anderen Menschen?

Antwort: Es ist für euch Menschen von großer Wichtigkeit, dass ihr alle zusammen ausreichend Bewegung macht, denn euer Körper ist dafür geschaffen, und im Zuge dieser Bewegung erreicht ihr sehr viele positive Auswirkungen auf euren Gesamtzustand. Dies ist enorm wichtig und ihr solltet euch so viel wie möglich bewegen. Letztlich sind auch körperliche Fertigkeiten damit in Verbindung zu bringen, doch meinte ich nicht den Sport, wenn ich darüber gesprochen habe. Sport ist eine Sache, um euren Körper gesund zu erhalten, denn die Bewegung ist Balsam für eure Gelenke und Muskeln, und euer Körper produziert dabei sehr wichtige Hormone, die euch alle ein schönes Leben bereiten. Dass anstrengende Sportarten auch dabei sein können, ist in Ordnung, doch stellt sich die Frage, ob solch enorme Anstrengungen wirklich auf Dauer förderlich sind, denn ihr geht dabei an Grenzen, die eurem Körper eher weniger dienlich sind. Ihr solltet euch eher davor hüten, denn es ist nicht wirklich sinnvoll, euren Körper auf diese Art zu schädigen. Ihr werdet euch in der neuen Zeitepoche auch diese Frage stellen, denn ihr wisst ja alle, wozu euer Körper letztlich geschaffen wurde, und ihr werdet ihn nicht unnötig gefährden, indem ihr Sportarten betreibt, die euch letztlich auf Dauer Schädigungen einbringen und dafür sorgen, dass euch der Rest eures Lebens mit Einschränkungen begegnet. Ihr solltet euch nicht zu sehr darauf konzentrieren, auch wenn ich euch den Sport sehr ans Herz legen möchte. Ihr solltet auch überlegen, ob gewisse Kampfsportarten wirklich noch zeitgemäß sind, denn ihr habt in eurem Bewusstsein tief verankert, dass ihr eurem Nächsten nichts zuleide tun möchtet, und daher sind diese Sportarten künftig eher kritisch zu sehen. Bei Sportarten wie Fußball zuzusehen, ist für euch ein großes Vergnügen, doch ist euch in diesem Zusammenhang nicht bewusst, dass diese Sportarten nicht unbedingt förderlich für eure generelle emotionale Verfassung sind, denn es geht dabei um zwei rivalisierende Gruppen, die sich gegenseitig besiegen möchten – dies ist jedoch für eure neue Bewusstheit eher kontraproduktiv, und ihr werdet überlegen, ob es nicht andere Formen der Darstellung eurer körperlichen Fähigkeiten mit einem Ball gibt, ohne diese Rivalität zum Ausdruck zu bringen. Ihr seid auf Gemeinschaftlichkeit konditioniert und ihr solltet diese auch im Sport ausleben und zum Ausdruck bringen.

Frage: Wenn ich sehe, wie sehr sich Menschen entfalten, wenn sie bedingungslose Liebe gespendet bekommen, dann ist uns das allen eine sehr große Freude – um die Meisterschaft zu erreichen, sind wir gefordert, uns intensiv darin zu üben, Liebe zu spenden – wie ist dies in diesem Zusammenhang zu sehen?

Antwort: Die Liebe ist das Höchste, was ein Mensch spenden kann, und diese Liebe steckt in allen Ausdrucksformen, sofern sie auf der Basis der Liebe gegründet sind. Alles, was der Mensch tut, sollte im Zeichen dieser Liebe geschehen. Egal, was es ist, und selbst wenn er sich dem Sport hingibt, dann sollte dies aus Liebe zu seinem Körper geschehen. Die Liebe ist das Allerschönste, was ihr auf der Erde erfahren könnt, und daher bin ich so sehr darauf aus, euch diese Ausdrucksformen ganz bewusst zu machen. Ich möchte, dass ihr erkennt, dass in jeder Handlung, die ihr setzt, genau diese Liebe zu erkennen sein soll – jeder Atemzug sollte die Liebe zu eurem Körper zum Ausdruck bringen, denn er liefert ihm die nötige Einheit, die er braucht, um sich weiter zu entfalten.

Frage: Du hast das Kapitel „Die Welt eröffnet sich eine neue Chance" genannt, und rückblickend darauf habe ich mich gefragt, was du damit meinst, denn bisher konnte ich immer bereits nach wenigen Sätzen erkennen, was du mit dem Titel des Kapitels zum Ausdruck bringen wolltest. Doch bevor ich die Frage an dich stellen konnte, ist mir eine Antwort darauf eingefallen. Meintest du damit, dass wir, wenn wir endlich alle das tun, was wir am besten können, dann über so viel Know How und so unfassbar viele, im höchsten Maße ausgeprägte Fertigkeiten verfügen, dass sich uns dadurch unvorstellbare Möglichkeiten eröffnen?

Antwort: Es ist letztlich genau dieses Ergebnis, das ihr mit eurer Spezialisierung erreichen sollt – es soll euch zu dem machen, was ihr schon immer gewesen seid – Schöpfer!

Es ist uns eine große Freude

Es gibt auf der Erde schon viele Menschen, die sich bereits intensiv mit dem Aufstieg beschäftigen, auch wenn sie da und dort noch etwas zaghaft sind und sich nicht vorstellen können, dass dies alles so schnell über die Bühne gehen kann. Ihr seid alle zusammen bereits weit fortgeschritten, wenn ihr euch an diese grundlegende Frage heranwagt, denn sie ist letztlich die einzige Hürde, die euer Verstand noch nehmen muss, damit ihr verinnerlicht, was alles auf euch zukommt. Ihr habt es gelesen, ihr habt darüber gesprochen, und ihr habt euch immer wieder selbst gefragt, wie denn das alles so geschehen kann. Ihr seid unzählig viele, die bereits seit geraumer Zeit immer wieder in diese Richtung denken und immer wieder neue Handlungen setzen, um zu weiteren Informationen darüber zu gelangen. Ihr habt all das auf euch genommen, weil ihr alle wisst, dass es an der Zeit ist, etwas grundlegend zu verändern.

Es ist für euch ebenso wie für uns eine große Freude zu sehen, dass sich all das, was ihr schon seit geraumer Zeit an Informationen bekommen habt, mehr und mehr in der Realität zeigt. Ihr habt gesehen, was auf der Erde bereits vorgefallen ist, und ihr wisst jetzt, dass der Prozess voll im Gange ist, auch wenn ihr noch immer gewisse Zweifel habt. Ihr habt gesehen, was die Erde dazu beiträgt, damit ihr euer Aufstiegsszenario in vollem Umfang absolvieren könnt. Ihr steckt mittendrin, und viele haben auch schon bemerkt, dass es keinen Weg zurück mehr gibt. Es ist alles am Laufen und alle zusammen seht ihr immer mehr, wie sich das Leben auf der Erde verändert. Wenn ihr jetzt auch noch in vollem Ausmaß zulasst und für euch verinnerlicht, was ihr tagtäglich empfindet und was euch tagtäglich an Informationen darüber zukommt, dann seid ihr an dem

Punkt, wo ihr erkennt, dass es so viele Möglichkeiten gegeben hätte, die Welt zu verändern, und dass es nicht geschehen ist, weil die Menschheit nicht über diese Einheit verfügt, die sie zum göttlichen Schöpfer macht. Diese Einheit ist derzeit noch nicht geschlossen worden, auch wenn dies an vielen Enden bereits begonnen wurde. Letztlich scheitert ihr immer wieder an der gleichen Sache – an eurem Ego, das sich noch nicht aufgelöst hat. Dieses Ego hat sich deshalb noch nicht aufgelöst, weil ihr immer noch an einem grundlegenden Ding festhaltet, das euch dazu veranlasst, nichts zu tun. Und das hat zu tun mit euren Ängsten, die von diesem Ego ausgelöst werden. Ihr löst es deshalb nicht auf, weil es euch ein so guter Ratgeber war und ist, denn dieses Ego will letztlich nur immer wieder, dass es euch alleine gut geht.

Ihr werdet euch demnächst vor die Herausforderung gestellt sehen, erkennen zu können, was euch dieses Ego bisher alles bereitgestellt hat – es hat euch alle möglichen Variationen dessen gezeigt, was ihr tun könnt, um euer eigenes Ego zu verwirklichen – ihr habt euch alle nur damit beschäftigt, anstatt euch darauf zu konzentrieren, was es bedeutet, in ein großes Ganzes integriert zu sein. Ihr habt bisher alle zusammen nur eines versucht – euch einen Vorteil gegenüber den anderen zu verschaffen. Ihr habt dabei völlig übersehen, dass eure Bemühungen um euren eigenen Vorteil gar nichts bringen, wenn die anderen genau das Gleiche tun, denn so kämpft jeder gegen jeden und das Ergebnis ist, dass es Gewinner und Verlierer gibt, die sich letztlich nur darin unterscheiden, dass die Einen vorübergehend glücklich sind und die Anderen dauerhaft unglücklich. So ist es, wenn die Menschen gegeneinander arbeiten. Wenn ihr jetzt damit aufhört und euer inneres Ego und damit eure Ängste auflöst, dann habt ihr alle zusammen einen riesigen Vorteil, denn es gibt dann nicht mehr Gewinner und Verlierer, sondern nur noch Gewinner – denn *alle* sind dann Gewinner.

Alles, was ihr dazu beitragen könnt, ist einzig und allein die Auflösung eures Ego, indem ihr es mit Liebe überschüttet. Überschüttet euer inneres Ego mit eurer göttlichen Liebe und sagt ihm klar und deutlich, dass es seinen Dienst hervorragend geleistet hat und dass es jetzt an der Zeit ist, diesen Dienst an anderen Werten zu orientieren. Euer Ego hat von nun an den Auftrag, euch lediglich davor zu warnen, wenn es etwas zu entscheiden gibt, ob diese Entscheidung für euch dienlich ist oder nicht. Ausschließlich diese Warnung soll es euch künftig geben, denn die sonstigen Funktionen der Vergangenheit braucht es nicht mehr zu erfüllen – diese haben sich von selbst erledigt, denn der Kampf hat ein Ende gefunden!

Frage: Das Überschütten des inneren Egos mit unserer göttlichen Liebe ist ein mentaler Akt, den jeder für sich vollziehen kann. Hast du für diejenigen, die mit dieser Art von Arbeit an sich selbst nicht vertraut sind, eine kleine Hilfestellung?

Antwort: All jene, die sich ernsthaft mit diesem Prozess befassen möchten, denen sei geholfen, indem sie sich zu einer kleinen Meditation zurückziehen und ihr inneres Ego anrufen und es visualisieren. Dadurch wird sich dieser Teil in euch angesprochen fühlen und ihr werdet mit ihm in direkten Kontakt kommen. Bedankt euch bei ihm für seine hervorragenden Dienste und teilt ihm mit, dass ihr jetzt ein neues Ziel verfolgt. Dieses Ziel ist nicht mehr euer persönlicher Vorteil, sondern ab sofort die Einheit mit allen anderen Menschen und mit der Natur, denn ihr gehört dieser Einheit schon lange an, doch war euch dies bislang nicht bewusst. Teilt ihm dieses Ziel ausdrücklich mit und bittet euer Ego, euch bei diesem Prozess zu unterstützen, und sagt ihm, dass es nicht mehr notwendig ist, euch mit Warnungen durch Ängste über eure mögliche Existenzgefährdung zu versorgen, sondern es soll euch lediglich in der Form dienen, dass es euch informiert, wenn bei Entscheidungen die Möglichkeiten nicht vollständig klar sind, und euch hilft, die Möglichkeit herauszufinden, die euch am meisten dient, um zu der Einheit zu gelangen, die ihr als Ziel anstrebt. Es ist ein ganz normaler Vorgang, wie unter besten Freunden, wo der Eine den Anderen um etwas bittet, und nachdem sie ja beste Freunde sind, wird der Freund dieser Bitte sehr gerne nachkommen und genau das tun, was sich der Andere wünscht. Zu Beginn wird euch dies vielleicht etwas befremdlich vorkommen, denn ihr erkennt, dass ihr euch plötzlich in vielen Situationen ganz anders verhaltet und völlig anders empfindet, wenn es darum geht, Chancen, die euch finanzielle oder persönliche Vorteile gebracht hätten, nun mit ganz anderen Augen zu sehen. Eine Erfahrung, die anfangs sicher ungewohnt sein wird, doch werdet ihr sehr bald verstehen, wie wundervoll sich das Leben anfühlt, wenn ihr diesen Versuchungen nicht mehr erliegen müsst, weil es euer Ego nicht mehr verlangt.

Frage: Wenn wir unser Ego willentlich umprogrammiert haben, geht uns dann unser Geschäftssinn verloren, den wir ja im Augenblick leider noch benötigen?

Antwort: Es ist gut so, wenn ihr euer Ego darüber in Kenntnis gesetzt habt, was ihr euch von ihm in Zukunft erwartet, denn es soll euch tatsächlich nur noch in der Form dienlich sein, wie wir es zuvor dargestellt haben. Euer Ego ist auf keinen Fall für euren Geschäftssinn verantwortlich, und es wird euch trotz allem nicht daran hindern, euren Geschäften nachzukommen. Euer Ego wird sich davon nicht abhalten lassen, dass es euch die Chancen aufzeigt, die sich euch eröffnen, doch wird es euch nicht mehr dazu drängen und euch nicht mehr die Ängste vorgaukeln, damit ihr nur noch nach diesen Gelegenheiten Ausschau haltet. Es wird euch nur noch die Option eröffnen, und es wird euch dazu die Informationen liefern, die ihr benötigt, um herauszufinden, was euch persönlich tatsächlich langfristig am dienlichsten ist. Es wird euch nicht mehr Informationen zuspielen, die ihr braucht, um euch davor zu fürchten, dass euch dieses Geschäft entgeht, sondern es wird euch die Informationen anbieten, die ihr benötigt, um eure Entscheidung in Ruhe und auf der Basis der wahren Dienlichkeit zu fällen.

Es wird soweit sein,
dass alles sofort seinen Lauf nimmt

Die Welt wird sich sehr bald auf ein Ereignis einstellen müssen, das der Menschheit sehr viele Gelegenheiten gibt, sich selbst in einem anderen Licht zu betrachten. Wir sprechen hier nicht nur von den vielen Ereignissen, die derzeit auf der Erde stattfinden, seien das die Vorkommnisse in der Finanzwirtschaft, der Natur und ihren Schauspielen sowie allen persönlichen Ereignissen, mit denen ihr es zu tun habt, sondern es handelt sich hierbei in erster Linie um etwas, das in den Köpfen der Menschen vor sich geht. Ihr werdet alle zusammen erkennen können, dass die Menschen anfangen, ihre Einstellung zum Leben und zu den einzelnen Aufgaben sowie zu den Systemen, nach denen die Gesellschaft funktioniert, zu hinterfragen. Ihr werdet dann alle Zeuge einer Veränderung, die die Menschen ohne Zutun äußerer Einflüsse in sich selbst vornehmen. Je mehr Menschen sich damit beschäftigen, desto intensiver wird diese Energie des Wandels auf alle anderen übergreifen. Es ist bereits heute so, dass alle Menschen wissen, dass sich bald etwas Grundlegendes verändern muss, denn auf Dauer könnt ihr Menschen so nicht weitermachen. Diese Grunderkenntnis sitzt bereits tief in allen Menschen drinnen, doch dazu kommt jetzt die genauere Ausformung in allen Bereichen des Lebens. Wir meinen nicht nur eure politischen und wirtschaftlichen Systeme, sondern die Veränderungen reichen sehr viel tiefer in die persönlichen Strukturen der Menschen hinein, und ihr werdet anfangen zu hinterfragen, warum ihr denn auf diese Welt gekommen seid und warum genau das alles an Erfahrungen notwendig war – dies sind die Fragen, um die es sich letztlich genauer drehen wird als bisher.

Ihr werdet euch so lange damit beschäftigen, bis alle Menschen diese Frage für sich beantwortet haben und dadurch erkennen können, dass die Zeit gekommen ist, um dieses neue Bewusstsein mit neuen Taten zu untermauern. Ihr seid dann auf den Plan gerufen, euch das neue Leben im Detail auszumalen und daraus neue Ansätze zu erschaffen, die euch genau das verwirklichen lassen, wozu ihr hierhergekommen seid. Es wird euch allen eine Wohltat sein, wenn ihr erkennen könnt, dass die Welt sich genau auf diese neuen Umstände ausrichten muss, um wieder funktionieren zu können, damit alles wieder so laufen kann, wie es von Anfang an gedacht war. Ihr werdet diese große Freude empfinden, wenn ihr erkennt, dass jetzt endlich die Wende erreicht ist und dass ihr jetzt endlich den Punkt ausmachen könnt, von dem an alles völlig anders werden wird. Es wird euch alle sehr erfreuen, wenn ihr feststellt, dass es gar keine andere Wahl und gar keinen Zweifel mehr gibt, dass es jemals wieder anders kommen kann – dies ist der entscheidende Punkt, wo es keinen Zweifel mehr gibt, dass sich alles so entwickelt, wie ihr es von Anfang an haben wolltet. Ihr seid dann an den Punkt zurückgekehrt, wo ihr uns beauftragt habt, euch all das erfahren zu lassen und euch die Gelegenheit zu geben, das Leben in allen seinen Facetten erfahren zu können. Die Facette der Getrenntheit voneinander habt ihr jetzt intensiv erfahren, und es gibt keinen Grund mehr, euch länger diesen Erfahrungen auszusetzen, denn sie waren intensiv, einprägsam und für alle eine große Schule der Weisheit.

Es wird euch allen eine riesengroße Erleichterung bringen, wenn ihr feststellt, dass alle Menschen genau gleich empfinden und alle denselben Wunsch hegen wie ihr, endlich von dieser Seite des Lebens auf die andere zu wechseln. Ihr seid auf dieser Schwelle und werdet jetzt langsam beginnen, euch die Türe in die Zukunft der Einheit zu öffnen. Ihr habt all die Voraussetzungen bereits geschaffen, auch wenn ihr derzeit intensiv an euch selbst arbeitet, um die Weiterentwicklung vorzubereiten. Es wird euch immer wieder eine gewisse Überwindung kosten, wenn ihr die nächste Zeit im Wandel lebt und euch diese Veränderung im Detail einmal anschaut. Seht genau hin, denn ihr werdet es an allen Ecken und Enden erkennen können, der Wandel hat bereits begonnen, und er zieht unaufhaltsam seine Spur durch alle Bereiche eures Lebens. Niemand bleibt davon ausgenommen und niemand wird sich diesem Wandel entziehen können. Ihr seid mittendrin statt nur dabei, und das ist ja schon die halbe Miete auf dem Weg ins Neue Zeitalter. Es wird für alle Menschen ein Prozess sein, den ihr anfangs als sehr anstrengend empfindet, doch werdet ihr bald erkannt haben, wenn ihr aufhört, euch dagegen zu wehren, und die alten Gewohnheiten einfach loslasst und euch von euren Ängsten befreit, dann geht es ganz leicht und ihr seid alle auf dem richtigen Weg in die Welt der Einheit aller Menschen miteinander und dem Planeten, der eure Heimat ist.

Es wird für alle Menschen eine riesengroße Freude sein, wenn sie erkennen, dass die nötigen Veränderungen nicht nur schon in vollem Gange sind, sondern dass das Tor in die neue Zeit bereits weit offen steht – sehr viel weiter, als ihr es derzeit schon erkennen könnt. Ihr braucht die Türe gar nicht mehr aufzuschließen und aufzustoßen, denn sie ist bereits weit offen, und wir laden euch ein, die Schwelle zu überqueren und von diesem Zeitpunkt an ganz anders zu leben als bisher. Ihr könnt dann in Harmonie untereinander und im Einklang mit den Bedürfnissen der Natur leben und alle zusammen endlich das erreichen, was in eurer Natur zutiefst verankert ist. Ihr werdet frei sein und all das tun können, was euch in den Sinn kommt, und nichts und niemand wird euch daran hindern können, und nichts und niemand wird euch daran hindern wollen! Wenn ihr dann soweit gekommen seid, dass ihr das Tor in die neue Zeit durchschritten habt, dann seht ihr plötzlich alle eure neu gewonnenen Möglichkeiten – ihr seht alles, was euch die Freiheit eröffnet, und ihr könnt es kaum fassen, dass es jetzt endlich soweit ist und ihr es für euch alle am einfachsten gestalten könnt und alles so sein kann, wie ihr es wollt. Ihr macht euch euer Leben so sehr schön, dass ihr euch kaum mehr daran erinnern könnt, wie es früher einmal gewesen ist. Ihr könnt euch nicht mehr vorstellen, unter welchen Einschränkungen ihr euer Leben bestritten habt und was euch nicht alles verbaut und untersagt wurde – alles aus einem einzigen Grund – nämlich dass die Menschen ihre Einheit nicht erkannt und nicht gelebt haben. Das ist der einzige Grund, und genau aus diesem Grund ist all das so geschehen, wie es bisher gelaufen ist. Seht hin und erkennt, was euch die fehlende Einheit bisher alles verwehrt hat, und habt Respekt vor dieser Erkenntnis, denn sie ist die Schlüsselerkenntnis eures Lebens!

Es ist für euch eine außergewöhnlich große Motivation, wenn ihr erkennt, was die Einheit alles an Möglichkeiten für euch bietet. Es wird für euch eine noch viel größere Erkenntnis sein, wenn ihr seht, was die Menschheit als Ganzes erreichen kann, wenn sie ihre neu gewonnene Einheit mit Leben erfüllt und alle daran arbeiten, dass diese Einheit noch stärker und noch viel mächtiger wird. Ihr seid alle auf dieser Basis zusammengeschweißt und könnt euch genau dorthin entwickeln, wohin ihr es haben möchtet. Ihr seid an einem Punkt, wo ihr es sehr bald nicht nur in euren Gedanken, sondern bereits in einzelnen Situationen genau erkennen könnt. Ihr seid alle zusammen an diesem Projekt beteiligt – niemand wird sich davon ausschließen, denn jeder erkennt darin seine persönlichen Chancen, und jeder erkennt, dass er für sich genau das erreichen kann, was er sich schon sein ganzes Leben lang wünscht. Ihr seid an dem Punkt angelangt, wo ihr jetzt sofort alle zusammen entscheiden könnt, diese Einheit zu schließen, denn ihr habt euer Bewusstsein bereits in diese Richtung geöffnet, und jetzt fehlt es euch nur noch an der Willenskraft, all diese einheitlichen Bestrebungen in die Tat umzusetzen. Ihr seid an dem Punkt, wo ihr alle zusammen die Gelegenheit bekommt, auszuprobieren, was es bedeutet, in einer Einheit zu leben, die auf der Basis der Gleichberechtigung und der Gleichwertigkeit aufbaut. Ihr seid so sehr mit all dem beschäftigt, dass es gar keine Zweifel mehr geben kann, dass auch alle die in diese Einheit folgen werden, die etwas länger benötigen, um all diese Erkenntnisse zu verinnerlichen.

Euer Leben in der Übergangszeit ist von vielen neuen Erkenntnissen geprägt, und es entscheidet sich oft innerhalb von wenigen

Tagen, ob jemand schon reif ist für die Einheit oder ob er noch etwas Zeit braucht, um sein Innerstes darauf einzustellen. Ihr seid alle zusammen auf der Basis dieser Einheit geschaffen worden und könnt es jetzt kaum glauben, dass ihr diesen Schritt in so kurzer Zeit machen könnt. Ihr seid alle zusammen auf dieser Basis geschaffen worden, damit ihr eben genau dazu fähig seid, um aus dieser Grundsatzüberlegung heraus eine schnelle Entscheidung zu treffen, die enorme Folgen für das Leben auf dem Planeten Erde hat. Ihr trefft eine Grundsatzentscheidung, die euch alle zusammen auf die nächst höhere Stufe eures Daseins hebt, und daraus entsteht eine ganz gewaltige Lawine an Bezeugungen, dass es kaum jemand für möglich hält, dass Menschen, die gerade noch vor kurzer Zeit ein Verhalten an den Tag gelegt haben, das so etwas niemals hätte vermuten lassen, schon bald in diese Einheit einlenken und sich dort ihren Platz suchen werden.

Es wird euch allen eine große Freude sein, wenn ihr erkennt, dass sich alle Menschen auf dem Weg in diese Einheit befinden, denn ihr seht dann die Entwicklung auf euch zukommen, und aus dieser Perspektive gefällt euch dies ganz besonders, wenn ihr seht, was die einzelnen Menschen alles an Informationen mitbringen, die dieser Einheit sehr dienlich sein werden. Ihr seid dann alle zusammen aufgefordert, herauszufiltern, was ihr alles benötigt, um euch selbst zu organisieren, und was jeder Einzelne beitragen kann, damit das Leben dieser Einheit möglichst problemlos und harmonisch verlaufen kann. Ihr seid aufgefordert, euch das Leben von der anderen Seite her anzusehen und nicht mehr alleine eure eigene Sicht der Dinge zu verfolgen – ihr seid dann auf die andere Seite gewechselt und benutzt eure Fähigkeit, jederzeit verschiedene Perspektiven einzunehmen. Eine wahrlich göttliche Gabe, die ihr leider viel zu selten benutzt habt, um euer Leben einmal ganz anders zu sehen und es genau aus der Sicht des anderen zu betrachten. Ihr hättet viel mehr lernen können über euch selbst, wenn ihr die veränderte Position einmal für einen gewissen Zeitraum zugelassen hättet. Ihr könnt dies jedoch jetzt nachholen und alles das nachlernen, was schon viel früher möglich gewesen wäre. Seid jetzt so schlau und trainiert die Sicht der Einheit und seht das Leben aus genau diesem Gesichtspunkt, und dann erkennt ihr auch euren zukünftigen Horizont, der absolut weit ist, so weit, wie ihr das bisher gar nicht für möglich gehalten habt.

Es ist für euch nicht von großer Bedeutung, dass jeder Einzelne genau die gleiche Sichtposition einnimmt, doch solltet ihr alle einmal für einen Augenblick die Seite wechseln und aus der Sicht *aller* Menschen einmal genau hinsehen und feststellen, was für diese große Gruppe aller Menschen das Beste wäre. Nehmt diese Position ein, und ihr werdet erstaunt sein, was ihr alles erkennen könnt. Ihr werdet sehen, was alles nötig ist, verändert zu werden, und ihr werdet sehen, dass sich die Menschen ganz anders verhalten werden, wenn sie diesen Gesichtspunkt einnehmen und ihre Entscheidungen von da heraus fällen. Ihr seid eine Einheit, und jeder Einzelne muss sich selbst fragen und herausfinden, was er für die Einheit tun kann, was er beitragen kann und wie er sich am besten einbringt, um der Einheit zu dienen.

Es wird euch allen sehr viel Spaß machen, wenn ihr erkennt, dass ihr eure Talente voll und ganz ausleben könnt – ihr werdet alle nur noch das tun, was ihr am allerbesten könnt und was euch zugleich die größte Freude bereitet. Ihr seid alle zuerst einmal kurz etwas durcheinander, denn ihr wisst gar nicht so recht, was ihr denn alle so gut beherrscht, dass man es der Einheit zur Verfügung stellen könnte. Ihr seid alle zuerst einmal unsicher, ob eure Leistungen und eure Fähigkeiten denn gut genug sind für die Aufgaben, die ihr anbieten könntet. Ihr seid unbewusst schüchtern und glaubt, dass ihr nicht gut genug seid, das alles für die anderen tun zu können, doch werdet ihr bald verstanden haben, dass es im Augenblick nicht so wichtig ist, dass ihr alles perfekt macht, sondern sehr viel wichtiger, dass ihr selbst erkennt, dass das Wichtigste im Augenblick das ist, dass ihr euch als Teil dieser Einheit fühlt und dass ihr euch selbst als Teil dieser Einheit definiert und dass ihr diese Einheit mit allen Kräften, die euch zur Verfügung stehen, unterstützt. Wie gut ihr das im Augenblick macht, ist nicht von allergrößter Bedeutung, denn es geht vorerst darum, dass ihr das beitragt, was im Rahmen eurer Möglichkeiten vorstellbar ist. Ihr werdet auch nicht davor zurückschrecken, wenn ihr aufgefordert werdet, euch auf gewissen Gebieten anzustrengen und etwas dazuzulernen, denn ihr werdet dies als Hinweis werten, dass ihr noch besser werden könnt und dass die Menschen, die euch darauf hinweisen, es gut mit euch meinen, denn sie wollen ja nichts anderes, als euch in euren Fähigkeiten voranzubringen und zu fördern.

Es wird für euch noch sehr viel leichter werden, diese Kritik anzunehmen, denn sie ist ja nicht mehr eine Kritik im klassischen Sinne, wie ihr es früher gewohnt wart, wo sich jemand über eure Arbeit beschwert hat und euch damit drohte, dass ihr diese verliert, und dadurch eure Existenz bedroht war, weil ihr dann kein Einkommen mehr hattet. Ihr werdet diese Kritik als das auffassen, was sie sein soll – eine Herausforderung zum Wachstum, zum noch Besser-werden und darauf zu achten, dass euer Beitrag zum Allgemeinwohl weiter wächst und in seiner Qualität zunimmt.

Frage: Es ist sehr beruhigend zu lesen, dass es kein Zurück mehr gibt – dass die Menschheit niemals wieder ihre neu gefundene Einheit verlassen wird. Ich entnehme diesem Kapitel, dass die Entscheidung des Einzelnen schnell, innerhalb weniger Tage getroffen wird. Mir fehlt im Augenblick jedoch noch die Vorstellung, wie genau sich diese Einheit formiert – wie kommt sie zustande?

Antwort: Die Menschen werden sich sehr bald mit dieser Einheit zu beschäftigen beginnen, denn sie sind in ihrer Überzeugung bereits so weit vorangeschritten, dass sie immer mehr selbst erkennen, dass es jetzt an der Zeit ist, diese Einheit zu schließen. Es wird sie veranlassen, dass sie danach zu suchen beginnen, und dann stoßen sie auf alle möglichen Portale im Internet wo sie erkennen können, dass sich bereits sehr viele Menschen mit dieser Thematik auseinandergesetzt haben und es bereits intensive Sammlungen von Meinungen dazu wie auch viele Szenarien einer neuen Weltordnung gibt, die die Menschen in ihren Köpfen bereits ausgearbeitet haben. Diese Szenarien werden diesen Menschen so gut gefallen, dass sie sagen: Ja, genau so möchte ich es auch haben, und schon sind sie gedanklich mit an Bord. So entsteht nach und nach ein Netzwerk aus Menschen, die für diesen Wandel eintreten und die alle zusammen intensiv daran arbeiten, diese Szenarien weiterzuentwickeln, so lange bis sich alle einig sind, wie das Leben künftig ablaufen soll. Es wird die Menschen alle zusammenschweißen, denn alleine der gemeinsame Gedankenprozess wird sie dazu veranlassen, alle ihre bisherigen, alleinigen Vorstellungen ihres eigenen Lebens über Bord zu werfen und dann nur noch gemeinsam am gemeinsamen neuen Leben zu arbeiten. Es entstehen riesige Arbeitsgruppen, die sich zusammentun, und alle zusammen werden dieses neue Leben entwerfen. Es sind dies genau die Menschen, die bereits heute wissen, dass die Welt so nicht weiter existieren kann, denn sie wollen, dass diese Einheit auf neuer Basis so schnell wie möglich zustande kommt. Das sind die Menschen, die den anderen als Leitwölfe dienen und sie animieren, sich gedanklich daran zu beteiligen, damit daraus möglichst rasch genau diese neue Einheit entstehen kann. Dies sind die Menschen, die als Vordenker fungieren und die dafür sorgen, dass sich immer mehr Menschen dieser Bewegung anschließen. Sobald diese Menschen aktiv geworden sind, entsteht eine enorme Welle an Bekundungen für dieses neue Leben, und schon bald interessiert sich die ganze Welt dafür, wie die Alternative denn aussehen könnte. Solche Szenarien sind für alle Menschen von größtem Interesse, denn so entsteht das allergrößte Netzwerk, das die Menschheit jemals geschaffen hat: die Einheit der Menschen unter dem Herzen Gottes.

Frage: Ich verstehe, dass wir unsere alten Gewohnheiten loslassen und uns von unseren Ängsten befreien müssen. Dies ist jedoch leichter gesagt als getan, hast du eine Hilfestellung für uns?

Antwort: Es wird euch eine Freude sein, wenn ihr folgendermaßen vorgeht: Lehnt euch zurück in einen gemütlichen Sessel und versucht euch dort zu entspannen, denn eure Ängste stammen alle aus eurem Innersten, und dafür verantwortlich ist wiederum euer innerstes Ich, das sich hier einmal wieder in den Vordergrund spielt und euch darauf hinweist, dass ihr auf etwas aufpassen sollt. Eure Ängste sind allerdings mittlerweile so sehr antrainiert, dass diese innerhalb kürzester Zeit sofort wieder parat stehen, um euch vor etwas zu warnen. Ihr lebt in dieser enormen Angst vor dem Verlust eurer Existenz, dass ihr gar nicht anders mehr könnt, als euch vor allem zu fürchten. Ihr solltet euch darüber im Klaren sein, dass eure Ängste nichts als Hinweise sind, dass es etwas zu beachten gibt. Nur das ist der Hintergrund eurer Ängste, damit euer Bewusstsein sich auf eine Sache konzentriert, die es zu berücksichtigen gilt. Eure Ängste sind jedoch bereits so sehr in euch verankert, dass sie immer wieder zu sehr in den Vordergrund treten. Dazu ist es notwendig, dass ihr euer Innerstes umprogrammiert und ihm mitteilt, dass ihr jetzt nicht mehr so viele Ängste benötigt, denn euer Leben hat eine ganz andere Basis als zuvor und dafür braucht ihr keine Ängste mehr. Ihr sollt hergehen und euer Innerstes visualisieren und eurem inneren Kind mitteilen, dass es euch zwar wunderbare Dienste erwiesen hat, doch dass ihr jetzt eine andere Aufgabe für es habt, denn es soll euch helfen, diese Ängste wieder in den Hintergrund zu drängen und an ihre Stelle die Zuversicht zu bringen, dass ihr es schaffen könnt, euch voll und ganz nach dem neuen Muster der Einheit auszurichten. Sagt ihm, dass es sich nicht zu sorgen braucht, denn es hat ja die Göttlichkeit in sich, und es ist dadurch unsterblich und nichts kann ihm etwas anhaben. Programmiert es auf die Einheit um und sagt ihm ganz klar, dass es euch dorthin führen soll, denn es ist die Zeit gekommen, diese vielen Existenzängste beiseite zu legen und sich auf die Einheit der Menschen zu konzentrieren. Es ist somit nur eine einfache Umprogrammierung eures Innersten auf die Einheit – weg von der einzelnen Sicht der Dinge – hin zur Sicht der Welt aus der Einheit der Menschen untereinander und mit der Natur.

Frage: Das Tor in die neue Zeit steht also bereits weit offen – ich verstehe das so, dass wir uns den Zugang ins neue Zeitalter nicht erst verdienen müssen, sondern dass wir alle bereits die Qualifikation dafür erreicht haben – ist diese Schlussfolgerung richtig?

Antwort: Es ist eine völlig richtige Schlussfolgerung, denn ihr braucht euch nicht mehr zu qualifizieren – euer Leben hat euch dafür qualifiziert. Ihr habt so viele Erfahrungen gemacht und euch so sehr darum bemüht, euch auf dieses neue Leben vorzubereiten, dass es reicht, denn in euren Bemühungen für die neue Zeit steckt eine enorme Anstrengung, auch wenn euch dies nicht bewusst ist. Ihr habt durch die vielen Erfahrungen der letzten Zeit alle begonnen nachzudenken, und alle haben sich dazu bekannt, dass die Welt etwas verändern muss. Auch wenn viele keine genaue Vorstellung davon haben, reicht es aus, alleine zu der Erkenntnis gekommen zu sein, dass sich etwas grundlegend verändern muss. Ihr habt dies alle getan, und niemand hat sich davon ausgeschlossen, denn die Ereignisse der letzten Zeit haben ihre Wirkung gezeigt und sind für euch ein Mahnmal gewesen, dass ihr jetzt handeln müsst, um der Welt ein neues Gesicht zu geben.

Frage: Nachdem wir das Tor nur zu durchschreiten brauchen, könnte ich daraus schließen, dass wir es bereits jetzt vorzeitig durchschreiten können? Ist das möglich, und wie können wir dies anstellen?

Antwort: Ihr sollt euch keine Gedanken darüber machen, wann genau ihr dieses Tor durchschreitet – ihr werdet es selbst wissen, wenn die Zeit dafür reif ist und wenn sich die Massen zusammengerufen haben, um genau diesen Schritt zu tun. Ihr braucht euch nichts weiter zu denken, was wann genau passieren wird, denn dieser Schritt wird ein vollautomatischer sein – ihr braucht euch keine Gedanken zu machen, wer wann durch dieses Tor schreitet, denn ihr werdet alle durch dieses Tor getragen. Getragen von eurem Bewusstsein, das euch genau diese Anweisung geben wird – ihr seid alle auf dem

Weg dorthin, und die Ansammlung vor dem Tor ist bereits gewaltig groß geworden. Sehr viele warten dort schon darauf, dass ihnen die anderen folgen, und wenn die Zahl groß genug ist, dann werdet ihr alle zusammen über die Schwelle treten und euch von diesem Moment an in einer neuen Welt befinden – einer neuen Welt, die ihr von diesem Zeitpunkt an selbst gestaltet. Ihr seid alle zusammen an diesen Punkt gegangen, damit ihr in euren Gedanken eine neue Zeit kreiert, und dies habt ihr alle zusammen mit Bravour erledigt. Ihr habt euch so viele Gedanken gemacht, wie diese Welt denn aussehen könnte, dass sich diese Gedanken jetzt in der Realität zeigen. Ihr seid dann gefordert, diese Realität noch in allen Facetten auszuarbeiten, doch habt ihr dafür ja genügend Zeit – wichtig ist nur, dass ihr den Weg zum Tor in die neue Zeit findet, denn eure Vorbereitungsarbeiten laufen auf Hochtouren. Ihr steht vor einem Kapitel der Menschheit, das seinesgleichen sucht und das euch alle zusammen befähigt, ein völlig neues Leben zu beginnen, das von völlig neuen Vorzeichen bestimmt ist. Geht hindurch und ihr werdet frei sein!

Ich übe gerade in diesem Augenblick und wechsle meine Betrachtungsposition von meiner persönlichen Sicht zu der Sicht der Einheit aller Menschen. Es ist anfänglich etwas schwierig, doch mit zunehmender Übung bleibt das Bild stabiler und ich erkenne einerseits die unglaublichen Möglichkeiten, die die Menschheit dadurch hat, ich sehe aber auch die enormen Anstrengungen, die noch vor uns liegen, um die wirkliche Gleichberechtigung aller Menschen zu erreichen. Ich versetze mich in die Situation, dass die Einheit bereits geschlossen wurde und wir in großen Gruppen zusammensitzen, um zu beratschlagen, wie wir uns am besten organisieren. Dabei kommt heraus, dass für die wichtigsten Bereiche unseres Lebens (Lebensmittel, Energie, Transport & Verkehr, Gesundheitswesen, Forschung & Entwicklung, Kommunikation, Verwaltung usw.) jeweils eine Arbeitsgruppe zusammengestellt wird, die sich um die Bedürfnisse der Region kümmert und organisiert, dass die Versorgung ohne Unterbrechung für die gesamte Bevölkerung funktioniert.

Experten aus den jeweiligen Bereichen bilden den Vorsitz der Arbeitsgruppen.

Die Menschen bieten bereitwillig ihre Dienste an und lassen sich für
Tätigkeiten, die ihrer Ausbildung und ihren Fähigkeiten/Talenten entsprechen, vormerken. Kräfte gibt es genug, denn durch den Wegfall der
gesamten Arbeiten, die direkt oder indirekt mit Geld zu tun hatten,
braucht auch niemand mehr als einen halben Tag zu arbeiten, weil
man sich sehr gerne die Arbeit teilt und sich gegenseitig hilft. Während
die Einen sich um die Versorgung kümmern, forschen die Anderen an
alternativen Energieformen und bauen umweltfreundliche Transport-
mittel, Heiz- bzw. Klimatisierungsanlagen und vieles mehr. Die Indu-
strie fertigt nach Bedarf und nur die allerhöchste Qualität nach den
höchsten Umweltvorgaben, die aktuell möglich sind. Die Materialien
stammen aus der Region, und man verzichtet soweit wie möglich auf
Bodenschätze.

Alle Menschen haben viel Freizeit und verspüren die Lust, ihre Ta-
lente und Fähigkeiten weiter auszubauen, während medial veranlagte
Menschen die Geheimnisse der Erde zu erforschen beginnen. Große
Kommunikationsplattformen entstehen, auf denen das gesamte Know
How des Planeten veröffentlicht und für alle zugänglich gemacht wird.
Wenn jemand ein neues Projekt starten möchte, so bekommt er ausrei-
chend Unterstützung und Erfahrungen von spezialisierten Kräften. Je-
des Projekt wird veröffentlicht, damit nicht an mehreren Stellen auf der
Erde zugleich an denselben Dingen geforscht wird – wenn dies der Fall
ist, dann werden die Ergebnisse untereinander ausgetauscht und die
Tätigkeiten aufeinander abgestimmt.

Jeder tut das, was er am besten kann und was ihm am meisten Freude bereitet und so lange, wie er es möchte. Jeder bestimmt sich selbst
und alle akzeptieren es. Ein harmonisches Miteinander entsteht, und
niemand braucht sich mehr um seine Existenz, um die Versorgung seiner Familie und um seine Gesundheit zu sorgen, denn es ist für alles gesorgt – jeder kümmert sich liebevoll um jeden! Die Menschen leben in
losen Gruppierungen zusammen – jeder hat seinen großzügigen priva-
ten Bereich, und alle teilen sich Räumlichkeiten und Einrichtungen für

Sport, Hobby und andere Interessen. Nachdem die Leistungen nicht mehr durch eine Gegenleistung bezahlt werden müssen, erfährt jeder die qualitativ hochwertigste Leistung, die aktuell möglich ist, und man wird nicht ruhen, diese in ihrer Qualität weiterzuentwickeln. Alles läuft auf freiwilliger Basis und im Bewusstsein der Einheit mit allen Menschen und der Natur.

Ich erhebe bei dieser kleinen Vorschau auf unser künftiges Leben keinen Anspruch auf Vollständigkeit, doch möchte ich dich fragen, ob ich etwas Grundlegendes übersehen habe?

Antwort: Lieber Christoph, du hast mit deinen Ausführungen hier kurz zusammengefasst, wie euer Leben vom Grundsatz her in Zukunft funktionieren wird, und es ist im Wesentlichen alles dabei, worum es geht, denn ihr solltet euch alle zusammensetzen und darüber beratschlagen, wie ihr es denn gerne haben möchtet. Ich freue mich, dass du schon so weit fortgeschritten bist und verinnerlicht hast, wie das Leben funktionieren wird und welche Einrichtungen ihr benötigt, um euch ein schönes Leben zu organisieren. Du solltest jedoch nicht zu weit ausschweifen, denn die Leser sollten sich erst einmal für ihren persönlichen Bereich Gedanken machen, und jeder Einzelne sollte zuvor sich selbst beobachten und sich die Frage stellen, was genau denn er persönlich zum Gemeinwohl beitragen kann und will; in welchem Umfang er am Gemeinwohl mitarbeiten möchte und in welchem Bereich er am besten eingesetzt werden kann und will. Diese Frage ist die wichtigste überhaupt, denn nur dann kann der Einzelne klar planen, wie sein persönliches Leben aussehen soll, und er wird dann genügend Gelegenheiten bekommen, seine Dienste in einzelnen Gruppen, die seinen Spezialbereich abdecken, zu verrichten. Es wird genügend Menschen geben, um das gesamte Spektrum der Bedürfnisse der Region abzudecken. Da ist mit Gewissheit alles vorhanden, denn wie ihr ja bereits wisst, ist mehr als genug für alle da!

Frage: Welche Aufgaben wird eine Weltregierung haben?

Antwort: Eure künftige Weltregierung ist keine Regierung im klassischen Sinne, die ihr aus eurer derzeitigen Regierung ableiten könnt. Ihr seid dann nicht mehr einer Regierung unterworfen, die Macht auf euch ausübt, denn ihr seid dann alle völlig frei und ihr entscheidet für alle Bereiche eures Lebens selbst, denn es steht euch alles zu jeder Zeit und obendrein kostenlos zur Verfügung. Eine Weltregierung kann somit nur eine einzige Aufgabe haben, und die liegt darin, die Ressourcen, die auf dem Planeten ungerecht verteilt sind, ausgleichend an alle unterversorgten Regionen zu verteilen. Das ist ihre einzige Aufgabe, und damit ist bereits alles gesagt, denn nichts und niemand wird es wollen, dass sich von außen aus einem fernen Land Menschen in euer Leben einmischen – ihr seid dann alle so regional wie möglich orientiert und wollt nur in eurem direkten Umfeld Einfluss nehmen und nicht in anderen Regionen, denn ihr vertraut den anderen Regionen genau so, wie diese euch vertrauen, dass ihr euch um eure Natur kümmert und dafür sorgt, dass es allen gut geht.

Alles läuft so, wie es sein soll

Ihr seid dann alle zusammen aufgefordert, euch auf das neue Leben vorzubereiten, damit es möglichst schnell wieder reibungslos ablaufen kann. Deshalb bemüht ihr euch alle sehr darum, denn ihr wollt auf gar keinen Fall, dass euer Leben einen chaotischen Zeitraum erlebt, und das ist auch wichtig so, denn in diesem Chaos würde sicherlich vieles verlorengehen, was nachher erst wieder mühselig erarbeitet werden muss. Es wird euch allen eine große Lehre sein, was ihr in der letzten Zeit alles erlebt habt, denn ihr habt gesehen, wie schnell alles zerstört werden kann, wenn man sich nicht intensiv auf eine neue Zeit vorbereitet. Es geht zu schnell, denn die Welt liegt auf einem sehr flachen Element, und das ist eine dünne Scheidewand zwischen Einheit und Nicht-Einheit. Es ist nur eine hauchdünne Scheibe, die das Eine vom Anderen trennt, und deshalb ist es so wichtig, dass ihr wisst, dass ihr nur einen Hauch davon entfernt seid, in der Einheit zu leben. Wenn ihr dies jedoch nicht beherzigt, dann wird der Übergang eben kein fließender werden, und es wird euch nicht gefallen, wenn sich die Welt chaotisch zeigt.

Es wird euch allen eine Freude sein, wenn ihr erkennt, dass sich die Welt sehr auf die große Abtrennung vom bisherigen Leben freut. Ihr werdet euch alle zusammentun und euch für diese Zeit auch noch eine zusätzliche Unterstützung kommen lassen, die euch auf all das im Detail einstimmt, und diese Unterstützung erfahrt ihr aus dem Reich des Lichts, das euch allen zu jeder Zeit zur Verfügung steht. Ihr seid dann nicht alleine, denn wir sind alle bei euch und geleiten euch in die richtige Richtung, damit ihr den Weg findet, der euch in die Einheit führt. Ihr seid dann alle soweit, dass ihr darauf vertraut, dass dieser Weg für alle gangbar ist, und dann geht ihr alle zusammen und beginnt diese Welt grundlegend zu verändern. Wir sind für euch da und wir stehen in jeder Sekunde hinter euch, denn der Weg ist zwar beschwerlich, doch wenn ihr ihn hinter euch gebracht habt, dann seid ihr endlich alle vollkommen frei, und das war doch schon immer euer großes Ziel!

Ihr werdet euch so sehr darauf freuen, dass ihr es beinahe nicht mehr erwarten könnt, und ihr werdet voller Ungeduld darauf brennen, endlich loszulegen, damit das neue Leben in vollkommener Freiheit endlich beginnen kann. Ich möchte euch diesbezüglich jedoch darauf aufmerksam machen, dass es wichtig ist, dass ihr alle zusammen geht, denn Einzelne können zwar vorpreschen, doch muss gewährleistet sein, dass alle anderen auch soweit sind und sich so weit vorbereitet haben, dass sie ebenfalls mit vollem Elan losstarten können. Ihr seid alle gefordert, euch mit den anderen Regionen abzustimmen und die anderen Arbeitsgruppen voll mit einzubinden in eure Absichten, damit eure Vorgehensweise vollkommen koordiniert abläuft.

Eure Koordination ist eine entscheidende Komponente, und daher ist es wichtig, dass ihr euch auf einige wenige klar definierte Kommunikationswege einigt. Ihr sollt alle mit den gleichen Mitteln arbeiten, damit ihr alle zusammen auf Kommando genau denselben Weg gehen könnt. So entsteht ein große Kommunikationsplattform, auf die alle zugreifen können und die euch allen die Informationen liefert, die ihr braucht, um euch zu verständigen und eure Ideen auszutauschen.

Koordination ist eines der großen Schlagwörter, die für euch in der nächsten Zeit von größter Bedeutung sein werden. Ihr müsst euch klarmachen, dass ihr alle eine Einheit bildet, und diese Einheit braucht auch eine einheitliche Kommunikation. Eure Spezialisten auf diesem Sektor werden sich Ideen einfallen lassen, wie ihr das am besten bewerkstelligen könnt. Ihr verfügt heute bereits über viele Möglichkeiten, wie ihr euch koordiniert und miteinander kommuniziert, doch müsst ihr euch einigen, welche Plattform für euch die richtige ist und auf welche Seiten ihr zugreifen könnt, damit ihr alle auf demselben Wissensstand seid. Ihr bestimmt hierfür eine zuständige Kommission, die sich rein um die Verbreitung der Inhalte kümmert.

Es wird für euch eine Herausforderung sein, euch so detailgenau abzustimmen, denn ihr seid aufgefordert, euch als Einheit zu präsentieren, und diese Einheit braucht tatsächlich eine einheitliche Sprache und eine ebenso einheitliche Vorgehensweise. Dies ist die wichtigste Herausforderung, vor der ihr noch steht, und schon bald werdet ihr damit beginnen, euch auf eine Plattform zu einigen, die allen Voraussetzungen für eine einheitliche Kommunikation entspricht. Plattform ist ein weiteres wichtiges Schlagwort, über das ihr laufend sprechen müsst, denn unter einer Plattform versteht man eine Basis, auf der aufbauend alle weiteren Ereignisse geplant werden können. Eine Plattform der Kommunikation ist damit bereits geschaffen, doch eine Plattform der Entscheidung ist von ebenso großer Wichtigkeit, denn ihr werdet euch Mitglieder eurer Weisenräte auswählen, die dann diese Plattform begründen und ihre Entscheidungen für die Versorgung der Region treffen. Ihr seid dann alle Mitglieder einer großen Plattform, die von diesen Weisenräten repräsentiert wird, und ihr könnt euch sicher sein, dass ihr alle zusammen auch genau solche Leute finden werdet, die euch und eure Interessen in vollem Umfang vertreten, denn niemand hat mehr ein Interesse, sich selbst zu bereichern, wie es derzeit noch vorkommen könnte.

Ihr werdet euch schon bald zusammentun, um genau diese Voraussetzungen zu schaffen, denn dann ist eure Region bereits für die wichtigsten Aktivitäten gerüstet und es kann nicht mehr viel passieren. Arbeitet gemeinsam an diesen beiden grundlegenden Projekten und ihr habt damit die wichtigsten Voraussetzungen für einen reibungslosen Ablauf schon geschaffen. Ihr seid dann bereits so gut wie in die Einheit übergetreten!

Frage: Du sprichst davon, dass eine flache Scheibe die Trennung zwischen Einheit und Nicht-Einheit darstellt – ist das nur eine bildhafte Darstellung, um uns die hauchdünne Schwelle, die wir überschreiten werden, bewusst zu machen, oder wie können wir uns diese Scheibe vorstellen?

Antwort: Es wird für euch ein Leichtes sein, diese flache Scheibe zu durchschreiten, denn es ist dies der schmale Übergang zwischen eurer derzeitigen Welt und der neuen Welt – ihr seid bereits so nahe an der neuen Welt dran, dass ihr bereits hinübersehen könnt, wenn ihr es zulasst – ihr seid im Übergang in die neue Einheit, und das ist ein Prozess, der sehr konstant abläuft, und die Parallelen der neuen Zeit warten bereits auf euch – ihr seid an dem Scheidepunkt angelangt, und das ist eine ganz schmale zeitliche Ebene, die auf euch wartet, dass ihr sie durchschreitet, doch muss dafür noch einiges an Arbeit geleistet werden, damit ihr diesen Weg gehen könnt. Diesen Übergang könnt ihr euch bildhaft so vorstellen, wie wenn ich einen Raum verlasse und einen anderen betrete, und auch wenn ich die offene Türe bereits sehen kann, muss ich sie erst durchschreiten, und die Schritte, die ich dazu benötige, muss ich erst machen. Daher braucht ihr noch etwas Zeit zur Vorbereitung, damit ihr die Welt, die ihr im anderen Raum schon erkennen könnt, auch versteht und euch dort zurechtfindet. Das ist die Übergangszeit, die letztlich nichts anderes ist als der Abschluss einer alten Epoche und der Beginn einer neuen, und genau an diesem Scheidepunkt zwischen den Welten steht ihr gerade eben.

Frage: Die in der letzten Zeit weltweit aufgetretenen Ereignisse sowie die noch bevorstehenden Ereignisse sollen uns eine Lehre sein, wie schnell etwas zerstört werden kann, wenn man sich nicht intensiv auf eine neue Zeit vorbereitet – meinst du damit die großen Zerstörungen, die die Erdbeben angerichtet haben, oder meinst du die vielen anderen Naturkatastrophen oder die durch uns Menschen hervorgerufenen Ereignisse, wie z.B. die Ölpest im Golf von Mexiko, Fukushima und andere? Oder meinst du damit, was wir Menschen durch unser Verhalten in der letzten Zeit in unserer Gesellschaft alles zerstört haben? Wie hätten wir uns vorbereiten können?

Antwort: Es wird für euch eine echte Herausforderung, wenn es darum geht, euch die noch bevorstehenden Ereignisse im Detail anzusehen, um die Erkenntnisse daraus zu ziehen. Ihr werdet gefordert sein, diese zu verstehen und eure Lehren daraus zu ziehen, um den Übertritt auch tatsächlich zu schaffen. Ihr braucht dies, damit ihr die neue Welt mit offenen Armen in Empfang nehmen könnt, anders wäre es vielleicht sehr viel schwieriger für euch, den Schritt zu machen. Ihr braucht die Ereignisse, damit ihr euren Erfahrungsschatz vervollständigen könnt und alle zusammen den Mut fasst, euch gegen die alten Systeme aufzulehnen und den gemeinschaftlichen Übertritt in die Einheit zu wagen. Alle Ereignisse der vergangenen Zeit und die, die noch auf euch warten, dienen ausschließlich der letzten Reife, die ihr noch braucht, um diesen Weg gehen zu können. Alles, was euch noch widerfährt, ist ausschließlich für den Aufstieg vorgesehen und soll euch die Erkenntnisse bringen, die ihr benötigt, damit ihr die neue Welt auch in vollem Umfang verstehen könnt. Viele Menschen sind schon soweit, doch einige brauchen noch diese Erfahrungen, dass sie den Vorreitern folgen können.

Frage: Es freut und beruhigt mich zu wissen, dass ihr Engel uns zur Seite steht, um uns auf dem Weg in die Einheit zu begleiten. Bezüglich der Beschwerlichkeit des Weges möchte ich gerne etwas genauer wissen, was denn so beschwerlich sein wird?

Antwort: Eure Fähigkeiten sind sehr umfangreich, doch braucht ihr jetzt eine ganz besondere Fähigkeit, die es euch ermöglicht, die neue Welt in Empfang zu nehmen – ihr seid gefordert, euch mit der neuen Zeit auseinanderzusetzen, und das ist für euren Verstand eine richtig große Herausforderung. Euer neuer Lebensabschnitt wird in einer völlig veränderten Welt stattfinden, die so viele Komponenten nicht mehr beinhaltet, die euch derzeit noch das Leben schwer machen. Dieser Übergang ist eine echt mutige Angelegenheit, denn ihr müsst euch herauswagen aus euren alten Strukturen, und das ist für euch eine große Schwierigkeit. Darum müssen wir euch helfen, die

Angst, die euch derzeit noch zurückhält, zu besiegen und aus euren sicheren alten Systemen eine völlig neue Welt in euren Köpfen zu kreieren. Das ist die echte Schwierigkeit, die ihr überwinden müsst, und deshalb stehen wir euch zur Seite und deshalb bekommt ihr die Gelegenheit, geballt so viele Erkenntnisse zu erlangen, dass es euch leichter fällt, den Mut zu fassen, diesen Weg zu gehen.

Frage: Ich verstehe deine Aufforderung zur Gemeinsamkeit so, dass wir im Vorfeld sehr intensiv gemeinsam an der Ausarbeitung unserer Strategie, wie wir den Übergang ins neue Leben schaffen, arbeiten müssen. Für mich stellt sich dies im Augenblick so dar, dass sich in allen Städten und Gemeinden je nach deren Größe einzelne oder mehrere Arbeitsgruppen bilden, die sich mit allen wesentlichen Bereichen unseres täglichen Lebens beschäftigen und einen Plan ausarbeiten, wie wir am Tag X alle gemeinsam aufstehen und uns von den alten Systemen lossagen und ab genau diesem Tag unsere Einheit voll ausleben und nur noch nach den neuen Prinzipien unser Leben gestalten. Habe ich dies so richtig verstanden?

Antwort: Ihr werdet euch zusammentun, um die von dir vorgeschlagenen Arbeitsgruppen ins Leben zu rufen, damit die Welt eine andere werden kann. Diese Gruppen werden sich immer wieder treffen, damit sie einerseits Ideen sammeln, wie die neue Art des Zusammenlebens funktionieren kann, und damit sich andererseits immer mehr Menschen diesen Gruppen anschließen können. Ihr werdet diese Gruppen dazu nutzen, um intensiv zu diskutieren, um euer Leben so zu planen, wie es allen gefällt, und dann habt ihr alle zusammen eine genaue Vorstellung, wie das Leben funktionieren kann, und so ist es für euch viel leichter vorstellbar, als wenn ihr nur daran denkt, ohne in Diskussion gewesen zu sein und ohne diesen gedanklichen Prozess zuzulassen. Diese Gruppen sind lokal tätig, denn ihre Aufgabe ist es, die lokale Einheit zu festigen, damit die lokale Versorgung gewährleistet ist und sonst gar nichts. Nur die lokalen Begebenheiten sind das Thema – die globalen Belange werden andere Menschen lösen.

Frage: Welche globalen Belange sind das, und welche Menschen werden das sein, die sich darum kümmern?

Antwort: Ihr werdet auf internationaler Basis viele Menschen brauchen, die euch untereinander koordinieren. Das sind in erster Linie hochrangige Politiker, die bereits vor langer Zeit verstanden haben, dass diese Welt eine andere werden muss. Diese Menschen sind großenteils heute bereits an der Macht, und sie werden die internationale Koordination des Übergangs leiten und dafür sorgen, dass sich die Welt auf die große Veränderung vorbereiten kann. Sie sind es, die dafür sorgen, dass die Ressourcen weltweit unter die Einheit gestellt und von dieser Einheit verwaltet werden. Diese Schätze der Erde werden von dieser Gruppe von Menschen unter Schutz gestellt, damit sie nur noch in dem Maße gefördert werden, wie es unbedingt sein muss, und damit diese auch gleichmäßig auf alle aufgeteilt werden und dass es möglichst bald Alternativen dazu gibt, um die Erde zur Ruhe kommen zu lassen.

Frage: Die Koordination unter den Arbeitsgruppen scheint von größter Bedeutung zu sein – welche Arbeitsgruppen sind damit gemeint – betrifft dies nur die lokalen Gruppen im Umkreis von einigen Kilometern oder sind das nationale oder sogar internationale Arbeitsgruppen, die sich hier untereinander austauschen und abstimmen.

Antwort: Es wird so sein, dass ihr alle in gewissen Gruppen mitarbeitet, die dafür sorgen, dass die lokalen Gegebenheiten im Detail bedacht werden und es einen Plan gibt, wie die Aufrechterhaltung aller wesentlichen Versorgungssysteme gewährleistet werden kann. Diese Arbeitsgruppen sind dann mit den anderen Gruppen in der Region sehr gut koordiniert, damit alle wesentlichen Details der Region abgeklärt sind und alle eine Vorstellung davon haben, was ihr eigener persönlicher Beitrag dazu ist. Diese Koordination ist deshalb so wichtig, weil es ja Arbeitsgruppen zu unterschiedlichen Bereichen gibt, und diese müssen wiederum Schnittstellen zu den anderen

Gruppen haben, da viele Bereiche ineinanderfließen und daher gut koordiniert werden müssen. Es wird euch allen eine große Freude sein, wenn ihr seht, wie intensiv die Menschen alle mitarbeiten und sich daraus eine großartige Sache entwickelt, die euer Leben völlig neu werden lässt, ein neues Leben, von dem so viele Menschen bereits so lange träumen.

Frage: Wann wird Tag X sein?

Antwort: Es ist dies ein Tag, der von euch allen gemeinsam gewählt wird, der jetzt noch nicht ganz genau feststeht. Ihr werdet jedoch alle zusammen diesen Weg einschlagen, und ihr werdet ihn genau unter euch abstimmen, sodass es für niemanden mehr einen Zweifel gibt, dass das Leben von diesem Tag an ganz anders verläuft als zuvor. Dieser Tag könnte bereits kurz vor dem magischen Datum des 21. 12. 2012 liegen, doch sind die Entwicklungen derzeit noch nicht ganz klar absehbar, wie schnell ihr dazu kommen könnt, euch zusammenzuschließen und euch mit den Umständen zu beschäftigen, die euer neues Leben erfordert.

Frage: Wenn ich mir vorstelle, dass ich z.B. so eine Arbeitsgruppe ins Leben rufe, dann kommt bei mir ein Gefühl hoch, als würde ich einen Regierungsputsch planen, und da sträubt sich etwas in mir – wie gehe ich richtig damit um?

Antwort: Ein Putsch wäre ja etwas, das gegen den Willen der Betroffenen stattfindet, darüber sprechen wir hier keinesfalls, denn der Wandel, über den wir sprechen, ist kein Putsch, sondern es ist genau das Gegenteil – es ist eine Übereinkunft aller Betroffenen, die vereinbaren, dass sie ab sofort ganz anders leben möchten als bisher, und dafür wird es auch keine Notwendigkeit geben, jemanden gewaltsam von etwas zu überzeugen, denn dieser Umbruch ist ein friedlicher und er beruht auf absolutem Konsens mit allen.

Frage: Dies würde bedeuten, dass eine öffentliche Diskussion über eine zu verändernde Gesellschaft geführt wird und wir von der Politik aufgefordert werden, uns damit auseinanderzusetzen und zu sagen, wie wir es künftig haben möchten. Mir fehlt nur noch die Vorstellung, wie es dazu kommen wird, dass die Bevölkerung in den Prozess voll eingebunden wird?

Antwort: Die Welt wird in ihrem Bewusstsein so weit fortgeschritten sein, dass sie kein Problem damit hat, dass die führenden Politiker sich ans Volk wenden, um genau diesen Prozess einzufordern, damit die Menschen gefragt werden, wie genau sie ein Leben wünschen, damit die Führungskräfte sich darum bemühen können, dass dies alles zustande kommt. Dies ist ein Bewusstseinswandel, der auch in den Köpfen der Machthaber stattfindet, und daher sind solche Prozesse durchaus gewollt.

Frage: Soll das bedeuten, dass wir zum Dialog eingeladen werden, weil die Politik erkannt hat, dass sie es alleine nicht mehr richten kann? Was führt dazu, dass sie so umdenken – ist es der Bewusstseinswandel alleine oder liegt es an anderen Umständen?

Antwort: Die Herausforderung für die Politik, sich ganz anders zu verhalten als bisher, kommt durch die Ereignisse, die ihr in Kürze zu erwarten habt. Diese Ereignisse werden der Politik die Ausweglosigkeit vor Augen führen, und sie wird deshalb von sich aus den Dialog mit der Bevölkerung suchen, damit die Organisation des neuen Lebens auf Basis aller funktionieren kann. Ihr werdet euch auf diese Diskussion gerne einlassen, denn es ist endlich soweit, dass ihr alle zusammen an der Entwicklung eurer neuen Gesellschaft arbeitet. Ihr habt dann alle die Chance, es euch genau so zu richten, wie ihr es haben möchtet.

Frage: Die Kommunikation über die zeitliche und inhaltliche Koordination ist sicher enorm wichtig, damit wir alle zur gleichen Zeit die

gleichen Informationen zur Verfügung haben. Werden unsere bewähr-
ten Kommunikationsmöglichkeiten wie Internet und Mobiltelefone die
geeigneten Mittel sein oder kommen noch andere hinzu?

Antwort: Die Erde braucht keine neuen Kommunikationskanäle,
um sich auszutauschen – es geht lediglich darum, die bestehenden
Möglichkeiten konzentriert so einzusetzen, dass ihr nicht im großen
Chaos versinkt, weil alle irgendetwas von sich geben, das dann im
Wirrwarr der vielen Informationen untergeht. Ihr braucht Plattfor-
men, die letztlich nichts anderes tun, als die gesammelten Informationen an alle zu verbreiten. Ihr werdet eure Kommunikationsexper-
ten damit beauftragen und sie werden eine Möglichkeit finden, wie
ihr weltweit geeint kommunizieren könnt.

Frage: Ist es erstrebenswert, dass Einzelpersonen, wie z.B. ich, Diskussi-
onsgruppen ins Leben rufen, und woran erkenne ich, dass jetzt der rich-
tige Zeitpunkt gekommen ist, diese zu starten, und welche Menschen
lade ich am besten zu Beginn ein, daran teilzunehmen? Werden wir
auch Politiker und aktuell an der Macht befindliche Regierungsmitglie-
der integrieren können, oder werden diese vorläufig noch an ihrer
Macht festhalten wollen?

Antwort: Eure Experten werden diese Gruppen vorschlagen, denn
sie sind diejenigen, die schon seit langer Zeit keinen Ausweg aus
dem Dilemma mehr sehen, und sie werden auf die Politik zugehen
und ihre Vorschläge unterbreiten, denn sie haben bereits viel früher
nach Alternativen Ausschau gehalten, und sie sind es, die auf euch
zukommen werden, um mit euch zu diskutieren. Ihr solltet euch darauf einstellen, damit ihr dann, wenn euch jemand über das Thema
befragt, intensiv mitdiskutieren könnt. Das solltet ihr auf jeden Fall
fördern, denn je früher ihr eine eigene Meinung zu den einzelnen
Themen habt, desto besser ist es, denn euer kollektives Bewusstsein
wird massiv daran teilhaben, wohin diese Diskussionen letztlich führen sollen. Also macht euch eure Meinung vom künftigen Leben,

denn ihr strahlt diese intensiv aus, und dann wird sie auch in euren Köpfen weiterverarbeitet, und es entsteht eine kollektive Meinung dazu, und die ist auf jeden Fall mächtig genug, um sich selbst zu verwirklichen.

Frage: Die Weltelite hat schon vor längerer Zeit erkannt, dass das Wirtschaftssystem in dieser Form nicht aufrecht erhalten werden kann, da mit bankrotten Staaten und einer finanziell ausgebluteten Bevölkerung keine Geschäfte mehr gemacht werden können. Hinter den Kulissen gibt es bereits intensive Überlegungen, die scheinbar bislang ohne konkrete Ergebnisse geblieben sind. Manche Machthaber werden vermutlich kein wirkliches Interesse daran haben, sich auf eine Form des Zusammenlebens einzulassen, wie Erzengel Gabriel es uns im Buch „Die Gesellschaft 2015" dargelegt hat. Da dies den Verlust ihrer Macht bedeuten würde, wird aller Voraussicht nach ein in gewissen Bereichen modifiziertes Modell entstehen, das wiederum von oben herab der Bevölkerung übergestülpt werden soll, um sie nach wie vor zu kontrollieren und in ihrer Freiheit einzuschränken. Ich möchte damit meine Überzeugung zum Ausdruck bringen, dass die neue Form des Zusammenlebens aller Menschen kein von den Mächtigen aufgesetztes Modell sein darf, sondern dass die Regionen sich selbst eine Struktur zurechtlegen, wie sie sich versorgen und organisieren möchten – dies führt dazu, dass jede Region anders organisiert ist. Ich schließe daraus, dass die neue Gesellschaft nicht mehr von oben herab gebildet werden darf, sondern genau umgekehrt – das Volk muss sich von der Basis ausgehend auf eine Struktur einigen, die die volle Unterstützung aller Menschen in der Region hat. Letztlich würde dies bedeuten, dass wir allen Modellen, die von den Regierungen vorgeschlagen werden, sehr skeptisch gegenüberstehen sollen. Sehe ich das richtig?

Antwort: Deine Frage ist eine wichtige, denn es ist von größter Bedeutung, dass dies alle Menschen wissen – manche Machthaber werden nicht loslassen wollen, denn ihre Macht ist ihnen heilig! Die Macht haben sie sich erkämpft, und alles, was sich ein Mensch erkämpft hat, gibt er nur sehr ungern wieder her, denn es ist eine Art Trophäe, die man sich im Kampf verdient hat.

Alles, was jetzt wichtig ist, ist letztlich dies: Haltet Ausschau nach Möglichkeiten, wie ihr euch selbst organisiert, und haltet Ausschau nach Möglichkeiten, wie die Welt besser funktionieren kann – das ist jetzt die Aufgabe, die ihr alle habt. Kümmert euch nicht so sehr um die Mächtigen, denn sehr bald sind sie nicht mehr in der Position, euch Vorschriften zu machen.

Frage: Sinnvollerweise ist auch die Frage zu stellen, ob es denn überhaupt noch eine Notwendigkeit gibt, Staaten zu definieren, denn die Regionen sind ja völlig unabhängig und brauchen keine übergeordnete staatliche Struktur mehr. Ist diese Schlussfolgerung richtig?

Antwort: Das ist eine gute Frage, denn damit wird sich letztlich jeder beschäftigen müssen, weil es nicht mehr notwendig ist, eine Struktur aufzubauen, die diese alten Systeme der Staaten weiter unterstützt, denn alles ist flexibel geworden und alle Strukturen der Vergangenheit sind nicht mehr existent. Ihr habt die Freiheit, alles so zu gestalten, wie es euch gefällt, denn die Welt wartet letztlich nur darauf, dass ihr euch alle zusammenschließt, um euch so zu organisieren, dass alles wieder einen geregelten Verlauf nimmt und für alle gleichermaßen gesorgt ist. Das ist die Quintessenz des Wandels – alles soll im Gleichgewicht gehalten werden, sodass niemand mehr einen Mangel erleidet.

Frage: In einer Diskussionsgruppe, die ich zuletzt leiten durfte, wurde der bevorstehende gesellschaftliche Wandel von einem Teilnehmer mit einem kleinen Wortspiel für mich sehr treffend zum Ausdruck gebracht: „Wir wechseln von der Leistungsgesellschaft zur Gesellschaftsleistung!" Ist dies treffend genug?

Antwort: Diese Frage ist in Wahrheit keine Frage, sondern die Essenz des Wandels, auf den ihr alle zusteuert! Ihr habt es verstanden –

das ist die letztgültige Aussage! Auf jeden Fall könnt ihr davon ausgehen, dass sich die Gesellschaft genau so verhalten wird. Freut euch darauf, es wird für alle Menschen in gleichem Ausmaß großartig.

Alles wird gut

Alles, was wir hier dargestellt haben, ist für euch im ersten Moment etwas schwer verträglich, doch solltet ihr euch nicht davon abhalten lassen, diesen Weg konsequent weiterzugehen, denn die Ereignisse zeigen euch ja klar und deutlich auf, wohin sich die Erde bewegt, und das neue Zeitalter ist ja schon zum Greifen nahe. Ihr könnt euch auf diese Entwicklung freuen, und es sollte euch ein freudiges Signal sein, wenn in den Nachrichten erneut von etwas berichtet wird, woraus ihr erkennen könnt, dass dieses Ereignis wieder einen Schritt näher zur neuen Einheit der Menschheit mit der gesamten Schöpfung bedeutet.

Auf der Erde kann man sich im Augenblick auf ziemlich wenig ganz konkret verlassen, denn alles ist im Umbruch – es gibt keine Konstanten mehr, und es gibt nichts, woran man sich festhalten und aufrichten kann. Nichts ist derzeit so konstant wie die Veränderung und die geht rasend schnell. Ihr werdet dies an euch selbst erkennen können, denn noch nie zuvor wart ihr alle so sehr im Banne der Veränderung wie gerade eben. Ihr werdet in der nächsten Zeit noch viele solcher Ereignisse erkennen können, und auch in eurer persönlichen Entwicklung kommt ihr einige große Schritte vorwärts. Es wird euch freuen, wenn wir euch mitteilen, dass die Welt so eine große Veränderung in so kurzer Zeit machen wird, dass ihr getrost auf die Ereignisse blicken könnt, denn ihr erkennt die Richtung, wohin sich alles entwickelt, und keiner braucht sich davor zu fürchten, denn es endet letztlich alles genau dort, wo es enden soll. Letztlich wird alles gut, denn die Menschen erreichen ihr großes Ziel der Einheit, der Weg dorthin ist noch etwas mühselig, aber hoffnungsvoll, und das ist das Wichtigste überhaupt – ihr sollt daran glauben und euch fest darauf einstellen, dass die Einheit geschlossen wird und neue Werte in eure Gesellschaft Einzug halten, doch müssen zuvor alle Menschen davon überzeugt werden, dass die Einheit der Menschen kein Geld mehr benötigt, um all das zu tun, was sie im Grunde immer schon gerne getan hätten. Ihr seid an dem Scheidepunkt, wo ihr alle erkennen könnt, dass diese alte Welt ihr Ende finden muss und dass es eine neue Welt geben wird, die viele neue Errungenschaften erreichen und die sich auf viele neue Möglichkeiten freuen kann.

Ihr seid jetzt an der Reihe, euch damit auseinanderzusetzen, denn die Welt braucht eure gedankliche Unterstützung – ihr müsst euer neues kollektives Bewusstsein formen, damit es in Erscheinung treten kann. Dies ist eure Aufgabe in der Zwischenzeit, denn genau darauf warten wir, bis ihr euch alle entschieden habt, wohin genau die Reise gehen soll – wie diese neue Welt aussehen soll und welche Details ihr gerne verwirklicht sehen wollt. Das ist eure Aufgabe, und daher ermutigen wir euch jetzt, in dieser Sekunde zu beginnen, darüber nachzudenken, wie ihr es denn gerne haben möchtet, denn so wird es dann auch letztlich sein. Ihr seid gefordert, euch jetzt mit der Sache auseinanderzusetzen, auch wenn es euch derzeit noch nicht vollständig realisierbar erscheint. Die Umstände begleiten euch, und sie werden dafür sorgen, dass die letzten Hürden aus dem Weg geräumt werden, damit sich euer neuer Wille durchsetzen kann. Ihr seid voll und ganz den Veränderungen ausgeliefert, doch solltet ihr nicht nur ein Teil sein, der zusieht, sondern ihr solltet ein Teil des Ganzen sein, der aktiv gestaltet, indem ihr euch eine Vorstellung von eurem Leben macht, wie ihr es denn im Idealfall haben möchtet. Seid nicht zu bescheiden, sondern nehmt das volle Spektrum an Möglichkeiten und kreiert euch eure neue Welt mit euren Gedanken.

Frage: Ihr, unsere ständigen Begleiter, wartet nur darauf, bis wir unser kollektives Bewusstsein verändert bzw. neu gestaltet haben. Nachdem es das kollektive Bewusstsein ist, das ja weltweit alle Menschen einschließt, stellt sich die Frage, wie all jene Menschen in diesen Prozess eingebunden werden können, die keinen Zugang zu diesen Informationen haben, und wie viele aktiv gestaltende Menschen ausreichen, um das kollektive Bewusstsein neu zu prägen?

Antwort: Ihr solltet euch nicht die Sorgen machen, dass ihr euch nicht genug damit beschäftigt, euer kollektives Bewusstsein auf die neue Zeit auszurichten – das passiert automatisch, indem ihr euer eigenes Bewusstsein ändert, denn das läuft ja bereits sehr intensiv – ihr sollt jedoch daran teilhaben, weil ihr euer neues Leben ja in euren Köpfen erst einmal gedanklich vorbereiten müsst, um dann, wenn die Zeit dafür gekommen ist, nicht völlig planlos dazustehen und darauf zu warten, bis irgend jemand euch eine Idee liefert, die ihr erst einmal in Ruhe überdenken müsst. Es wird ohnedies genug Menschen geben, die keinen Plan für ihr zukünftiges Leben haben, und denen wird es eben besonders schwerfallen, diesen Übergang zu meistern. Ihr solltet jedoch darauf vorbereitet sein, und ihr solltet euch das Leben so angenehm wie möglich gestalten und dadurch völlig furchtlos auf die neue Zeit zugehen. Das ist das Ziel dieser Übung, und genau deshalb machen wir euch so sehr darauf aufmerksam, denn je früher ihr damit beginnt, desto intensiver wird das Glücksgefühl dann werden, wenn alles in Erfüllung geht. Dafür machen wir euch aufmerksam, dass ihr es alle zusammen leichter habt und dass es obendrein ein freudiges Erlebnis wird und kein schockierendes, das es sein könnte, wenn ihr euch gedanklich nicht darauf vorbereitet.

Es wird gut – so wie es sein soll

Es wird für euch Menschen ein riesengroßes Fest, wenn ihr alles vollständig verstanden habt, was auf euch wartet – dieses Fest wird weltweit ein ganz großes werden, denn alle Menschen erkennen, was alles in der letzten Zeit geschehen ist und was ihr alle zusammen vollbracht habt. Dieses Fest hat einen ganz besonderen symbolischen Charakter, denn ihr verabschiedet euch von der vergangenen Epoche eures Lebens und ihr heißt die neue Epoche willkommen. Und deshalb werdet ihr alle zusammen dieses große Fest ausrichten. Es ist so, wie ihr eure Staatsfeiertage begeht, doch wird es im Bewusstsein eurer Gemeinschaft, eurer Einheit mit allen Menschen geschehen, und ihr werdet ein unvorstellbar großes Verbundenheitsgefühl empfinden und dieses über viele Gesten zum Ausdruck bringen – die Menschen in aller Welt einladen, daran teilzuhaben, und ihr werdet es so sehr genießen, dass ihr noch viele Monate und Jahre danach darüber sprechen werdet, wie großartig und was für ein Geschenk es war, dieses Glücksgefühl miterleben zu dürfen, als die Erde jenen Aufstieg absolviert hat, der in der Geschichte dieses Planeten einzigartig ist.

Ihr werdet euch mit den Vorbereitungen viel Zeit lassen, denn dieses Fest ist wohl das großartigste in der Geschichte der Menschheit. Es wird euch zum ersten Mal die Gelegenheit bieten, all das zu zeigen, was die Einheit der Menschen vollbringen kann. Ihr seid dann so sehr miteinander verbunden, dass alle sehr gerne teilnehmen und demonstrieren, dass sie ein aktiver Teil dieser Einheit sind. Ein Fest der Kontinente und ein Fest des Lebens für die Erde und mit der Erde, denn alle Menschen werden aufstehen und eine lange Kette bilden, die vom Anfang bis zum Ende dieses Kontinents reichen

143

wird – eine Kette der Erfüllung aller Wünsche, die ein Mensch in seinem Leben auf der Erde haben kann. Eine Kette, die überall hinreicht und alle miteinander verbindet.

In diesem Zusammenhang ist zu erwähnen, dass sich die Menschen nicht nur die Zeit nehmen und viel Mühe machen, um dieses Fest vorzubereiten und dafür zu sorgen, dass alle Menschen mit eingebunden und bestens versorgt sind, sondern es ist eine Bezeugung eurer Zugehörigkeit zu einem großen Ganzen, denn ihr beweist, dass ihr alle dieses Fest als Symbol dafür seht, dass ihr letztendlich dorthin zurückgefunden habt, von wo ihr abstammt und von wo ihr gekommen seid – aus dem Schoße Gottes, denn als Teil des Schöpfers seid ihr jetzt hier, um das Leben und euch selbst völlig neu zu definieren. Dazu seid ihr aufgestanden und das wollt ihr demonstrieren.

Wäre der Wunsch danach noch nicht so groß, dann wäre es wohl der falsche Zeitpunkt, um über solch ein Fest nachzudenken, doch der Wunsch ist heute bereits bei den meisten Menschen schon sehr stark ausgeprägt. Ihr seid heute bereits an einem Punkt, wo ihr alle am liebsten heute schon in die neue Zeitebene aufsteigen möchtet, denn ihr seid euch sicher, dass ihr diese Ebene verlassen möchtet, die euch so sehr belastet und im täglichen Leben beeinträchtigt, sodass ihr es kaum erwarten könnt. Ihr seid ziemlich stark genervt von der Tatsache, dass ihr derzeit noch im alten System leben müsst, wo es ja schon die Vorausschau auf ein mögliches neues Leben gibt, doch sind die Umstände noch nicht soweit, dass man sich von nun an einfach nicht mehr darum kümmern brauchte, wie das alte Leben funktioniert – ihr seid derzeit noch im alten System gefangen, doch die Auswege daraus nehmen immer klarere Formen an, und ihr könnt bereits erkennen, wohin euch das neue Leben führen wird. Ihr seid angetreten, um genau das zu erfahren, und deshalb habt ihr euch mit diesem Thema bis zu diesem Punkt beschäftigt. Ihr seid die Vorreiter, die sich auf das neue Leben vorbereiten, auch wenn euch bereits sehr viele Menschen folgen und auch wenn es ebenso viele gibt, die noch etwas Zeit brauchen, um all das zu verstehen.

Seid geduldig, denn die Welt kennt nur noch *eine* Richtung der Entwicklung, und je mehr ihr auf andere Menschen Einfluss nehmt, desto eher werden sie euch folgen können. Seid geduldig, wenn jemand noch keine Vorstellung davon hat, wie das Leben anders verlaufen könnte, denn er wird noch die Erleuchtung bekommen, und dann wird er sehr rasch eurem Beispiel folgen.

Frage: Ich kann gar nicht sagen, wie sehr ich mich schon auf dieses große Fest der Einheit der Menschen freue! Findet dieses am 21. 12. 2012, dem magischen Tag des Übertritts in die neue Bewusstseinsebene, statt?

Antwort: Es wird etwas mehr Zeit brauchen, bis die Menschen ihre Einheit soweit verstanden haben, dass sie dieses Fest ausrichten. Diese Einheit wird den Menschen am Anfang zwar bewusst sein, doch werden sie mit den Veränderungen in ihrem unmittelbaren Umfeld so sehr beschäftigt sein, dass für ein Fest diesen Ausmaßes nicht genügend Zeit bleibt, um es vorzubereiten. Dieses Fest wird jedoch nicht all zu lange auf sich warten lassen, denn Feierlichkeiten sind den Menschen ein großes Anliegen, und daher wird dieses Fest sehr bald danach in Angriff genommen werden, und es findet sich ein richtiger Termin, der für alle gut passt.

Frage: Ich kann nur bestätigen, dass sehr viele Menschen vom aktuellen System unseres Lebens genervt, ja sogar frustriert sind. Was kannst du diesen Menschen als Stärkung mitgeben, damit sie diese Zeit frohen Mutes überstehen können und, anstatt den Kopf hängen zu lassen, aktiv an ihrer Entwicklung und der Entwicklung der Menschen in ihrem Umfeld zu arbeiten?

Antwort: Die Menschen, die sich im Augenblick schwertun, die Zeit abzuwarten, bis der große Wandel endlich vonstatten geht, denen sei gesagt, dass diese Zeit für sie verständlicherweise schwierig ist, doch sollen sie sich genau aus den Ereignissen, die daherkommen, die Kraft herausnehmen, denn sie zeigen ihnen, wie sich der

Wandel immer mehr auf das magische Datum zubewegt – jede einzelne Erscheinung ist ein Schritt in diese Richtung, und jedes Ereignis kann den Menschen helfen, dass sie erkennen können, wie sich die Welt verändert. Ihr werdet alle sehr davon in Mitleidenschaft gezogen werden, denn die Veränderungen kommen schnell, und sie sind sehr heftig, und damit habt ihr wahrlich nicht gerechnet, und daher bleibt auch nicht viel Zeit, dass ihr euch zu sehr mit eurem täglichen Leben beschäftigt und eure Frustration weiter zum Ausdruck bringt. Ihr werdet schon sehen, dass es kaum Zeit gibt, um darüber nachzudenken, was euch noch alles auf den Keks geht.

Jetzt geht's los

Es geht los – die Welt hat alle Vorbereitungen für den großen Wandel abgeschlossen. Alle Zeichen stehen auf Wandel und nichts kann ihn mehr aufhalten. Die Vorzeichen waren lange nicht klar erkennbar, doch jetzt sind sie für jeden Menschen auf der Erde ganz klar spürbar, denn es sind so viele Dinge in Bewegung, die alle klar die Richtung anzeigen, wohin sich alles bewegt.

Ihr werdet alle zusammen ganz klar und eindeutig erkennen können, dass dieser Wandel unaufhaltsam auf euch zurollt, und je näher er kommt, desto mehr wird sich die Geschwindigkeit erhöhen – alles transformiert sich – alle Energien, die nicht mehr zeitgemäß sind, werden transformiert – alles kommt an die Oberfläche, alles will verarbeitet und transformiert werden. Nichts bleibt, wie es einmal war – alles löst sich in Wohlgefallen auf, auch wenn es nicht ganz geräuschlos über die Bühne geht. Alles wird immer noch schneller werden, so lange, bis ihr es kaum noch fassen könnt, dass die Erde sich so schnell bewegt.

Die alten Systeme brechen weg und alles zerfällt, was nicht auf den soliden Grundfesten eurer neuen Werte aufgebaut ist. Nichts bleibt stehen – alles zerbricht und nichts kann das Geschehen bremsen, geschweige denn aufhalten. Alles wird von nun an transformiert und nichts bleibt bestehen, das nicht mehr in die neue Zeit gehört. Volles Programm, läuft der Zug auf die neue Zeit zu, und jeder, der glaubt, ihn stoppen zu können, wird sein blaues Wunder erleben. Nichts kann diesen Zug aufhalten, denn er hat bereits so viel Fahrt aufgenommen, dass er alles mitnimmt, das versucht, sich ihm in den Weg zu stellen. Er nimmt alles auf und transformiert alles in eine neue Energie, die für das neue Zeitalter passend ist. Dies hinterlässt jedoch massive Spuren, die die Menschheit erst einmal verarbeiten muss.

Es wird sich alles auf einmal verändern – nichts hat die Zeit, sich von den Erschütterungen des Wandels zu erholen, denn kaum ist die erste Welle vorbei, folgt schon die nächste, und dann geht es immer noch schneller, Schlag auf Schlag, und keiner wird mehr die Gelegenheit bekommen, sich an die alten Systeme zu klammern, denn sie werden ihm zwischen den Fingern zerrinnen. Nichts ist von Konstanz, und die einzige Veränderung, die ihr kontrollieren könnt, ist die Veränderung in euren Köpfen, denn die könnt ihr steuern und nur das in euch hineinlassen, was ihr im Augenblick verarbeiten könnt. Daher ist es wichtig, dass die Verwandlung eures Bewusstseins von euch aktiv gefördert wird, denn je früher dieser Prozess ins Rollen kommt, desto früher habt ihr die Gelegenheit, zu erkennen, wer ihr seid und wohin dieser Zug fährt, denn er fährt auf jeden Fall in die Einheit, und jeder, der aktiv mitarbeitet, wird sich der Einheit viel früher erfreuen können als all jene, die sich bisher nicht wirklich mit dem Thema beschäftigt haben. Alles läuft mit voller Geschwindigkeit, und niemand kann sich entziehen, auch wenn mancher dies vielleicht gerne möchte. Nichts gelingt mehr, was nicht auf der Basis der neuen Werte aufgebaut wird – alles zerfällt und macht Platz für die Neuerungen, die längst überfällig geworden sind.

Es wird euch allen eine große Freude sein, wenn ihr es bereits im Vorfeld geschafft habt, euch gedanklich auf den Zerfall eurer Systeme vorzubereiten. Es wird eine große Genugtuung sein, wenn ihr erkennt, dass es keinen Weg zurück mehr gibt und ihr alle wisst, dass die Welt unaufhörlich in diese Richtung steuert. Das wird euch so sehr freuen, dass ihr alle zusammen anfangt, euch die Systeme aufzubauen, die ihr braucht, wenn ihr endgültig im neuen Zeitalter angekommen seid. Ihr werdet eifrigst daran arbeiten, dass diese Welt so gestaltet wird, wie ihr es haben möchtet. Endlich könnt ihr voll und ganz ausleben, was euch in euren Köpfen schon so lange vorschwebt. Ihr habt es geschafft, und ihr seid diejenigen, die die anderen, die noch nicht vollends verstanden haben, was da gerade passiert, mitnehmen werden und sie aufklärt über das Geschehen auf der Erde.

Es wird alles derart schnell gehen, dass es die Menschen kaum erwarten können, dass es wieder aufhört, damit sich das Weltgeschehen wieder neu ausrichten kann und diese Ereignisse ihre Beschleunigung verlieren. Wenn es dann soweit gekommen ist und die Menschen all die vielen Dinge, die sich verändert haben, sehen und realisiert haben, dass ab sofort alles ganz anders sein wird, dann ist der Zeitpunkt gekommen, an dem die Menschen all das zu verwirklichen beginnen, was sie sich in der Zwischenzeit in ihren Köpfen zurecht gerichtet haben. Ihr seid dann soweit, dass ihr all das umsetzen könnt, was euch in den Sinn kommt. Denn von nun an gibt es kein Zurück mehr und jeder ist absolut von den alten Systemen völlig befreit. Nichts bleibt existent, was nicht in diese Zeit gehört, und somit wird der Umbruch für viele ziemlich chaotisch sein, denn sie wissen nicht, warum das alles so intensiv passieren muss. Sie wissen nicht, was die Welt so sehr zum Einsturz bringt, dass all die Informationen aufhören und jetzt endgültig Schluss ist mit den alten Vorgaben, sondern es stattdessen absolut gar nichts mehr gibt, woran sich ein Mensch der alten Zeit noch festhalten könnte. Nichts ist mehr da, das auch nur den Anschein erweckt, dass die Welt noch jemals wieder so aussehen könnte, wie zuvor, denn das alles ist verlorengegangen und hat Platz gemacht für neue Systeme und neue Werte, die auf die Göttlichkeit und die Menschlichkeit so wie die Ehre der Natur ausgerichtet sind. Nichts hat mehr Platz, das nicht diesen Werten entspricht. Alles muss weichen, und alle Menschen, die das nicht verstehen wollen, werden schon im Vorfeld alle ihren Weg finden, damit sie die Erleichterung erfahren, die sie sich so sehr wünschen, damit all das sein Ende findet.

Ihr werdet alles sehr als Hetze empfinden, sofern ihr es nicht schon vorher verstanden habt. Jeder wird sich gehetzt fühlen, wenn er zusieht und versucht, noch zu retten, was er glaubt, festhalten zu müssen. Es wird nicht gelingen, denn die neue Zeit fegt über alles

Alte hinweg und lässt nichts mehr existieren, was nicht hierher gehört. Ihr werdet das allerdings auch sehr genießen können, wenn ihr im Vorfeld eure Hausaufgaben erledigt habt und euch von den alten Dingen verabschiedet und euch die neuen Dinge zurechtgelegt habt. Ihr könnt es genießen, und ihr könnt euch die Zeit nehmen, um euch zurückzulehnen und zu beobachten, wie alles zerfällt, was nicht mehr hierher gehört. Ihr seid dann die Gewinner dieser Zeit, wenn ihr wisst, dass dies alles so sein muss, damit das Neue den Platz findet, der ihm gebührt, und so werdet ihr alle miteinander losgehen und beginnen, euch die Menschen vorzunehmen, die glauben, dass sie in der alten Zeit noch etwas zurückgelassen haben, das sie dringend brauchen. Nehmt diese Menschen auf und informiert sie über all die Geschehnisse und warum dies alles so sein muss. Informiert diese Menschen über die Veränderungen der Welt und zeigt ihnen, dass sie bereits über die Fähigkeiten verfügen, sich ihr Leben selbst zurechtzuzimmern und sich das zu erdenken, was künftig alles sein soll. Es gibt dann für niemanden mehr irgendwelche Einschränkungen, und das müssen die Menschen erst einmal lernen. Dies ist wohl die größte Herausforderung für alle, denn dies seid ihr nicht gewöhnt. Ihr werdet versuchen, euch selbst Grenzen zu setzen, und ihr werdet feststellen, dass dies nichts bringt, denn es wird euch alle nur daran hindern, euch die völlige Freiheit selbst einzugestehen. So kommt es, dass ihr die Welt völlig missversteht, wenn ihr nicht aufhört, euch diese Grenzen zu setzen. Ihr versteht erst dann voll und ganz, wenn ihr über euren Tellerrand hinausblickt und die große weite Welt mit allen Möglichkeiten erkennen könnt. Vorher wird nichts möglich sein – erst nachdem der Tellerrand überschaut wurde, seid ihr in Gedanken völlig frei – also helft zusammen und klettert alle zusammen auf den Rand des Tellers und blickt hinaus in eure neue Welt und erfreut euch daran, denn sie ist das Größte, was jemals erschaffen wurde!

Das Leben erfährt in allen Bereichen eine so grundlegende Veränderung, dass ihr anfangs kaum noch aus dem Staunen herauskommt, was denn in eurem jetzigen Leben alles so organisiert ist, dass es schön von den Höchsten und Mächtigen regiert und gesteuert werden kann. Ihr werdet feststellen, dass einzelne Bereiche eurer Versorgung zwar in der Hand einiger Großer gelegen haben, doch dass es die vielen Menschen waren, die für diese Großen gearbeitet haben, die letztlich dafür gesorgt haben, dass es allen anderen gut geht und dass für alle mehr als genug da ist. Diese Erkenntnis führt dazu, dass ihr letztlich nichts anderes zu tun braucht, als eure bisherigen Tätigkeiten fortzuführen, doch wird sich die Ausrichtung völlig verändern. Ihr werdet nicht mehr gezwungen werden, genau das zu tun, was man euch sagt, sondern ihr habt die freie Wahl, alles so zu verändern, wie es euch gefällt. Ihr werdet dann arbeiten, wenn ihr es für richtig und wichtig haltet, und ihr werdet euch dann die Zeit nehmen, die ihr für euch braucht, damit ihr euch selbst als wertvoll erachten könnt. Ihr werdet all das tun, was euch beliebt, und ihr werdet euch andere Menschen suchen, die eure Aufgabe übernehmen, wenn ihr diese verlassen möchtet. Ihr alle wisst, dass ihr auf der Erde seid, um ein Teil des Ganzen zu sein, doch seid ihr nicht nur dazu da, sondern ihr werdet dieses Ganze auch weiterentwickeln und euren Teil dazu beitragen, dass dieses Ganze in seiner Bedeutung und in seinem Wert wächst. Alles wird ja für euch da sein, sodass ihr die größte Freude daran empfinden könnt – sehr viel mehr, als ihr es euch derzeit vorstellen könnt. Macht einfach da weiter, wo ihr aufgehört habt, bevor sich alles grundlegend verändert hat, und ihr werdet sehen, dass es entweder nicht mehr benötigt wird oder dass ihr sehr wichtige Arbeit leistet, um der Allgemeinheit einen wichtigen Dienst zu erweisen. Wenn dem so ist, dann werdet ihr mit Stolz weitermachen, und wenn nicht, dann werdet ihr alle eure Fähigkeiten anbieten, damit ihr ebenfalls am Ganzen teilhaben könnt. Ihr seid dann soweit, dass ihr erkennt, ob eure bisherige Arbeit noch gebraucht wird oder wo ihr eure Talente viel besser einsetzen könnt. Tut dies und ihr werdet alle die Erfüllung finden, die ihr euch schon so lange wünscht!

Eine Welt entsteht, die ihr Menschen bisher für völlig unmöglich gehalten habt – es entsteht eine völlig neue Welt, die alles Bisherige völlig in den Schatten stellt, und es entsteht eine Welt, die den Menschen genau alles das ermöglicht, was sie glücklich macht. Ihr seht das heute noch nicht ganz so, denn eure bisherigen Erfahrungen haben euch etwas anderes gelehrt, und daher seid ihr verständlicherweise skeptisch. Doch lasst es einfach zu, denn die Erde wird sich als das zu erkennen geben, was man einen Schöpferstern nennt.

Frage: In diesem Kapitel steckt unheimlich viel – ich versuche es schrittweise aufzuarbeiten und zu verstehen. Zu Beginn sprichst du davon, dass alles zerfällt – ich gehe davon aus, dass du damit nicht die Zerstörung unserer Häuser und unserer Infrastruktur durch Erdbeben meinst, sondern dass du damit alle unsere alten, nicht mehr zeitgemäßen Strukturen und Systeme ansprichst. Beim Finanzsystem angefangen, über die Politik und alle generellen Machtstrukturen, die uns derzeit einschränken. Welche Geräusche, meinst du, wird das verursachen, und welche Spuren wird es hinterlassen?

Antwort: Die Welt wird im Zuge des Übergangs mit verschiedensten Ereignissen konfrontiert, die euch allen vor Augen führen, wozu sie denn alle passieren. Sie müssen geschehen, damit sich die Energie, die in ihnen gebunden ist, frei transformieren kann. Sie passieren natürlich aufgrund der Heftigkeit der Energien, die da sind, mit einem lauten Knall – dies ist sprichwörtlich gemeint, denn niemand wird ihn wirklich hören können, doch werden die Auswirkungen so ähnlich wie eine Art Explosion sein. Dass so eine Transformation mit gewissen Spuren und Einschnitten in euren Systemen des täglichen Lebens verbunden ist, ist vorhersehbar, und das meinte ich damit, dass ihr davon natürlich betroffen sein werdet, weil es euch aus den gewohnten Mustern herausbringt und euch zeigt, wie frei ihr sein könnt, wenn diese Einschränkungen nicht mehr existieren.

Frage: Nachdem alles sehr schnell gehen wird, könnte dies meiner Vorstellung nach einige Menschen, die bisher die Augen verschlossen haben,

schwer aus dem Gleichgewicht bringen, psychische Probleme und Ver-
lust- und Existenzängste verursachen – ist damit zu rechnen, und wenn
ja, wie können wir diesen Menschen helfen?

Antwort: Ja, es ist möglich, dass einige Menschen dies so empfinden
werden, und daher ist es wichtig, dass ihr alle zusammensteht und
jeder für den anderen einsteht, damit er sich an die Umstände gewöhnen kann. Viele haben etwas verloren, das ihnen ihr ganzes Leben lang heilig war, und dieser Verlust ist natürlich im ersten Augenblick nicht leicht zu verkraften. Erst wenn die Menschen die
Freiheit erkennen, die sie dadurch gewonnen haben, werden sie sich
vollständig davon trennen können. Daher ist es wichtig, dass ihr
diesen Menschen helft, diesen Schritt im Geiste zu machen, damit
sie ihre neugewonnenen Möglichkeiten erkennen und nicht mehr
an dem Alten festhalten. Das wird eure Aufgabe sein, und darum
kann ich euch nur im Namen dieser Menschen ersuchen, denn sie
werden eure Hilfe dringend brauchen. Für sie stürzt eine ganze Welt
ein, und das ist schwer zu verkraften. Nehmt euch dieser Menschen
an und erklärt ihnen, dass das, wozu sie sich in der Vergangenheit
hingezogen gefühlt haben, nicht mehr existiert, denn es waren alte
Werte, die transformiert wurden und dadurch völlig aufgelöst werden konnten. Jetzt gibt es neue Werte, und diese müssen diese Menschen erst einmal verstehen lernen.

Frage: Wenn der Übergang ins neue Zeitalter geschafft ist, wird sich die
Welt dann wieder „entschleunigen" – wie schnell wird das gehen, und
wie lange brauchen wir, bis wir uns von den Folgen des Umbruchs wie-
der erholt haben?

Antwort: Die Welt wird sich in der nächsten Zeit weiter sehr stark
beschleunigen – alles geht rasend schnell und die Tage verfliegen
förmlich. Ihr werdet dies so empfinden, damit ihr die Zeit etwas anders wahrnehmt, als ihr das sonst tut. Ihr habt in dieser Zeit nicht
die Gelegenheit, viel darüber nachzudenken, was gerade alles vor

sich geht, und daher hat diese Geschwindigkeit ihr Gutes. Ihr werdet froh sein, dass es so schnell geht, denn die einzelnen Ereignisse würden sich als einzelnes Ereignis ganz anders anfühlen, als wenn sie sozusagen in gruppierter Form in Erscheinung treten. Diese Gruppierung und diese schnelle Zeitfolge wird euch allen zwar sehr zusetzen, doch wird es für euch leichter sein, wenn es schnell geht und nicht viel Zeit zum Nachdenken bleibt. Seht diese Entwicklung einfach als ein Entwicklung, die ihr über euch ergehen lassen müsst – zieht eure Erkenntnisse daraus, denn dazu ist sie da, und nehmt das alles mit in die neue Zeit, die sehr bald mit völlig neuen Vorzeichen auf euch wartet. Nehmt das alles mit und freut euch auf eine Zeit, die sich bald darauf ganz anders darstellt. Sobald die Transformation der Energien abgeschlossen ist, werdet ihr auf ein normales Niveau der Geschwindigkeit zurückkehren und euch an eurem Leben erfreuen können.

Frage: Ich verstehe die Entwicklung so, dass letztlich all jene, die einen Beruf haben, der mit der Versorgung aller Menschen zu tun hat, vorerst unverändert ihre Tätigkeit weiterführen sollen, bis sich die Systeme neu geformt haben, und sich all jene Menschen, die bisher Tätigkeiten verrichtet haben, die man jetzt nicht mehr braucht, an der Versorgung der Menschheit beteiligen und ihren Teil zur Weiterentwicklung beisteuern. Wie lange werden die Menschen brauchen, bis sie eine Gelegenheit gefunden haben, ihre Talente und Fähigkeiten für die Gemeinschaft einzusetzen?

Antwort: Es wird für viele Menschen natürlich eine enorme Umstellung, wenn sie erkennen, dass sie in ihrem alten Job nicht mehr gebraucht werden, weil es diese Form der Tätigkeit in der neuen Zeit einfach nicht mehr gibt. Diese Umstellung in den Köpfen der Menschen gelingt jedoch sehr schnell, und sie finden bald ihre Talente heraus und können beginnen, ihre Fähigkeiten weiter auszubauen und sie für die Allgemeinheit einzusetzen. All das geht sehr schnell, denn sie werden das Bedürfnis verspüren, sich aktiv am Wandel und an der Entwicklung der neuen Gesellschaft zu beteiligen. Dies wird ihnen helfen, bald ihre bisherigen Tätigkeiten zu vergessen und sich auf neue Aufgaben zu konzentrieren, die sich an den neuen Werten orientieren. Das ist die größte Hilfe für alle, denn die neuen Werte sind etwas, wo ihr alle zusammen voll und ganz mit eurer ganzen Überzeugung dahinterstehen könnt, und daher ist es für euch eine Freude, diese Werte mit Leben zu erfüllen.

Es wird so sein, dass ihr alle glaubt, es hat sich nichts verändert

Wenn die Menschheit diesen turbulenten, chaotischen Ablauf durchgestanden hat, dann ist alles plötzlich wieder ruhig, und schon beginnt sich alles zu normalisieren. Das große Chaos ist durchgestanden, und alle Menschen haben realisiert, dass sich etwas Grundlegendes verändert hat. Doch alle werden sich im selben Moment fragen, was denn eigentlich passiert ist. Niemand hat eine Vorstellung davon, was genau alles abgelaufen ist, wenn sich der Sturm plötzlich legt und alles wieder ruhig ist. So wird euer Leben wieder zurückfinden zu einem normalen Ablauf, und alle Menschen bekommen genau das, was sie sich immer schon erhofft und gewünscht haben. Alle ruhen in sich und sind völlig entspannt und erfreut über diese Ruhe, die plötzlich überall eingekehrt ist.

Diese Ruhe ist im Vergleich zur turbulenten Zeit der vergangenen Monate an sich etwas ganz Ungewöhnliches, denn niemand glaubte mehr daran, dass sich alles wieder normalisieren würde – so viel ist geschehen, und so viele Systeme haben sich grundlegend gewandelt. Alles war in Bewegung – nichts blieb dabei unversehrt, und jetzt können die Menschen beginnen, das Chaos wieder zu beseitigen und sich völlig neu zu strukturieren. Dieses Chaos ist ein heilsames gewesen, denn alle Systeme, die auf der Energie der alten, abgelaufenen Zeit aufgebaut waren, existieren nicht mehr, und alles hat sich zersetzt, um einen fruchtbaren Boden für die neue Energie zu bilden. Dieser Bodensatz ist jetzt der Nährstoff für die neuen Entwicklungen und für die neuen Systeme der Gesellschaft, in der die Menschen künftig leben werden. Genau darauf baut alles auf, denn darin enthalten sind so viele Nährstoffe, die in Form von Erkenntnissen aus der alten Zeit gespeichert sind. Diese Erkenntnisse sind deshalb so wichtig, damit sich die Menschheit davor schützen kann, dass so etwas niemals wieder möglich wird. So sehr ist diese Umwandlung gelungen, dass es kaum noch jemanden hält und kaum noch jemand an die alte Zeit zurückdenkt, denn alles richtet sich nach vorne, um die Welt völlig neu zu definieren.

So war es vorherbestimmt, denn alle Menschen wollten diesen Wandel, auch wenn er ihnen etwas zu schnell gekommen und noch viel schneller verlaufen ist, als sie es je für möglich gehalten hätten. Alles hat sich bewegt und ist durch das Zeitfenster gegangen und dort völlig verändert angekommen. Niemand und schon gar keine Systeme haben es geschafft, sich in die neue Zeit unverändert hinüberzuretten. Alles wurde transformiert, und jetzt steht der Erde nur noch eines zur Verfügung – die Einheit der Menschheit – als Basis für alle von nun an getroffenen Vereinbarungen und Abkommen zwischen den einzelnen Regionen.

Es wird folgendermaßen ablaufen: Die Erde kommt zur Ruhe und die Menschen realisieren, dass plötzlich alles ganz anders ist als zuvor. Das ist die Basis aller weiteren Überlegungen, denn die Veränderung ist für alle klar und deutlich spürbar, obwohl sie alle meinen, dass die Welt an sich ja unverändert geblieben ist. Nur die Systeme und die Überzeugungen der Menschen haben sich geändert, und das bringt sehr viele neue Erkenntnisse und unzählige Vorteile für den Einzelnen mit sich, ebenso wie für alle zusammen. Die Menschen beginnen damit, sich völlig neu zu definieren, und erkennen die Chancen, die ihnen ab sofort geboten werden. Jeder erkennt, dass er tun kann, wozu er bisher keine Gelegenheit bekommen hatte. Jeder erkennt sein persönliches Potenzial und jeder für sich entscheidet, was sein künftiger Weg sein soll. Viele werden noch an den alten Gewohnheiten der täglichen Arbeit festhalten, und das ist auch grundsätzlich sehr gut so, denn sie gewährleisten dadurch, dass die Versorgung der Menschheit weiterhin gut funktioniert, so lange bis die Systeme gefestigt sind und jeder langsam anfangen kann, sich selbst zu verwirklichen. Unzählige Menschen haben jetzt die Zeit, sich damit zu beschäftigen, wie ihr Leben künftig aussehen soll. Alle Menschen haben diese Überlegungen angestellt, und jetzt ist der Zeitpunkt gekommen, um all diese Überlegungen in die Tat umzusetzen. Jeder beginnt für sich zu überlegen, was genau er von seinem weiteren Leben erwartet, und die Menschen werden sehr aktiv sein und sich viele neue Möglichkeiten schaffen, um persönlich zu wachsen. Das ist die wichtigste Erkenntnis für alle, die daran glauben, dass diese Welt noch viel besser werden kann, als man sie sich als Mensch, der in der 3. Dimension groß geworden ist, vorstellen kann.

Diese Erde hat dann einen großen Durchbruch geschafft – sie hat die alte Zeit verlassen und ist in die neue Dimension der Einheit der Menschen aufgestiegen. Dieser Aufstieg hat alle Menschen grandios fasziniert, denn sie hatten es lange Zeit nicht für möglich gehalten, dass die Menschheit einen wahrlich so großen Wandel vollziehen kann. Ihr seid dann tatsächlich dort angekommen, wo ihr als Mensch nie geglaubt habt, hinkommen zu können, weil euch zu viele Hindernisse im Weg gestanden sind.

Ihr werdet es nicht glauben

Die Menschheit hat diesen Wandel durchlaufen und sie beginnt, die Ereignisse zu verarbeiten. Alle haben verstanden, dass sich etwas verändert hat, auch wenn ihnen auf den ersten Blick die Welt völlig unverändert vorkommt. Alles ist, wie es zuvor war, doch irgendwie fühlt sich alles viel leichter an – alles ist anders und doch vertraut. Niemand glaubt, dass die Welt jetzt eine andere geworden ist, auch wenn jeder irgendwie fühlt, dass sich etwas verändert hat. Die Freiheit ist eingekehrt und die Ängste sind verflogen – alles hat sich transformiert, und sämtliche Zwänge sind plötzlich verschwunden. Kaum jemand hat jedoch das Gefühl dafür entwickelt, wie es denn sein würde, wenn man plötzlich völlig frei ist und nichts und niemand mehr eine Einschränkung darstellt. Dies ist eine Erkenntnis, die die Menschen erst langsam verinnerlichen, damit sie sich in ihrer neu gewonnenen Freiheit zurechtfinden können. Dies ist die wichtigste Erkenntnis!

Es wird euch allen eine große Freude sein, wenn ihr langsam erkennt, dass die Freiheit das größte Geschenk ist, das ihr je habt bekommen können. Diese Freiheit wird euch erst langsam bewusst, doch wird sie sich schon bald in allen Lebenslagen zeigen und euch völlig neue Möglichkeiten eröffnen. Seht genau hin, und ihr werdet erkennen, wo ihr früher immer gescheitert seid, wenn euch etwas in den Sinn gekommen ist. Ihr seid früher immer wieder an die gleiche Grenze gestoßen, wenn ihr geglaubt habt, dass ihr etwas machen könnt, das bisher noch niemand getan hat. Diese Grenze ist plötzlich verschwunden, und es sind viele Möglichkeiten in Erscheinung getreten, die ihr früher nicht einmal in Erwägung gezogen hättet. Daher wird es etwas Zeit brauchen, bis ihr Menschen beginnt, eure neue Freiheit zu genießen. Jeder Einzelne wird danach suchen, was er für sich alles neu entwickeln kann, und jeder Einzelne wird sich einzubringen versuchen, wenn es darum geht, die Gemeinschaft weiterzuentwickeln. Alle Menschen haben die gleiche Intention, dass sie für diese Gemeinschaft einen wirklich wichtigen Beitrag leisten möchten, damit diese Gemeinschaft weiter wächst und sich entwickelt. Diese Entwicklung ist eine enorm große, denn die Menschen haben plötzlich Möglichkeiten zur Verfügung, die die bisherige Gesellschaft nicht zugelassen hätte. Diese neue Einheit ist die großartigste, die die Menschheit kennenlernen konnte, und aufbauend auf dieser Gemeinschaft bewirkt die Entwicklung der einzelnen Menschen eine großartige Gemeinschaft, die aus unzähligen Individuen besteht, wo jeder Einzelne durch seine Einzigartigkeit und seine Großartigkeit bestechen kann. Diese Einheit ist die größte und die schönste, die die Menschheit jemals geschlossen hat.

Diese Einheit wird den Menschen sehr viel Freude bereiten. Auch wenn das heute noch völlig unvorstellbar ist, wird sich daraus jedoch eine großartige Geschichte entwickeln, die für alle Menschen eine unglaublich große Freude darstellt. Ihr werdet alle zusammen diese Einheit feiern und auf dieser Feier nicht mehr zurückdenken an die abgelaufene Epoche, sondern euer Blick richtet sich nach vorne – in eine Zukunft voller Friede und Freude. Das ist eure Bestimmung, und dieser Bestimmung werdet ihr jetzt gerecht werden. Ihr habt es so gewollt und ihr habt euch für diesen Aufstieg entschieden, denn die Zeit der Getrenntheit hat lange genug gedauert, und die Erfahrungen waren intensiv und leidvoll, doch damit ist jetzt endgültig Schluss. Ihr habt es geschafft – ihr seid nun die Menschen, die ihr von Anfang an sein wolltet, und von nun an geht die Entwicklung in eine völlig neue Epoche, die euch noch viele neue Erkenntnisse bescheren wird, die jedoch nicht dazu dienen, all die vergangenen Erlebnisse einzureihen, sondern sie dazu zu benutzen, dass diese Welt auf den dadurch gewonnenen Werten aufgebaut werden kann. Diese Werte sind von nun an die höchsten in eurem System, und ihr werdet diese in allen euren Bewegungen verwirklichen können. Seht dies als eine echte Herausforderung, denn sie werden euch als das Wunderschönste vorkommen, was ihr jemals erlebt habt. Diese Werte sind so großartig, dass sie niemals mehr in Frage gestellt werden und jeder sie gerne als das Höchste akzeptiert. Dies ist die Bestimmung eurer Generation, denn ihr wolltet genau diesen Schritt tun, und jetzt habt ihr es geschafft.

Ihr wolltet alle zusammen ein anderes Leben – jetzt habt ihr es bekommen, denn es gibt nichts mehr, was euch zurückhält und was euch einschränkt. Ihr wolltet diese Freiheit, jetzt habt ihr sie, und jetzt ist es auch an der Zeit, dass ihr diese Freiheit annehmt und sie auslebt in allen euren Überlegungen und Handlungen. Nutzt diese Freiheit vom ersten Tag an und nehmt alle eure Mitmenschen an der Hand und zeigt ihnen ihre Möglichkeiten. Nutzt diese Chance gleich vom ersten Tag an, denn das ist für euch die größte Freude, die ihr je erleben könnt. Nehmt euch heraus aus der alten Abhängigkeit und lebt das Leben, das ihr euch insgeheim immer schon gewünscht habt. Nehmt euch die Freiheit und ihr werdet glücklich und frei sein wie ein Vogel. Betrachtet eure eigene Existenz mit den Augen der neuen Werte und der neuen Möglichkeiten, die euch diese Epoche ermöglicht. Erkennt, wer ihr seid, und nehmt zur Kenntnis, dass ihr ein schöpferisches Wesen seid, das seine Göttlichkeit nun endlich voll und ganz ausleben kann. Nehmt es an und ihr werdet frei sein!

Es ist Zeit!

Diese Zeit ist die großartigste, die die Menschheit seit Jahrtausenden erlebt hat – noch nie zuvor war die Zeit so günstig, um so eine große Entwicklung zu machen, wie es im Augenblick der Fall ist. Ihr Menschen habt die Gelegenheit bekommen, euch völlig neu zu bestimmen, und ihr habt die Chance, die es nicht oft gibt, euch zu dem zurückzuentwickeln, was ihr schon immer gewesen seid. Ihr seid göttliche Geschöpfe, die sich auf der Erde befinden, um ihr Schöpfungswerk fortzuführen. Genau dafür wird es jetzt Zeit, denn ihr habt die Wandlung vollzogen und ihr habt euren Weg vollendet und seid angekommen im neuen Zeitalter der Menschheit, das euch die Möglichkeiten zur Erschaffung von Leben eröffnet.

Es wird euch allen eine große Freude sein, wenn ihr erfahrt, dass sich die Welt jetzt im Augenblick gerade eben so sehr wandelt, dass ihr erkennen könnt, was für Wesen ihr denn eigentlich seid, denn die Wesenheit Mensch war von Anfang an etwas ganz Besonderes. Diese Wesenheit wird jetzt ganz besonders in Erscheinung treten, denn die Menschen beginnen, ihren Schöpfungsauftrag wahrzunehmen, und es entstehen die interessantesten Gebilde der menschlichen Vorstellungskraft, die bald mit Hilfe von Mutter Erde in die Realität gelangen können. Diese Zusammenarbeit zwischen den Menschen und der Mutter Erde wird auf einer ganz anderen Basis erfolgen, als ihr es euch derzeit vorstellen könnt. Die Mutter Erde ist ein ebenso komplexes Wesen, wie ihr es seid, und gemeinsam könnt ihr die Funktion des Schöpfersterns voll auskosten. Ihr seid dabei, diesen Stern zu einem neuen Leben zu erwecken, das ihr bislang nicht einmal in euren kühnsten Vorstellungen hättet erschaffen können. Dieses Leben wird nun Realität, und das ist euer Auftrag.

Eure Geschicklichkeit ist enorm ausgeprägt, und es wird euch mit der Mutter Erde gelingen, das Leben auf der Erde und in weiterer Folge im gesamten Universum auszubreiten. Das ist genau der Sinn eures Daseins, denn es sollte auf der Basis eurer Erfahrungen entstehen, die ihr im Leben in der Getrenntheit gesammelt habt, und das ist so wertvoll, dass ihr erst jetzt erkennen könnt, warum all dies so geschehen musste. Ihr könnt auf einen enormen Erfahrungsschatz zurückgreifen, der über viele Inkarnationen reicht und der euch alle zusammen so weise erscheinen lässt, dass ihr es kaum für möglich gehalten hättet, dass ein Mensch jemals zu dieser Größe finden kann. Ihr seid dann alle zusammen so weise und könnt diese Weisheit nicht nur für euch selbst und euer unmittelbares Dasein nutzen, sondern ihr könnt diese Weisheit bündeln und sie in eure Schöpfung einbringen. Bündeln ist hier das Stichwort, denn die ganze Erfahrung, die ihr Menschen gemacht habt, und die Erfahrung, die Mutter Natur bzw. der Stern Erde in sich gespeichert hat, ist so sehr von Wert, dass daraus das großartigste Leben entstehen kann, das man sich für das Universum nur wünschen kann. Ihr werdet sehen, wozu ihr alle fähig seid, denn das Leben in seiner Vielfalt ist absolut unendlich. Immer und immer wieder wird es euch eine Freude sein, euch ans Werk zu machen, um neues Leben entstehen zu lassen und es im Universum zu verbreiten. Dies ist eine Arbeit von Jahrtausenden, die auf euch wartet, und im Laufe dieser Zeit habt ihr weiter Gelegenheit, euch zu entwickeln und viele weitere Erfahrungen zu sammeln – so lange, bis ihr vollkommen in den Schoß eurer Göttlichkeit zurückkehrt und mit ihr verschmelzt und damit den Schöpfer noch großartiger macht, als er ohnedies jetzt bereits ist. Die Großartigkeit des Schöpfers, der ihr alle zusammen seid, ist die wunderbarste Kombination, die überhaupt nur erschaffen werden konnte. Ihr seid die Gesandten des Schöpfers, die Erfahrungen und Weisheit sammeln und, zurückgekehrt an euren Ausgangspunkt, dann diese Weisheit und Schöpferkraft einsetzen, um die gesamte Schöpfung noch viel großartiger werden zu lassen, als sie heute bereits ist.

Euch ist das heute nicht bewusst, doch werdet ihr bald in die Ausgangsposition kommen, die wir euch hier beschrieben haben. Dieser Umstand ist enorm wichtig zu wissen, denn mit dem Aufstieg könnt ihr eure Gedanken sehr viel stärker zur Erschaffung eurer Lebensumstände nutzen. Nicht nur das neue Leben, das ihr damit erschafft, ist für euch eine große Freude, sondern das tägliche Leben wird sich so sehr verändern, weil ihr durch die Macht eurer Gedanken sehr viel mehr erschaffen könnt, als euch derzeit bewusst ist. Ihr könnt eure Lebensumstände mehr als nur beeinflussen, sondern ihr könnt euch das Leben, das ihr führen wollt, gedanklich zurechtzimmern und es dann in vollem Umfang leben. So sehr seid ihr dann durch die Macht eurer schöpferischen Gedanken befähigt, alles zu verwirklichen, was euch in den Sinn kommt. Euch ist erst dann bewusst, was ihr alles mit euren Gedanken anstellen könnt, wenn ihr am eigenen Leib erfahren könnt, was es bedeutet, solch ein mächtiges Werkzeug in eurem Kopf zu tragen. Ihr seid drauf und dran, die Zeit, die zwischen eurer Schöpfung und dem Erscheinen in der Realität vergeht, massiv zu verkürzen, und das Schauspiel findet bald statt, das euch die Macht eures Werkzeugs vor Augen führt. Ihr werdet dann sehr bald sensibilisiert werden für das, was ihr damit alles anstellen könnt – wichtig ist jedoch, dass ihr euch bewusst macht, dass dieses Werkzeug alle Möglichkeiten beinhaltet und dass ihr damit sehr sorgsam umgehen müsst. Jeder Gedanke neigt dazu, sich in der Realität zu zeigen, und daher muss er kontrolliert ausgesendet werden. Das könnt ihr derzeit noch nicht in dem Ausmaß, wie es dann später notwendig sein wird, um euch vor ungewollten Erschaffungen zu schützen. Ihr habt derzeit noch nicht die volle Kontrolle über eure Gedanken, doch wird euch diese bald zur Verfügung stehen, da die Beeinflussung von außen bald ein Ende finden wird. Dann sind eure Gedanken sehr viel weniger beeinflusst durch Umstände, die ihr derzeit noch nicht kontrollieren könnt. Diese Umstände werden sich mit dem Aufstieg egalisieren und dadurch wird es für euch leichter, diese Fähigkeit anzunehmen und voll zum Einsatz zu bringen.

Euer Leben wird von diesem Moment an ein ganz anderes sein, denn es wird euch allen so viel Freude bereiten, euch all das selbst herbeizudenken, was ihr gerade haben möchtet. Es wird euch sehr viel Freude bereiten, zu erkennen, dass ein schöpferisches Wesen nicht einfach nur ein Schicksal zu ertragen hat, sondern dass es sein Schicksal selbst bestimmen kann. So ist das Leben auf jeden Fall sehr viel angenehmer, als wenn man von außen bestimmt wird, wo andere bestimmen, was in eurem Leben geschehen soll. Ihr habt die Freiheit in euren Köpfen, und dann seid ihr das, was ihr schon immer sein solltet – ein freier Mensch – ein freier Schöpfer.

Euer Leben kann euch sehr viel mehr Freude bereiten als derzeit, das ist auf jeden Fall gewiss, sogar so viel mehr Freude, dass ihr vor Freude frohlocken werdet, wenn ihr ausprobiert habt, was ein Schöpfergeist alles ermöglicht. Bald jedoch wird dies nicht mehr nur eine fröhliche Entdeckung einer Fähigkeit sein, sondern es wird zum Alltagswerkzeug werden, das euch hilft, das Leben völlig neu zu gestalten und euch von jeglichen Einschränkungen, die ihr bisher hattet, zu befreien. Nutzt dieses Instrument dafür, das Leben für euch angenehm und anregend zu gestalten, und dann werdet ihr es genau so empfinden, wie ihr es euch erschaffen habt. Ihr habt alle Möglichkeiten, und ihr werdet sie nutzen lernen, und so seid ihr auf jeden Fall auf dem Weg zur Einheit mit Gott, denn diese Einheit ist zwar immer schon Bestandteil eures Daseins gewesen, doch seid ihr im Bewusstsein der Getrenntheit sehr weit von ihm abgekommen. Ihr werdet euren Weg zu ihm zurückfinden und auf diesem Weg die Erkenntnis erlangen, dass ihr nicht nur eine Einheit mit ihm bildet, sondern dass ihr ein Teil davon seid, und zwar ein sehr wesentlicher Teil, weil er die Aufgabe hat, die Schöpfung im Universum fortzuführen.

Das Leben hat nun die Änderung erfahren, die ihr euch gewünscht und bestellt habt. Es ist soweit, denn der Planet wird zum Stern und der Mensch wird vom Lebewesen zum Schöpfer. Das ist der gewollte und von Anfang an vorherbestimmte Weg der Menschheit. Die Gottheit Mensch wird auf der Erde zum Schöpfer, und das ist das Schönste, was euch allen noch bevorsteht!

Frage: Ich habe gelernt, dass ihr Engel uns in eurer Ausdrucksweise durch geringe Nuancen in der Formulierung stille Botschaften übermittelt, die man erst bei genauerem Hinsehen wahrnimmt. Mir fällt auf, dass du sagst, dass uns unser Leben sehr viel mehr Freude bereiten kann, sonst verwendest du häufig „wird" – welche Bedeutung hat dieses „kann"?

Antwort: Das bezieht sich auf eure aktuelle Stimmung, denn ihr könnt bereits heute sehr viel mehr Freude an eurem Leben empfinden, wenn ihr es nur zulasst. Ihr seid heute sehr getrübt von diversen Ereignissen in eurem Leben – ihr fühlt euch nicht wohl und denkt ständig an die guten Zeiten, auf die ihr euch freut, sofern es je welche geben wird. So sind eure Gedanken eher düster und voll Zweifel, und das kann auf Dauer nicht wirklich zum gewünschten Ergebnis führen. Nehmt euch in acht, denn eure Gedanken sind von nun an immer stärker euer Spiegel, und sie zeigen, was in euch vorgeht. Je negativer ihr eingestellt seid, desto negativer werden auch eure Gedanken sein, und je negativer diese sind, desto schlechter werdet ihr euch fühlen. Ihr seid es selbst, die durch ihre Gedanken entscheiden, wie sie sich fühlen. Nehmt euch das zu Herzen, denn sie werden immer schneller Realität werden, und je mehr ihr negativ bleibt, desto schneller werden die Umstände eintreten, die euch in eurer Negativität bestätigen. Also seid wachsam und kehrt zurück auf einen positiven Weg und ändert eure Einstellung zu euch selbst und zu eurem Leben, denn das ist die wichtigste Aufgabe, die ihr alle zu erfüllen habt, bevor ihr die neuen Möglichkeiten voll auskosten könnt.

Frage: Gemäß deiner Schilderung haben wir derzeit noch nicht die volle Kontrolle über unsere Gedanken – die Beeinflussung von außen ist derzeit noch präsent. Wodurch sind unsere Gedanken im Augenblick noch beeinflusst, was können wir derzeit noch nicht kontrollieren?

Antwort: Die Welt hat derzeit noch einen Bremsfallschirm, was eure schöpferischen Gedanken anbelangt, denn ihr seid derzeit mit euren

Gedanken noch zu wenig achtsam, und daher müssen wir euch etwas zurückhalten mit der Erschaffung eurer Realität. Ihr würdet euch zu sehr selbst schaden, und das können wir nicht zulassen. Die Trägheit eurer aktuellen Schwingungsfrequenz verursacht diese Verzögerung im zeitlichen Ausmaß, damit ihr zwischenzeitlich die Korrektur vornehmen könnt. Ihr habt diese Beeinflussung derzeit nicht wahrgenommen, doch müsst ihr zur Kenntnis nehmen, dass dies mehr und mehr abnimmt und eure Gedanken immer schneller in die Realität gelangen und dadurch für euch immer schneller die Ergebnisse eures Denkens zu beobachten sein werden. Nehmt dies als wichtigen Hinweis, dass euch diese Erscheinungen sehr bald und mit enormer Geschwindigkeit überrollen könnten, sofern ihr nicht beginnt, eure Gedanken zu zügeln und zu kontrollieren.

Frage: Es gibt Milliarden von Menschen auf der Erde – jeder für sich hat viel Erfahrung und Weisheit über die Inkarnationen hinweg angesammelt – wie können wir unsere Weisheit bündeln bzw. wie können wir unsere schöpferischen Gedanken bündeln?

Antwort: Wir können euch dieses Instrument nicht im Detail beschreiben, denn es ist ein Instrument des Gemeinsamen, das euch dazu führen wird, eure Weisheit und eure Gedanken zu bündeln. Es ist für euch ein völlig neues Instrument, das ihr erst kennenlernen werdet und das euch derzeit nicht vorstellbar ist. Es wird aus dem Gefühl der Gemeinsamkeit geboren, das ihr im Augenblick ebenfalls nur sehr schwach entwickelt habt. Ihr könnt dies aber sehr bald besser verstehen, wenn die Einheit der Menschheit im Bewusstsein stärker ausgeprägt ist. Dies geschieht dauernd, und dadurch wird diese Fähigkeit immer mehr in euch wachgerufen, damit ihr die Bündelung aller Weisheiten und aller Gedanken zur Erschaffung neuen Lebens einsetzen könnt. Ihr seid dann alle dazu in der Lage, ohne zu wissen, warum und wie genau es funktioniert – es funktioniert einfach.

Frage: Ist dies somit eine der weiteren neuen Fähigkeiten, die wir im Zuge des Aufstiegs erlangen werden?

Antwort: Ja, genau das ist sie, und sie wird euch sehr nützlich sein, denn damit habt ihr die absolute Gewissheit, dass alle eure Überlegungen in vollem Umfang dem höchsten göttlichen Maß entsprechen – das wird euch in eurer Arbeit bestätigen. Dieses Bewusstsein der Einheit birgt diese Fähigkeit in sich, und damit ist die Göttlichkeit in euch voll zum Ausdruck gebracht. Wenn ihr es zu spüren beginnt, dann seid ihr bereits eins mit allen Menschen und mit eurer Göttlichkeit.

Das Leben beginnt sich zu wandeln

Wenn sich das Leben wieder beruhigt hat, dann haben die Menschen verstanden, dass sie im neuen Zeitalter angekommen sind. Die hektische Zeit hat ihr Ende gefunden, und alle Menschen finden langsam, aber sicher in ihre Mitte zurück, sofern sie durch die Umstände des Wandels aus dem Gleichgewicht gebracht wurden. Diese Mitte ist jedoch jetzt eine ganz andere, als sie zuvor war, denn in dieser Mitte schlummert jetzt statt der Angst nicht nur die Zuversicht, sondern das Bewusstsein, dass alles zu einem ganz bestimmten Zweck geschehen ist – dem Zweck der Schaffung einer hohen Einheit der Menschen untereinander und mit der Natur und dem Planeten Erde. Diese Einheit ist dann geschaffen worden, und alle fühlen sich untereinander sehr stark verbunden. Es ist soweit – die Menschen haben verstanden, dass sie jetzt ein ganz anderes Leben führen werden als früher, und schon beginnt sich der Wandel in allen Bereichen des Lebens zu zeigen. Alle Bereiche werden von den Menschen neu strukturiert und sie beginnen, ihre Einheit überall zu leben.

So stark sind die Veränderungen, dass sie kaum glauben können, dass es einmal möglich war, ein ganz anderes Leben in der Getrenntheit zu führen. So stark ist die Einheit, dass sich die Menschen nicht nur miteinander verbunden fühlen, sondern dass sie es auch tatsächlich durch ihr Bewusstsein sind und sich ein starkes Gefühl der dauerhaften Verbundenheit einstellt. Dadurch wird diese Verbundenheit täglich stärker und intensiver und man kann förmlich die Gedanken der anderen wahrnehmen und erkennen, so stark ist die Verbindung geworden und so stark ist die Schwingung angestiegen, die dies ermöglicht. Ihr seid dann in einer neuen Dimension der Schwingung angelangt, und diese höhere Frequenz wird vieles viel einfacher für euch machen.

Es wird euch in allen Bereichen des Lebens sehr viel einfacher fallen, die Ergebnisse zu erzielen, die ihr haben möchtet, denn die Unterstützung durch die andern Menschen und die Unterstützung durch die höhere Schwingung, die euch bei der Erschaffung von schöpferischen Gedanken behilflich ist, wird euch viele neue Möglichkeiten eröffnen – neue Möglichkeiten, wie z.B. die Erschaffung von Lebensumständen, die euch sehr viel angenehmer sind, als ihr sie bisher erdulden musstet. Alle weiteren Anwendungen eurer schöpferischen Gedanken werdet ihr dann von selbst erlernen, denn diese Gedanken können wahrlich einen ganz großen Schatz für euch hervorbringen; einen Schatz, den ihr bitte nicht mit euren materiellen Schätzen vergleichen sollt, sondern einen Schatz, der auf der Basis des wunderbaren Lebens in göttlicher Form zu finden sein wird.

Die Menschen werden sich von nun an ganz anders fühlen, als sie es bisher gewohnt waren, denn die innere Unzufriedenheit mit allen aufgesetzten und vom Geld dominierten Systemen hat euch schwer geprägt. Doch damit ist endgültig und für alle Zeit Schluss – ihr habt die Freiheit bekommen, euch alles selbst zu erschaffen, was euch in den Sinn kommt, und ihr habt die Freiheit bekommen, euer Leben dem zu widmen, was ihr euch zu Beginn eurer Inkarnation vorgenommen habt. Das ist die wahre Freiheit des Menschen – die Erschaffung seines eigenen Lebens und der Umstände, die er für sich selbst haben möchte, und die Freiheit, die die Schöpfung jedem Lebewesen zugetragen hat.

Dieses neue Leben habt ihr wahrlich verdient, denn die lange Zeit der Einschränkungen war für viele äußerst schwer erträglich, denn die Widerstände dagegen haben sich immer mehr in eurer Psyche gezeigt und euch schwer belastet. Zur Heilung dieser vergangenen Umstände habt ihr euch bereits zusammengetan und darüber ausgetauscht, wie diese auf energetischer Basis ausgeheilt werden können. Ihr setzt euch einfach zusammen und sprecht über eure Erfahrungen und nehmt diese auf in euer Herz und transformiert dort mithilfe der Violetten Flamme alle Ereignisse, die euch so sehr belastet und geprägt haben. Alles wird geheilt, und alles kann sich von nun an in Wohlgefallen auflösen. Übrig bleibt nur noch die Weisheit, die ihr aus den Ereignissen gewonnen habt. Alles andere ist verziehen und geheilt.

Frage: In den vorausgegangenen Büchern wurde uns gesagt, dass in Zukunft Krankheiten und Unfälle eher die Ausnahme sein werden. Manche Menschen glauben, dass die Verjüngung bzw. das ewige Leben möglich ist. Wie verhält sich dies nach dem Übertritt wirklich?

Antwort: Die Menschen haben durch den Aufstieg nicht das ewige Leben gepachtet – das Leben wird nach wie vor vergänglich bleiben, denn das ist ja die Besonderheit des Lebens, dass es eben vergänglich ist und über die Verwandlung zu Wachstum führen kann bzw. soll. Das Leben wird viel an Dramatik verlieren, doch bleibt das Ende unverändert. Das Leben ist auf Zeit, und wie lange es dauern wird, ist offen – es hängt immer von der jeweiligen Entwicklung des Einzelnen ab – ihr werdet es sicherlich sofort wissen, wenn die Zeit gekommen ist, die Inkarnation zu beenden. Da gibt es einen klaren Prozess, der heißt Abschied, und dieser geht dann häufig über eine längere Zeit, denn ein Mensch wird sein Leben dann nicht mehr als plötzlich beendet sehen, sondern er weiß, dass es in veränderter Form weitergeht und niemals endet. Somit gibt es die Angst vor dem Ende nicht mehr, und wenn sich jemand verabschieden will, dann wird er dies spüren und sich darauf vorbereiten, seine sterbliche Hülle zu verlassen. So ist der Tod keine dramatische Sache mehr, sondern ein ganz normaler Prozess des Übertritts in eine andere Sphäre. So ist das Leben dann nicht mehr beendet, wie ihr es empfindet, sondern es ist lediglich verändert. Unfälle und Krankheiten sind dann zwar nicht mehr so stark an der Tagesordnung wie jetzt, doch werden sie nicht ganz von der Bildfläche verschwunden sein, und das Leben könnte auch länger dauern als bisher, weil die krankmachenden Faktoren nicht mehr vorhanden sind. Euer Leben ist dann viel gesünder und weniger hektisch, doch hat es trotzdem ein Ablaufdatum, und das war von Anfang an so gewollt.

Frage: Würdest du uns bitte über die Violette Flamme aufklären, woher sie kommt, wie wir zu ihr kommen und sie richtig anwenden?

Antwort: Die Violette Flamme ist die Flamme der Transformation – sie ermöglicht das Transformieren aller belastenden Ereignisse. Ihr könnt diese Flamme ganz einfach durch eure Gedanken in euer Herz implementieren, und dort könnt ihr dieser Flamme den Raum geben, den sie braucht, um alle Ereignisse dort zu transformieren, und dadurch werdet ihr von den Umständen völlig geheilt. Alle belastenden Ereignisse könnt ihr dadurch von euch weisen und nur die Erfahrungen bzw. die Weisheit daraus behalten. Die energetische Belastung verschwindet und weicht von euch. Das wird vielen Menschen sehr helfen, denn die Transformation der Energien, die darin verhaftet sind, wird viel Erleichterung bringen und zur Gesundung vieler Menschen beitragen.

Die Zukunft – und was
unmittelbar notwendig ist

Wenn wir von der Zukunft sprechen, dann meinen wir in diesem konkreten Fall nicht die unmittelbare Zukunft, die ihr in den nächsten Wochen und Monaten zu erwarten habt, sondern wir sprechen von einer Zeit, die viele Jahre in der Zukunft liegt. Eine Zeit, die manche ältere Menschen möglicherweise nicht mehr erleben werden, deren Kinder und Enkel jedoch mit Bestimmtheit. Diese Zeit birgt eine Menge an Neuerungen, die auf die gesamte Menschheit zukommt. Diese Neuerungen fußen letztlich alle auf den Veränderungen, die durch den Aufstieg in die nächst höhere Dimension ermöglicht worden sind.

Zu jener Zeit werden die Menschen die Aufstiegserscheinungen schon lange verdaut haben und sich bereits mit all den neuen Möglichkeiten angefreundet haben, die ihnen die höhere Schwingung und ihre neu gewonnene völlige Freiheit ermöglichen. Diese Zeit ist dann geprägt von vielen anderen Ereignissen, die auf die Menschheit warten. Es geht darum, die Erde in ihrer vollen Bedeutung zu verstehen, denn die Zeit mahnt euch jetzt bereits, auf euren Planeten viel mehr achtzugeben und ihm viel mehr Aufmerksamkeit zu schenken, als ihr es bisher getan habt. Euer Planet ist geschaffen worden, um euch Menschen eine Heimat und Nahrung zu geben, die ihr für euren vergänglichen Körper benötigt. Ihr seid auf die Erde gekommen, um hier das Leben zu erlernen und eine Entwicklung durchzumachen, die euch zu dem macht, was man einen „lebenden Schöpfer" nennen kann. Ihr solltet dies so verstehen, dass ihr auf der Erde seid, um die größtmögliche Vollkommenheit zu erlangen, die man als Schöpfer haben kann. Diese Schule in Vollkommenheit habt ihr durchlaufen und seid auf einem sehr hohen Niveau angelangt, wenn der Aufstieg und die grundlegenden Veränderungen abgeschlossen sind. Dieser Aufstieg war für euch alle eine große Anstrengung und ihr habt im Zuge dessen sehr viel dazugelernt und könnt euch auf neue Erfahrungen stützen, die euch als Schöpfer sehr zugutekommen. Solche Erfahrungen kann man eben nur in einem Aufstiegsszenario machen, denn so geballt werdet ihr lange nicht mehr so viele Neuerungen erfahren können wie in diesem kurzen Zeitraum, der jetzt unmittelbar auf euch wartet.

Dieses Szenario bietet euch eine Unmenge an Erfahrungen – und die Ausweitung eures Bewusstseins ist letztlich die Krönung dieses Aufstiegs, denn dadurch wird erst die volle Tragweite eures bisherigen Lebens erkennbar. Ihr blickt auf eine Welt zurück, die euch als Erfahrungswelt diente, was euch erst im Nachhinein so richtig zum Bewusstsein kommt. Euer Bewusstsein der Einheit lässt euch die vergangenen Ereignisse mit völlig anderen Augen sehen und dadurch könnt ihr so viel aus ihnen mitnehmen, was euch bei eurer schöpferischen Arbeit sehr hilfreich sein wird. Ihr seid auf der Erde, um eure schöpferischen Fähigkeiten auszuprobieren – ihr seid in dieser Zeit da, um euren Verstand und eure schöpferischen Gedanken miteinander zu vereinen und darüber die Zukunft des Universums zu beeinflussen. Eure Gedanken sind mächtig, und je mehr ihr sie untereinander bündelt, desto mächtiger sind sie und desto weiter reicht die Tragweite eurer Schöpfung. Die Macht steigt durch die Bündelung eurer Intentionen, und je mehr ihr alle daran mitarbeitet, desto stärker wird das Ergebnis auch tatsächlich in die Realität gelangen. Ihr seid auf dem Weg in eine Zeit, wo die Menschen ihre gemeinsamen, geplanten Schöpfungen in allen Einzelheiten sehr genau betrachten, bevor sie sie in die Realität bringen. Diese Zeit ist für jene Menschen, die sich dazu entschließen, als Schöpfer tätig zu werden, eine äußerst lehrreiche und spannende, denn die Bündelung der Erfahrungen und die Bündelung der schöpferischen Fähigkeiten sind eine Macht wie selten eine im Universum.

Eure neue Welt wird von der derzeitigen nicht zu unterscheiden sein, wenn ihr verstanden habt, dass gewisse Möglichkeiten bereits heute vorhanden sind, auch wenn deren Ausmaß eingeschränkt ist. Ihr werdet diese Welten nicht unterscheiden können, wenn ihr es zulasst, dass ihr jetzt bereits die Einheit lebt. Doch wenn ihr die Einheit derzeit außer Acht lasst, dann startet ihr in eine völlig neue Welt, und die wird euch im Vergleich zur derzeitigen sehr viel besser gefallen. Ihr habt diese Welt so gewollt, doch ihr könnt es auch schon viel früher so haben, wenn ihr eure Gedanken auf das konzentriert, worum es auf der Erde wirklich geht. Nehmt diese Aussicht auf die neuen Aufgaben ernst und seht zu, dass ihr diese bereits im Vorfeld übt, denn eure gemeinsamen Gedanken sind bereits heute sehr mächtig. Nutzt sie und macht euer Leben sehr viel einfacher und schöner für euch alle. Derzeit sind sie noch etwas eingeschränkt, doch in nur sehr kurzer Zeit werden die Fähigkeiten an die Oberfläche treten und euch allen zur Verfügung stehen. Seht es gelassen und freut euch auf die Entdeckung, dass die Welt einen ganz anderen Sinn hat, als ihr derzeit glaubt. Ihr seid alle aufgefordert, das Leben mit anderen Augen zu betrachten, denn die Aussicht auf die nahe Zukunft sollte euch dazu veranlassen, das derzeitige Leben viel lockerer und gelöster zu sehen und euch lediglich auf eure wahre Aufgabe zu konzentrieren – das Sammeln von Erfahrungen und das Ausleben eurer Phantasien. Ihr seid schöpferische Wesen und dürft eurem Geist keine Barrieren auferlegen, denn sonst kann er sich nicht voll entfalten. Räumt diese Barrieren in eurem Kopf zur Seite und gebt euren Gedanken jetzt schon freien Lauf, denn dann wird es euch viel leichter fallen, euer Leben in der neuen Dimension von Anfang so zu gestalten, wie es euch gefällt.

Die Menschen von heute sind immer noch die gleichen, wenn sie in der neuen Welt angekommen sind. Der Planet ist immer noch der gleiche, wenn er in der neuen Zeit angekommen ist, das Universum ist immer noch das gleiche, wenn ihr in der neuen Zeit angekommen seid. Nichts hat sich grundsätzlich geändert, doch solltet ihr verstehen, was genau alles auf euch zukommt. Dieses Verstehen ist wichtig, denn es fällt euch damit sehr viel leichter, als ihr es derzeit glaubt. Das neue Leben ist für euch kein Honiglecken, wenn ihr glaubt, dass alles von selbst passiert – ihr müsst alle aktiv an euch arbeiten, damit euch dieses neue Leben von Anfang an gefällt. Ihr alle müsst insofern mitmachen, indem ihr alle eure Gedanken in positive Gedanken umwandelt. Ihr müsst Abstand nehmen von eurer negativen Denkweise, denn das wird euch dann schon sehr bald auf den Kopf fallen. Nehmt eure Gedanken zurück und blendet all die negativen Gedanken aus, vergesst, dass euch jemals jemand Schaden zugefügt hat, denn er wollte es nicht deshalb tun, um euch zu schaden, sondern er wollte es tun bzw. hat es getan, weil er es von euch aufgetragen bekommen hatte. Er hat den Auftrag erhalten, damit ihr aufgrund seines Handelns die Chance bekommt, dieses Erlebnis zu verarbeiten und die Erfahrungen daraus zu ziehen.

Das Fehlen eures Verständnisses für diesen Umstand ist die Ursache dafür, dass ihr alle so viel Hass und Gedanken der Vergeltung entwickelt habt. Ihr glaubtet, dass so etwas ein willkürlicher Akt des Schädigens sei, und daher glaubtet ihr, dass ihr es vergelten müsst. Die Konsequenzen daraus waren enorm, denn ihr habt alle diese vielen Gedanken produziert, die das Leben für alle enorm schwer gemacht haben. Und diese Gedanken sind euch so sehr zur Gewohnheit geworden, dass ihr in allen Menschen grundsätzlich eine Bedrohung seht, und daher habt ihr begonnen, euch von den anderen abzuschotten und gegen sie zu arbeiten, denn eine Bedrohung sollte möglichst vernichtet werden – so sagt euch dies zumindest euer Verstand. Ihr habt dabei aber ganz vergessen, dass ihr durch die Art des Denkens so viel negative Energie ausgesendet habt, dass sie jetzt immer stärker zu euch zurückkommt und ihr euch kaum noch der vielen Angriffe aller Menschen erwehren könnt, denen ihr durch Machtausübung Schaden zugefügt habt. Ihr solltet euch diesen Umstand einmal genauer ansehen, denn je eher ihr versteht, was sich in dieser Spirale der Negativität abspielt, umso eher könnt ihr daraus aussteigen.

Die Welt, in der ihr bald leben werdet, ist eine Welt, in der es keine Vergeltung mehr gibt, und daher solltet ihr auch aufhören, alles, was euch angeboten wird, zu be- und zu verurteilen. Denn ich urteile bzw. verurteile nur dann, wenn es die Option der Vergeltung gibt. Je mehr ich über Vergeltung nachdenke, desto eher werde ich auch urteilen bzw. verurteilen, was andere Menschen tun oder unterlassen.

Seht alles wertfrei und seht euch als einen Teil des Ganzen, und dieses Ganze sollte möglichst bald auf den Weg kommen, um diese Einheit nicht nur zu verstehen, sondern um sie zu leben. Ihr könnt dies bereits heute tun, und doch fällt es euch so schwer. Die Welt ist für euch so geschaffen worden, damit ihr solche Umstände alle einmal voll und ganz durchleben und dadurch erkennen könnt, dass es einen Ausweg aus der Spirale der Gewalt und der Machtausübung gibt. Nehmt diese Gelegenheit wahr und macht euch bewusst, dass es nicht ums Vergelten geht und dass es auch nicht ums Übervorteilen des Einzelnen geht, sondern letztlich um ein gemeinsames Ziel, und dieses Ziel heißt: durch Erfahrung zu wachsen und über das Wachstum zu einem gemeinsamen, großartigen Schöpfungsauftrag zu gelangen. Darum geht es in Wahrheit – nicht um die banalen Vergeltungsaktionen, die ihr in eurem täglichen Leben beobachtet, erleidet und selbst ausführt.

Nehmt dies zum Anlass, endlich damit aufzuhören, euren Nächsten als einen Feind anzusehen oder ihn als Bedrohung für eure Existenz zu empfinden. Hört auf damit, denn er will letztlich nichts anderes als ihr auch – er will in Frieden und Freiheit leben und verhält sich nur deshalb so, weil er nicht verstanden hat, was das eigentliche Ziel seines Daseins ist. Ihr solltet ihn dazu überreden, sich das Leben einmal aus einem ganz anderen Blickwinkel anzusehen, dann wird er bald verstehen, was es bedeutet, nicht mehr alleine gegen alle zu kämpfen, sondern miteinander zu gestalten. Darum geht es letztlich, und das müssen die Menschen verstehen lernen, damit sie sich von den bisherigen Verhaltensmustern verabschieden können. Nehmt dies zum Anlass, um mit allen Menschen, die euch auf die bisherige Art begegnen, ein Gespräch zu führen, und klärt sie über ihr Verhalten und die Folgen auf – lehrt sie die Situation aus einem anderen Blickwinkel zu betrachten, und sie werden bald verstehen, was ihr damit zum Ausdruck bringen möchtet.

Geliebte Menschen auf der Erde, dies ist eine Aufforderung an euch alle! Hört auf damit und betrachtet euch als einen Teil des Ganzen – hört auf damit zu urteilen und nehmt zur Kenntnis, wer ihr seid, und nehmt zur Kenntnis, was ihr schon immer hier auf der Erde tun solltet. Hört auf damit und seht euch als Teil des Schöpfers und euch alle zusammen als den Schöpfer von allem, was ist. Ich sage euch dies in aller Deutlichkeit, denn ihr müsst es verstehen, sonst wird für euch die nächste Zeit sehr schwer zu begreifen sein – nehmt dies alles an und versteht euch als das, was wir euch hier zu vermitteln versuchen. Nehmt es an, denn es bleibt euch nicht mehr viel Zeit, um euer Verständnis eurer selbst abzuändern. Nehmt es an und verinnerlicht all die Informationen, die euch hier zur Verfügung gestellt werden.

Alles wird in Ordnung sein, wenn es geschafft ist

Die Welt wird sich nach dem erfolgten Aufstieg, wie bereits erwähnt, sehr schnell normalisieren, und die Menschen beginnen sich von den Strapazen der vergangenen Zeit zu erholen. Dies ist auch gut so, denn das Szenario des Aufstiegs hat mächtig Eindruck gemacht und Spuren hinterlassen.

Die Welt wird vom Aussehen her keine grundlegende Veränderung erfahren – das bedeutet, dass euer Umfeld wie gewohnt sein wird, doch die darin verborgenen Details werden sich ganz anders anfühlen als bisher und darin steckt die große Veränderung dieser Zeit. Es werden euch so viele Kleinigkeiten auffallen, die sich für euch ganz anders als bisher anfühlen, weil sich die Welt in ihrer Wahrnehmung verändert hat. Alles wird viel intensiver wahrgenommen und die Prioritäten verschieben sich grundlegend. Alles bekommt eine ganz andere Qualität als bisher, denn die Angst und der Kampf ums Überleben sind endgültig abhanden gekommen. Ihr habt die Qualitäten dann erstmals so richtig im Detail vor Augen und könnt euch hineinfühlen in die neue Welt, die euch so viele Möglichkeiten gebracht hat. Ihr könnt dies umgehend erkennen, wenn ihr hinausgeht und einmal wahrnehmt, wie sich diese Freiheit anfühlt. Es ist für euch eine große Erleichterung, denn die Zeit davor hat es wirklich in sich gehabt. Ihr seid dann zurückgekehrt in eure innere Ruhe, in eure innere, friedliche Grundatmosphäre, die ihr immer schon gehabt oder sie euch zumindest gewünscht habt. Diese Ruhe ist wunderbar, wenn auch völlig ungewohnt, denn plötzlich gibt es diesen Druck nicht mehr, der euch so lange begleitet hat. Er ist einfach verflogen, und zurückgeblieben ist nur eine innere Ruhe, eine innere Zufriedenheit und eine Gelassenheit sonderbaren Ausmaßes.

Es wird euch alles ein bisschen ungewohnt vorkommen, doch die Welt ist trotzdem die gleiche geblieben. Holt euch in Erinnerung, wie es zuvor gewesen ist, und vergleicht die Qualitäten der neuen Zeit – holt euch in Erinnerung, was euch alles belastet hat und was ihr alles erhalten habt, wenn ihr euch etwas in den Kopf gesetzt hattet. Bisher gab es hier unzählige Grenzen und Hürden, die ihr erst überwinden musstet, und das hat euch von so vielen Erlebnissen und Möglichkeiten abgehalten, doch plötzlich habt ihr eine völlig andere Qualität, und die bringt im ersten Schritt mit sich, dass ihr völlig frei agieren könnt und euch nichts und niemand mehr einschränkt, außer ihr tut es selbst.

Es wird euch allen zuerst, wie gesagt, etwas komisch vorkommen, denn ihr seid es nicht gewohnt, so frei agieren zu können – es wird euch allen sehr befremdlich vorkommen, dass es plötzlich keine verrückte Welt mehr gibt, wie ihr sie so oft bezeichnet habt, denn eure Welt ist zurückgekehrt in den Normalzustand, bevor die Dualität voll zugeschlagen hat. Der Zustand der Getrenntheit, den ihr so lange durchlebt habt, war für euch sehr prägend, und deshalb müsst ihr dies erst einmal verarbeiten und die neuen Qualitäten erst einmal auf euch wirken lassen, denn sie waren so lange vor euch verborgen, und jetzt stehen sie ganz aufrecht und ganz klar und deutlich vor euren Augen, und sie sind in euch eingedrungen und haben euer Herz erreicht, um sich dort niederzulassen, damit ihr alle eure Möglichkeiten aus tiefstem Herzen wahrnehmen könnt.

In der Welt der Getrenntheit habt ihr so vieles verloren, was ihr jetzt auf einen Schlag wieder zurückbekommen habt. Ihr habt alle eure Freiheiten verloren, die einem schöpferischen Geist zustehen, und jetzt kehren sie alle auf einen Schlag wieder zurück, und das ist nicht nur sehr erfreulich für euch, sondern es ist ein wahres Glücksgefühl, das ihr unbedingt zum Ausdruck bringen möchtet. Dieses Gefühl ist so stark, dass es euch aus eurem tiefsten Herzen ein Bedürfnis ist, all das mit euren Mitmenschen zu teilen und gemeinsam zu verarbeiten, was alles passiert ist und welche Möglichkeiten sich jetzt für euch auftun. Ihr habt es geschafft, und es wird euch mehr als nur gefallen, in dieser neuen Zeit zu leben. Ihr könnt euch jetzt schon freuen und diese wunderbare Zeit in geringerem Ausmaß bereits jetzt vorwegnehmen, wenn ihr euch gedanklich nur darauf einstimmt, denn dann ist es heute bereits viel einfacher für euch, all das noch durchzustehen, was kommt, bis die volle Transformation abgeschlossen ist.

Es wird euch allen gefallen, wenn ich euch mitteile, dass die Erde darauf wartet, dass ihr eure Möglichkeiten wiederentdeckt und beginnt, diese in vollem Umfang auszuprobieren und auszuleben. Die Erde wartet auf euch, denn sie hatte ihren Auftrag von Anfang an klar definiert und es darauf abgesehen, mit euch gemeinsam die göttliche Schöpfung voranzutreiben – sie ist darauf eingestimmt, dass sie die Schöpfer auf sich beheimatet und dass sie dafür sorgen soll, dass diese Schöpfer ein wunderbares Umfeld bekommen, um mit ihr gemeinsam diesen schöpferischen Auftrag zu erfüllen. Alle werden diesen Auftrag sehr gerne annehmen, denn es gibt keinen schöneren Auftrag, als auf der Erde dafür zu sorgen, dass das Leben seinen Lauf nehmen kann.

Es ist für euch alle eine große Herausforderung, all dies anzunehmen und zu akzeptieren, dass ihr göttliche Wesen seid – das ist uns allen bewusst, denn die lange Zeit der Dualität hat euch klar und deutlich vor Augen geführt, dass dies nicht möglich ist. Doch diese Dualität hatte ihren Zweck, und genau deshalb musstet ihr vergessen, wer ihr seid, und genau deshalb durftet ihr jetzt wieder erfahren, was in Wahrheit euer Auftrag hier auf der Erde ist. Nehmt ihn an und freut euch über diesen Umstand, denn es kann nichts Besseres für euch geben, als dass ihr erkennt, wer ihr seid und warum ihr eigentlich so lange auf der Erde ein Leben geführt habt, das von gewissen Ereignissen geprägt war und euch immer wieder an die Grenzen des Machbaren gebracht hat. Diese Grenzen sind jetzt aufgehoben und ihr seid frei in eurer Entfaltung – tut dies nun und erfreut euch an eurem Auftrag, denn es ist der beste, den ihr bekommen konntet – mehr gibt es auf der Erde nicht zu erfüllen, denn der göttliche Auftrag ist der allerhöchste im Universum.

Los geht's

In der Neuen Zeit habt ihr ganz andere Interessen als bisher, denn die bisherige Gesellschaft hat euch zwar mit Informationen versorgt, doch waren diese immer mächtig gefiltert und manipulativ. Jetzt seid ihr völlig unbeeinflusst, denn nichts als die wahre Realität steht euch zur Verfügung, denn ihr braucht nicht unbedingt eine Nachrichtensendung, um zu den aktuellen Informationen zu kommen, die ihr haben möchtet. Ihr seid alle gefordert, euch von nun an mit ganz anderen Möglichkeiten der Information zu beschäftigen. Information ist bisher ein Machtmonopol gewesen, und man hat euch nur das weitergegeben, was für euch entsprechend einseitig aufbereitet war, damit ihr die andere Seite der Medaille nicht zu sehen bekamt. Dies hat ein Ende gefunden und es kommt alles ungefiltert auf euch zu. Ihr braucht auch nicht unbedingt euren Fernseher einzuschalten oder euer Radio zu hören, um an die neuesten Informationen zu gelangen. Ihr seid alle miteinander verbunden, und ihr könnt eure Fähigkeit, auf telepathischer Ebene miteinander zu verkehren, voll und ganz nutzen. Die Schwingung der Neuen Zeit fördert diese Art der Kommunikation über größere Entfernungen, und ihr werdet lernen, dies alles jederzeit anwenden zu können. Es wird dadurch eine Art Netzwerk entstehen, aus dem ihr laufend alle Informationen empfangen könnt, die euch interessieren. Dieses Netzwerk ist so umfangreich, dass ihr gezielt danach suchen könnt, was euch interessiert, und daraus entsteht eine wunderbare Informationstankstelle, worin alles Wissen gespeichert ist. Benutzt dieses Instrument, um das herauszunehmen, was für euch von Interesse ist. Sucht euch diese Informationen heraus, denn es gibt so viele, die ihr nicht alle aufnehmen könnt. Ihr werdet daraufhin alle zusammen so viele Möglichkeiten haben, euer Wissen auszutauschen, dass es jedem Einzelnen eine Freude sein wird, in diesen großen Pool der Informationen selbst sein Wissen hineinzustellen. Ihr könnt euch nicht vorstellen, wie dies funktioniert, denn es ist eine sehr einfache Methode, die dazu führt, dass ihr alle zu jeder Zeit einfach alle Informationen abrufen könnt.

Diese telepathischen Fähigkeiten können euch alle Informationen in Bild und Ton samt allen Gefühlen, Gerüchen und Geräuschen übermitteln, die damit in Verbindung stehen. Dies ist eine wunderbare Gelegenheit, um das Leben an allen Orten der Welt nachempfinden zu können, ohne dort gewesen zu sein. Diese Fähigkeit steht euch allen uneingeschränkt zur Verfügung, denn die neue Schwingung unterstützt dies durch ihre lineare Ausbreitung, und ihr könnt euch mit Gewissheit auf die Informationen verlassen, die ihr auf diese Weise empfangen könnt. Ihr seid alle in ein Netzwerk eingebunden, das euch die Gelegenheit gibt, eure Gemeinsamkeit über weite Strecken und große Distanzen aufrechtzuerhalten. Dieses Netzwerk ist das göttliche Gedankennetzwerk, das euch ab diesem Zeitpunkt vollständig zur Verfügung steht.

In dieser Neuen Zeit könnt ihr alle bisherigen Informationsmedien nicht mehr wirklich gebrauchen, denn sie sind für euch nicht mehr zeitgemäß. Alles, was dann noch zählt, ist dieser große Teich an Informationen, der laufend aktualisiert wird, weil jeder dazu beiträgt und jeder seine unmittelbare Wahrnehmung und seine direkten Erkenntnisse allen zur Verfügung stellt. Diese Möglichkeit ist so umfassend, dass ihr es mit eurem Internet vergleichen könnt, doch braucht ihr dafür keinen Computer mehr, denn die Informationen stehen jederzeit allen Menschen ohne technische Hilfsmittel zur Verfügung. Ihr könnt aus diesem Netzwerk alles beziehen, was euch gerade interessiert und die damit verbundenen Fähigkeiten bekommt ihr alle nach und nach im Zuge des Aufstiegs. Ihr werdet es erkennen können, indem ihr rein zufällig darauf stoßt, denn die Umstellung in euren Köpfen schaltet bei allen Menschen diese Fähigkeit frei, und immer mehr Menschen werden darauf zurückzugreifen beginnen, und das bereits vor dieser Zeit des großen Umbruchs.

Frage: Im Internet gibt es weltweit unzählige Server, die als Datenspeicher und Verteilerstellen fungieren – wie können wir uns die Speicherorte des Wissens anderer Menschen oder Gruppen von Menschen vorstellen, wenn wir durch Telepathie an dieses Wissen gelangen möchten?

Antwort: Es wird euch der Zugang zu diesem Gedankennetzwerk sehr leicht fallen, denn dieses Wissen ist nicht nur in den Köpfen der Menschen gespeichert, sondern alles Wissen steckt in den Kristallen und dort speichert sich alles, was jemals auf der Erde vorgefallen ist. Dieses Wissen ist dann dort abgelegt und für alle freigegeben, somit könnt ihr diese Daten jederzeit an jedem Ort der Erde abrufen.

Frage: Wie kann man Telepathie am besten und schnellsten erlernen, und ist es sinnvoll, bereits jetzt damit zu beginnen?

Antwort: Die Menschheit hat bereits heute grundsätzlich die Fähigkeit dazu; das Einzige, was euch daran hindert, ist, dass ihr darin nicht geübt seid. Ihr könnt diese Technik benutzen, unabhängig von jeder Zeit, denn alles ist miteinander verbunden – das war schon immer so, und das wird auch immer so bleiben, und somit braucht ihr eure Verbindung nur zu realisieren und euch darauf einzustimmen und natürlich in eurer Tätigkeit nicht locker zu lassen, bis sich die ersten Erfolge einstellen. Übt es einfach, auch wenn es etwas Zeit braucht, bis die ersten Informationen über diese Dauerverbindung ankommen. Übt es und ihr werdet sehen, dass ihr Fortschritte macht. Beginnt einfach nur mit Symbolen oder Bildern zu arbeiten, übertragt sie von euch zu einem anderen Menschen, der mit euch gemeinsam übt. Die Distanz zwischen einander spielt keine Rolle, denn Gedanken brauchen keine Distanz zu überwinden, denn der Raum ist ja nur ein Konstrukt eurer Phantasie. Ihr braucht dies nur zu üben und ihr werdet sehen, dass ihr über kurz oder lang Fortschritte macht. Die neue Energie ist dann natürlich noch besser für diese Tätigkeit, denn dann sind die Einschränkungen, die eure derzeitige Schwingung noch mit sich bringt, alle beseitigt. Ihr werdet sehen, dass es funktioniert, denn ihr tut es ja jetzt bereits, auch wenn es euch nicht bewusst ist. Jeder Anruf, der unmittelbar einem Gedanken folgt, ist auf Basis der Telepathie zustande gekommen. Nutzt dieses Instrument, denn ihr werdet künftig kein Telefon mehr brauchen.

Alles wird noch besser

Wenn ihr die alte Welt hinter euch gelassen habt, dann seid ihr voll und ganz in die Neue Zeit eingetaucht und habt euch ihr vollends geöffnet. Es fließen viele Neuerungen in euer Leben ein, und ihr beginnt euch langsam, aber sicher mit der neuen Energie anzufreunden. Dieser Prozess ist ein etwas länger dauernder, denn die Veränderungen sind dermaßen groß, dass es etwas Zeit brauchen wird, bis ihr alle eure neu gewonnenen Möglichkeiten in euer Bewusstsein aufgenommen habt und damit beginnen könnt, all dies im Detail auszuprobieren und in seiner ganzen Tragweite für euer Leben zu erkennen.

Es ist ein Prozess, den ihr alle miteinander durchlauft – niemand ist davon ausgenommen, und am besten schafft ihr dies eben gemeinsam, indem ihr viel darüber sprecht und gemeinsam ausprobiert, was euch alles jetzt zur Verfügung steht, was ihr bisher noch nicht gekannt habt. Arbeitet zusammen an dieser Veränderung, denn dann fällt es euch viel leichter, als wenn ihr alleine seid. Geht hin zu euren Mitmenschen und sprecht über all das, was euch in den Sinn gekommen ist und wovon ihr Kenntnis erlangt habt, damit sie es einerseits erfahren und ihr andererseits im Austausch gemeinsam daran arbeiten könnt. Es ist das ein wichtiger Ablauf, denn so gelangt ihr zu einem besseren Verständnis eurer neu gewonnenen Zusammengehörigkeit. Ihr solltet euch die Zeit nehmen, alles Revue passieren zu lassen, damit all die Veränderungen nicht nur einfach geschehen sind, sondern dass ihr sie noch einmal gemeinsam durchgeht, um die Veränderungen im Detail zu erkennen und ihre Tragweite zu begreifen, auch wenn ihr es erst im Laufe der nächsten Zeit im Detail am eigenen Leib verspüren werdet, was ihr alles an Möglichkeiten bekommen habt.

Wenn sich die Welt diesem Prozess anvertraut hat, dann kann sie auf gar keinen Fall mehr zurück – dieser Prozess läuft vollautomatisch und er kann nicht mehr gebremst oder gestoppt werden. Ihr alle wisst mittlerweile, dass die Welt auf gar keinen Fall so bleiben kann und dass ihr in einem Prozess steckt, den ihr zwar nicht kontrollieren, aber fördern könnt. Ihr werdet dies anhand vieler Ereignisse erkennen, denn in allen Bereichen des Lebens ist dieser Prozess spürbar. Ihr alle habt erkannt, dass das Leben eine gravierende Veränderung erfährt, und zwar in allen Bereichen, die euch bisher vertraut waren. Dieses Vertraute ist verlorengegangen, denn es hat sich in Nichts aufgelöst und kann nicht mehr festgehalten werden, und somit bietet es auch keinen Halt mehr, an dem man sich aufrichten kann. Ihr seid damit den Elementen voll und ganz ausgeliefert und bewegt euch in einem Strudel aus Emotionen, die sich von tiergreifender Angst bis hin zu absoluter Fröhlichkeit und Vorfreude bewegen. Dieser Strudel ist ein dauerndes Auf und Ab in eurer Gefühlswelt, und daher müsst ihr ihn verstehen lernen, damit ihr eure Emotionen, die ihr in dieser Zeit empfinden werdet, besser einordnen und zuordnen könnt. Ihr seid so sehr „durch den Wind", wenn ihr euer inneres Gleichgewicht betrachtet, und könnt erkennen, dass dies mit der Umstellung der Energien zu tun hat, denn alles fühlt sich plötzlich ganz anders an als bisher, und nichts und niemand ist mit dem vergleichbar, was euch bisher vertraut vorgekommen ist. Jeder verhält sich anders, und jeder ist auch auf einem ganz anderen Stand seiner Entwicklung als noch vor kurzer Zeit. Dies macht euch unsicher, und jede Unsicherheit schlägt bei euch derzeit noch in Angst um. Daran müsst ihr arbeiten, denn die Angst ist ein schlechter Begleiter, damit ihr die Freude empfinden könnt, die mit all dieser Entwicklung verbunden ist. Die Freude ist so enorm, dass ihr es kaum wagt, dieses Gefühl zuzulassen, denn es ist euch so wenig vertraut und daher eher besorgniserregend als erfreulich. Doch das muss nicht sein, denn die Gefühlswelt, in der ihr euch befindet, ist eine ganz besondere – sie ist viel intensiver und sehr viel positiver, als ihr es früher empfunden habt. Die neue Welt gleicht einer verspielten, liebevollen Begegnung mit einem Menschen, mit dem man sich hervorragend versteht. Dieses Verspielte und die Leichtigkeit ergeben einen wunderbaren Zustand der absoluten, ungetrübten Fröhlichkeit.

In der Welt der Emotionen ist dieses Gefühl, das ihr für euer neues Leben empfinden werdet, an der höchsten Stelle anzusiedeln, denn es ist gleichzusetzen mit der Verliebtheit eines jungen Paares, das sich an seiner Gemeinsamkeit erfreut. Dieser Zustand des Verliebtseins ist eine große Herausforderung für euch, denn darin steckt so enorm viel positive Energie, die ihr erst zu kanalisieren lernen müsst. Diese Energie steht euch von nun an voll und ganz ohne jegliche Einschränkung zur Verfügung und ihr müsst lernen, wie ihr sie für euch und für alle zusammen richtig einsetzt. Darin enthalten ist das Schönste, was die Menschheit jemals empfunden hat – die uneingeschränkte Freiheit, alles tun zu können, was dem Herzen beliebt. Alles kann ab sofort uneingeschränkt durchgeführt und hergestellt werden – jeglicher Zustand im Leben ist ab sofort möglich – ihr braucht es nur noch durch eure Gedanken entsprechend zu formulieren und schon beginnt es, sich zu formen – in einer für euch völlig ungewohnten Geschwindigkeit formt sich euer Leben neu, und ihr habt alle Macht, es so zu beeinflussen, bis es euch restlos gefällt.

In der ersten Zeit fühlt sich das neue Leben noch nicht ganz so leicht an, denn der Übergang hat ja erst vor kurzer Zeit stattgefunden und die Schwingung der alten Zeit ist noch in euch verankert, obwohl sie sich bereits transformiert hat. Doch ist die alte Zeit zumindest in eurer Erinnerung und in euren physischen Speichern noch enthalten. Diese Energiespeicher werden sich aber sehr schnell entladen und ebenfalls Platz für die neue Energie machen, und somit wird dieser Zustand nur sehr kurz andauern, und bereits nach wenigen Tagen oder Wochen hat sich die neue Energie in jeder Faser eures Körpers ausgebreitet und manifestiert. Nachdem ihr dies vollbracht habt, könnt ihr euch voll und ganz der neuen Energie hingeben und alles das vollbringen, was wir euch hier bereits geschildert haben.

Doch war das noch nicht alles, denn von nun an beginnt eine völlig neue Phase eures bewussten Handelns, denn ihr beginnt mit den Experimenten, zu denen euch die neuen Fähigkeiten animieren. Ihr werdet alle sehr viel Spaß daran haben, alles auszuprobieren und zu erkennen, dass es ja unheimlich schnell geht, all das zu erschaffen, was euch in den Sinn kommt.

Ihr werdet euch zusammentun und herausfinden, dass die neue Form der Kommunikation ebenfalls nicht nur sehr einfach ist, sondern dass ihr dadurch die absolute Fülle an Informationen binnen kürzester Zeit in euch aufnehmen könnt. Die neue Form der Kommunikation über weite Strecken ist für euch zu Beginn zwar ungewohnt, und irgendwie glaubt ihr immer noch, zum Telefon greifen zu müssen, doch habt ihr dies bald überwunden und könnt völlig ungeniert mit eurer Fähigkeit, über Gedanken miteinander zu kommunizieren, beginnen, dieses Instrument zu erforschen und mehr und mehr in euren Alltag zu integrieren. Ihr könnt dieses Instrument nicht nur benutzen, um über weite Strecken miteinander in Verbindung zu treten, sondern auch dazu, um eure Gedanken, euer Wissen gebündelt an alle Menschen auszusenden, indem ihr es auf eine ganz neue Art abspeichert. Ihr könnt die Kristalle dazu benutzen, euer Wissen zu speichern und gebündelt allen Menschen zur Verfügung zu stellen. So ist es möglich, im Zuge eurer wissenschaftlichen Tätigkeit alles Neuerforschte sofort allen anderen Forschern anzubieten, damit diese nicht länger an der gleichen Einheit forschen müssen.

In der Welt, in der ihr euch dann bewegt, ist vieles anders geworden. Die größte Änderung liegt nicht nur in euren neuen Fähigkeiten und in eurem neuen Bewusstsein, sondern sie liegt darin, dass das Leben von nun an sehr viel mehr Freude macht – ihr findet sozusagen an dem, was ihr tagtäglich tut, eine neue Freude, denn ihr wisst, dass ihr es nicht mehr tun müsst, um zu überleben, sondern ihr wisst, dass ihr es deshalb tut, weil ihr aus tiefstem Herzenswunsch handelt, und dass ihr es nicht nur für euch tut, sondern dass die Nutznießer alle Menschen sind oder zumindest ein Teil davon. Ihr könnt alle zusammen so viel erreichen, dass ihr erkennen könnt, was alles in euch steckt, und mehr und mehr steigt auch das Bewusstsein, dass die Menschheit wahrhaftig viel erschaffen kann, wenn sie sich einig ist und alle am selben Projekt mit der zur Verfügung stehenden schöpferischen Energie ans Werk gehen. Ihr könnt alles zusammen so erschaffen, wie ihr es haben möchtet, und nichts und niemand wird euch je daran hindern. Ihr seid dann genau das, was wir uns schon immer für euch gewünscht haben – ihr habt dann zurückgefunden zur Einheit mit dem Schöpfer, indem ihr angenommen habt, was ihr seid. Ihr seid ein Teil des Schöpfers, und alle zusammen kehrt ihr irgendwann in die Einheit mit ihm zurück, aus der ihr alle einst entsprungen seid.

Euer Leben hat von nun an eine ganz andere Bedeutung – ihr seid nicht mehr dazu auf der Erde, um durch oft leidvolle Erfahrungen an Weisheit zu gewinnen, um euch auf eine höhere Tätigkeit vorzubereiten, sondern ihr lasst diese Phase eures Lebens hinter euch und konzentriert euch von nun an auf die schöpferische Phase eures Daseins, in der ihr beginnen könnt, eure schöpferischen Fähigkeiten weiterzuentwickeln und damit das Leben im Universum zu beeinflussen. Ihr lernt dies alles Schritt für Schritt, und ihr habt genügend Zeit dazu, denn die neue Phase des Lebens bedeutet, dass ihr alles annehmt, was euch von Anfang an mitgegeben wurde, und zusätzlich auch all die Erfahrungen und die Weisheit, die ihr euch selbst über die vielen Inkarnationen angeeignet habt, damit ihr sie in eure schöpferischen Gedanken integriert und all das erschafft, was auf der höchsten Basis der Göttlichkeit erschaffen werden kann.

Jetzt geht's richtig los

Die Welt hat sich in der letzten Phase der alten Zeit bereits vieles von der Neuen Zeit angeeignet, und das bewirkt, dass die Menschen schon vor dem unmittelbaren Übergang gedanklich sehr viel weiterentwickelt sind, als man das von der alten Zeit erwarten würde. Dieser Übergang wird ein fließender, und niemand wird am Tag danach erwachen und glauben, dass die Welt sich völlig verändert hat, nur weil sie die neue Dimension erreicht hat. Es wird euch allen eher unauffällig sein, wenn ihr am 21. Dezember 2012 zu Bett geht und am nächsten Morgen aufwacht und überprüft, was denn alles anders geworden ist. Nichts wird sich anders anfühlen und gar nichts wird anders aussehen als am Tag zuvor, denn die Entwicklungen, die den Übergang hervorrufen, spielen schon seit geraumer Zeit eine große Rolle. Ihr seht euch als die gleiche Gestalt im Spiegel, und ihr erkennt alle Menschen wieder, genau so, wie sie am Vortag gewesen sind. Nichts hat sich grundlegend verändert, und doch wird es sich in einem sehr entscheidenden Punkt verändert haben. Das Leben hat sich grundlegend gewandelt seit der Zeit, zu der ihr die Informationen über den bevorstehenden Wandel erhalten habt. Alles ist mit der Welt noch vor kurzer Zeit nicht vergleichbar, und die neue Welt ist auch nicht mehr ganz so fremd, wie sie euch am Anfang, als die Informationen zu euch gelangt sind, erschienen ist. Alles hat sich gewandelt, und viele Energien, die früher von Bedeutung waren, sind heute im Nichts verschwunden. Nichts ist so wie noch vor wenigen Monaten oder Jahren – alles ist neu, und alles fühlt sich ganz anders an als noch vor kurzer Zeit. Ihr seid alle aufgewacht, und dieses Erwachen war für viele ein sehr großes mit vielen Erscheinungen in ihrem Leben. Ihr seid erwacht, und das ist der wichtigste Aspekt eures Daseins – das Aufwachen aus einem lang andauernden Zustand des Nichtwissens über eure Herkunft. Ihr seid aufgewacht und habt gesehen, dass sich die Menschheit so lange von einer Illusion hat leiten lassen, dass ihr mit großen Augen auf die Welt seht und jetzt erst erkennen könnt, was ihr alles an Illusionen aufgebaut habt. Diese Welt ist eine ganz andere geworden als noch vor kurzer Zeit – diese Welt ist eine viel herzlichere geworden, als ihr es je für möglich gehalten hättet. Diese Welt ist eine echte Welt geworden, in der das Leben große Freude bereitet und einen klaren Auftrag hat, den man mit Freude ausführt. Ihr seid aufgewacht in einer Neuen Zeit, die für euch die größte Herausforderung ist, der ihr euch in eurem ganzen Leben jemals gegenüber gesehen habt. Ihr seid herausgefordert vom Leben, ein völlig neues Bewusstsein an den Tag zu legen und die Welt so grundlegend zu verändern, dass sie sich dem annähern kann, was wir als eine Welt bezeichnen.

Ihr werdet alle von Anfang an ganz anders empfinden, als ihr dies erwartet habt – das Leben wird sich so sehr von eurem bisherigen unterscheiden, dass ihr voll Freude auf die neuen Herausforderungen zugeht, anstatt euch davor zu fürchten, wie ihr es üblicherweise in der alten Zeit getan habt. Wenn ihr dies alles geschafft habt und euer Leben aus dem Blickwinkel der Einheit anseht, dann ist es vollbracht, denn dann seid ihr letztlich dort angekommen, wo wir euch seit lange vorbereiteter Zeit hingebracht haben. Diese alte Zeit war eine intensive Vorbereitungszeit mit vielen Entbehrungen und vielen Erkenntnissen – diese Zeit hatte ihren Reiz, sofern ihr ihn erkennen wolltet, auch wenn dies viele nicht geschafft haben. Sie hatte ihren Sinn, denn er lag genau darin, euch Erfahrungen zu ermöglichen, und ihr hattet die freie Wahl, wie ihr damit umgeht. Jetzt habt ihr diese Erkenntnisse alle gewonnen, und das Leben bekommt nun einen ganz anderen Auftrag, und der lautet: das angeeignete Wissen und die gewonnene Weisheit dafür einzusetzen, den göttlichen Schöpfungsauftrag anzunehmen und aus dieser Welt eine wahre Welt zu machen. Eine wahre Welt mit allem, was zu einer Welt dazugehört.

Frage: Das ist eine gute Gelegenheit, die Frage zu stellen, die mir schon lange auf der Zunge liegt. Viele Menschen in unserer Gesellschaft meinen mit der Bezeichnung Welt *nichts anderes als unseren Heimatplaneten Erde. Ich habe auf Wikipedia nach einer Definition für* Welt *gesucht und Folgendes gefunden: „Die Einschätzung, was zu diesem Begriff im Einzelnen genau gehört, ist abhängig von subjektiven und kulturellen Vorstellungen. Deshalb bestehen je nach individuellem Wissensumfang und besonders dem jeweiligen Kulturkreis unterschiedliche Ansichten darüber, was unter* Welt *genau zu verstehen sei. Im Laufe der Zeit haben sich sehr viele verschiedene Verwendungen des Begriffs herausgebildet." Als allgemeine Definition wird vorgeschlagen: „Mit* Welt *wird die Gesamtheit dessen, was ist, bezeichnet. Der Begriff umfasst also nicht Einzelerscheinungen, sondern eine Totalität." Ich vermute zwischen unserer Definition und deiner gewisse Abweichungen – was ist aus deiner Sicht eine wahre Welt?*

Antwort: Ihr werdet verstehen, dass wir mit dieser Definition nicht wirklich einverstanden sind, denn für uns hat die Bezeichnung *Welt* eine ganz andere Bedeutung als für euch. Ich möchte diese Unterschiede jetzt gerne hier darlegen, damit ihr besser verstehen könnt, was wir damit meinen. Eine Welt hat für uns ganz andere Aufgaben, als ihr es bisher vermutet habt, denn eine Welt ist aus unserer Sicht nicht einfach nur ein Planet, auf dem vielleicht Leben gedeiht, sondern eine Welt ist für uns ein komplexes Wesen, das aus den unterschiedlichsten Komponenten besteht und nicht nur ein einzelner Planet ist, sondern eine ganze Gruppe in einem Sonnensystem. Das Sonnensystem, in dem ihr lebt, hat eine ganz bestimmte Aufgabe, und genau aus diesem Grund wurde es überhaupt erst erschaffen. Eure Aufgabe ist, einen Schöpferstern zu bewohnen und mit Hilfe dieses Schöpfersterns neues Leben hervorzurufen und es in die Weiten des Universums zu tragen. Das ist der Auftrag eures Schöpfersterns, doch kann er diese niemals ganz alleine bewältigen, denn dazu benötigt er nicht nur euch als schöpferische Wesen, sondern auch die anderen Planeten in diesem System, die dafür sorgen, dass das Gleichgewicht in dieser Galaxie gewahrt bleibt und daraus neue Möglichkeiten des Lebens entstehen können. Ihr braucht für eure Entwicklungen Konstanz, und diese bietet euch eure Sonne und die unmittelbar mit ihr in Verbindung stehenden Planeten, die so wie eure Erde um dieses Zentralgestirn kreisen. Nachdem dieses Sonnensystem einen Auftrag hat, kann es erst zu einer wahren Welt werden, wenn es diesen Auftrag auch tatsächlich ausführt. Ihr habt diesen Auftrag jetzt erst vernommen, und ihr könnt euch jetzt nur im Ansatz vorstellen, was dieser Auftrag im Detail bedeutet, doch wird euch die Tragweite sehr bald bewusster werden, als ihr es euch heute in eurer Vorstellung ausmalen könnt. Dadurch dass ihr den Aufstieg macht, könnt ihr beginnen, euren wahren Auftrag anzunehmen und ihn zu leben. Dadurch wird eure Welt zu einer wahren Welt mit allen Auswirkungen auf das Universum, die von Anfang an vorgesehen waren.

Die Welt hat begonnen, eine Welt zu werden

Nachdem ihr diesen Teil verstanden habt und jetzt genau wisst, wie sich dieser Übergang gestalten wird, könnt ihr euch auch etwas besser vorstellen, was euch erwartet, wenn ihr diesen Weg zu Ende gegangen seid und die Welt zu dem zu machen beginnt, was sie denn eigentlich sein soll. Nachdem ihr diese Welt neu definiert habt, beginnt ihr mit eurer Arbeit an eurem Auftrag. Ihr werdet von nun an nicht mehr ruhen, bis ihr all die Informationen durchgespielt habt, die ihr bislang erhalten habt, um euren Auftrag im Einzelnen zu verstehen und eure Möglichkeiten auszutesten, die euch ab dem Zeitpunkt des Übergangs voll und ganz zur Verfügung stehen. Ihr werdet alles austesten, was ihr gelernt habt, und ihr werdet das Wissen darüber an alle weitergeben, die bisher noch nicht die Gelegenheit hatten, sich mit dem Thema des Erschaffens zu beschäftigen. Nicht alle haben sich bereits auf den Weg gemacht, ihren Auftrag voll umfänglich auszuführen, denn sie sind noch etwas mit sich selbst beschäftigt und erlernen erst langsam den Umgang mit ihren neuen geistigen Fähigkeiten. Manche verstehen schnell, welche Möglichkeiten sie nun haben, und andere sprechen aus Erfahrung, wenn sie sagen, dass man damit behutsam umgehen muss, um nicht etwas zu erschaffen, das seiner nicht würdig ist. Diesen Unterschied in der Geschwindigkeit werdet ihr aber sehr bald ausgeglichen haben, denn ihr alle habt so viel Freude daran, dass ihr laufend mit euren Mitmenschen darüber sprecht und eure Erfahrungen austauscht. Es ist ein sehr wichtiger Austausch, denn über die unzähligen Erfahrungen, die ihr laufend damit machen werdet, könnt ihr über kurz oder lang damit so umgehen, dass es euch nicht mehr passieren sollte, dass ihr ungeeignete Gedanken in diesen Prozess hineinbringt.

Es wird euch allen sehr viel helfen, wenn ihr erkannt habt, dass euch der Zugang zu den Kristallen sehr weiterhilft, denn sie sind nicht nur eure Datenspeicher und versorgen euch mit allen Informationen, die ihr laufend braucht oder haben wollt, sondern sie helfen euch auch, in eurem Bewusstsein Ordnung zu schaffen und euer Leben in eine Ordnung zu bringen, die es verhindert, dass ihr andauernd gedankliche Fehltritte begeht. Diese Ordnung ist enorm wichtig, und dabei könnt ihr euch, wie gesagt, von den Kristallen helfen lassen. Sie sind so klar und rein in ihrer Energie und ihrer Struktur, dass sie genau diese Klarheit und Reinheit auch in euren Geist bringen können. Ruft sie an und bittet um ihre Unterstützung, denn gerade in der ersten Phase des Umdenkens wird es sehr wichtig sein, dass ihr klar strukturiert seid und dass euer Leben von allen Altlasten befreit ist. Die Kristalle helfen euch dabei, euch von den alten Beeinträchtigungen zu lösen, das ist eine ihrer großen Aufgaben für euch. Ihr könnt dabei auf alle kristallinen Strukturen zurückgreifen, die ihr auf der Erde zur Verfügung habt, denn sie alle sind dazu da, euch dienlich zu sein. Ihr könnt euch darauf verlassen, dass Kristalle trotz ihrer oft nur geringen Größe zu all diesen Aufgaben befähigt sind, und ihr könnt euch darauf verlassen, dass sie euch nur das zukommen lassen, was euch in eurer Arbeit bestärkt.

Ihr werdet diese Klarheit in der ersten Zeit eher als schwierig empfinden, denn bislang wart ihr eher sorglos im Umgang mit euren Gedanken, und plötzlich werdet ihr laufend darauf hingewiesen, wohin sich eure Gedanken orientieren sollen. Dieser laufende Hinweis ist für die meisten anfänglich ungewöhnlich, denn die Menschen in eurem Umfeld haben euch in der Vergangenheit nicht so oft und so deutlich den Spiegel vorgehalten und daher habt ihr auch viele eurer Verhaltensmuster nicht erkennen können. Ihr werdet jetzt durch die Arbeit der Kristalle viel öfter in den Spiegel blicken und erkennen, dass jetzt genau der richtige Moment für die

Anwendung eurer neuen Gedankenmuster ist. Ihr werdet erkennen können, dass die Gedankenmuster sehr entscheidend sind und sich auf jeden Fall unmittelbar auf eure Lebensqualität auswirken. Ihr werdet all dies sehr schnell verstanden haben, denn die Kristalle arbeiten präzise und extrem zuverlässig. Jede ungünstige Situation wird euch sofort aufgezeigt und die Alternative umgehend angeboten, sodass ihr von Fall zu Fall dazulernt und eure neuen Gedankenstrukturen sehr schnell manifestiert. Die Zuverlässigkeit der Kristalle führt dazu, dass ihr eure Gedanken immer mehr unter Kontrolle bekommt und dadurch das Leben sehr einfach nur mit euren Gedanken steuern könnt. Alles löst sich in Wohlgefallen auf, was euch bislang über Monate oder vielleicht sogar Jahre beschäftigt hat. Ihr kanntet früher nicht wirklich eine Lösung für manche Situation, ab diesem Zeitpunkt könnt ihr euch jedoch mit eurem Kristall unterhalten und eine Lösung auf gedanklicher Basis suchen. Ihr habt die Möglichkeit, in jedem Augenblick auf die Weisheit des Kristalls zurückzugreifen, und er hilft, wo immer es nur möglich ist. Er kann sich niemals irren, denn er trägt die völlige Weisheit in sich, und ihr könnt auf dieses Wissen zurückgreifen und es für euch nutzen. Alle Weisheit ist seit Anbeginn der Zeit in ihm gespeichert, und das Wesen des Kristalls kennt letztlich nur eine einzige Aufgabe – die Hilfe für euch Menschen bereitzustellen.

Ihr könnt diese Kristalle für alle Bereiche eures Lebens benutzen, sie werden euch als treue Diener jederzeit zur Seite stehen und voll und ganz dafür sorgen, dass ihr eure Göttlichkeit in aller Form zum Ausdruck bringen könnt. Sie werden dafür sorgen, dass ihr alle zusammen eine neue Art des Denkens entwickelt und dabei eine wunderbare Welt erschafft. Die negativen Gedanken der Vergangenheit werden vielleicht noch hin und wieder in der Anfangsphase in euch aufkommen, doch werdet ihr sehr bald mit ihren unmittelbaren Auswirkungen konfrontiert, und die Kristalle an eurer Seite warnen euch davor, so etwas tatsächlich zu erschaffen, und helfen euch, das zu verstehen und eure Schöpfung rechtzeitig anzupassen, um das tatsächlich gewünschte Ergebnis zu erzielen. Ihr seid sozusagen mit einem Helfer ausgestattet, der in jeder Sekunde überwacht, was ihr soeben gedanklich von euch gegeben habt.

Wenn ihr damit begonnen habt, die Kristalle um Unterstützung für eure Gedankenreinheit zu ersuchen, dann beginnt sich die Welt sehr schnell von den alten Gedankenstrukturen zu verabschieden. Sie helfen euch, die Reinheit eurer Gedanken auf Dauer aufrechtzuerhalten, auch wenn euch das zu Beginn sicherlich immer wieder einmal schwerfallen wird. In der Welt der Neuen Zeit habt ihr alles, was ihr benötigt, um ein Leben in absoluter Harmonie und Frieden zu führen, denn ihr seid umsorgt von vielen Aufpassern, die euch helfen, dass sich alles so entwickelt, wie es von Anfang an vorgesehen war. Ihr seid umsorgt von vielen einzelnen Helfern, die entweder in Form von Kristallen zur Verfügung stehen oder in Form vieler Engelshelfer, die laufend um euch herum sind und die ihr ebenso anrufen könnt, um die Hilfe zu erhalten, die ihr im Augenblick benötigt. Wir alle stehen voll hinter euch und wir freuen uns auf den Einsatz, auf den wir so lange vorbereitet wurden. Ihr könnt euch kaum eine Vorstellung davon machen, wie sehr es uns freut, dass ihr jetzt kurz davor steht, euch in die nächste Dimension emporzuschwingen! Ihr glaubt gar nicht, wie viel Freude dies bei uns auslöst, denn wir sind dazu erschaffen worden, um euch zu dienen und euch diesen Aufstieg zu ermöglichen. Wir haben die ganze Zeit über nichts anderes getan, als euch dabei zu unterstützen, dass ihr all die Erfahrungen machen könnt, die ihr genau jetzt benötigt, um euren schöpferischen Auftrag annehmen und ausführen zu können. Dafür wurden wir erschaffen, und genau deshalb stehen wir jetzt parat, um euch alle mitzunehmen in die nächste Bewusstseinsebene und euch mit all dem auszustatten, was ihr benötigt, um die Schöpfung voranzutreiben.

Auf der Erde wird das Leben von nun an ganz anders verlaufen, als ihr es bisher gewohnt wart. Das Leben an sich hat zwar keine grundlegende Veränderung erfahren, denn alle Lebewesen, einschließlich des Menschen, haben ihre physische Gestalt unverändert beibehalten, doch sehr wesentlich ist die Veränderung im Verhalten der Menschen, und genau darauf läuft diese große Veränderung ja hinaus, dass sich die Menschen ihres Handelns mehr und mehr bewusst werden und dafür sorgen, dass alles in Einklang mit der göttlichen Liebe kommt.

Ihr werdet ganz massiv daran arbeiten und alle Bereiche eures Lebens durchleuchten und überprüfen, ob sie denn tatsächlich dem höchsten Maßstab genügen, und wenn nicht, dann werdet ihr ganz schnell dafür sorgen, dass dies sichergestellt wird und kein Zweifel mehr daran besteht, dass dieser Bereich nach bestem Wissen und Gewissen umstrukturiert wurde, um dafür zu sorgen, dass die Göttlichkeit darin zu erkennen ist.

Ihr werdet euer Leben so genießen, wenn ihr verstanden habt, dass es so einfach ist, diesen und jenen Bereich zu beleuchten und mit eurer Gedankenkraft zu beeinflussen. Ihr seid dann imstande, das Leben in wenigen Monaten vollständig umzukrempeln und nach euren neuen Werten auszurichten. Ihr kennt diese Werte, denn sie sind euch angeboren, und daher ist es ein Leichtes, diese auch tatsächlich zu leben. Ihr seid diese göttlichen Wesen, die nichts anderes im Sinn haben, als die höchsten Werte der Göttlichkeit zu verwirklichen. Ihr seid diese Wesen, die vor langer Zeit entschieden haben, sich dem Leben auf eine ganz andere Weise zu nähern und es am eigenen Leib zu verspüren, als ihr euch von eurer göttlichen Heimat verabschiedet habt, um einen Ausflug in das physische Leben zu unternehmen, um dieses mit allen seinen Möglichkeiten auszuloten. Ihr habt es so gewollt, und ihr habt in Kauf genommen, dass es euch etwas Mühe bereiten wird, den Weg zur Göttlichkeit zurückzufinden. Ihr musstet vergessen, wer ihr seid und woher ihr kommt, damit euch dieser Wandel überhaupt möglich war. Ihr seid jetzt auf dem Weg zurück in die Einheit, aus der ihr entsprungen seid, und ihr seid alle auf dem Weg in ein Leben, das eurer Göttlichkeit entspricht. Es geht jetzt darum, zu verstehen, dass das Leben nicht mehr aus Kampf besteht, sondern dass man es aus einem ganz anderen Gesichtspunkt betrachten kann – aus dem der Göttlichkeit.

Wenn ihr dies verinnerlicht habt und euch darauf einstellt, dass ihr ab sofort ganz anders leben werdet als bisher, dann habt ihr bereits den halben Weg in die Einheit geschafft. Ihr seid deshalb so weit abgekommen von eurem Ursprung, damit ihr die vollen Konsequenzen verstehen könnt, die es hat, wenn jemand vergisst, dass er göttlicher Abstammung ist. Es wäre anders nicht möglich gewesen, diese Erfahrungen zu machen, denn eure Göttlichkeit hätte sich immer wieder in die Geschehnisse eingemischt und dafür gesorgt, dass alles ganz anders verlaufen wäre. Die vielen Erfahrungen hätten nicht stattgefunden, und dadurch wäre der eigentliche Sinn des Ganzen weit verfehlt worden.

Nun seid ihr aufgestiegen zu einer hohen göttlichen Einheit, die sich auf jeden Fall mehr und mehr auf ihre wahre göttliche Tätigkeit besinnen wird. Ihr seid aufgestiegen, und das deshalb, damit ihr jetzt die Erkenntnis eurer Göttlichkeit auf einer neuen Bewusstseinsebene fortsetzen könnt. Ihr seid in diese Ebene vorgedrungen, weil ihr inzwischen ausreichend Erfahrung im Leben auf eurem Stern gesammelt habt und jetzt dafür belohnt werdet, indem ihr eure ganze Erfahrung dafür benutzen könnt, das Leben auf eurem Stern zum Erblühen zu bringen. Erfreut euch daran und genießt jede Sekunde eures Auftrags! Ihr werdet sehen, dass sich die Welt sehr schnell wandeln kann, und dank eurer neuen Fähigkeiten seid ihr auch in der Lage dazu.

Frage: Du bezeichnest uns als eine zu einer hohen Göttlichkeit aufgestiegene Einheit – dies lässt vermuten, dass es höhere göttliche Instanzen gibt. Wie können wir uns diese am besten vorstellen?

Antwort: Eure Göttlichkeit unterscheidet sich nicht von der des Schöpfers von allem, was ist! Ihr seid ein Teil davon, und als dieser Teil seid ihr auf dem Weg der Erfahrung eurer Göttlichkeit, indem ihr das Leben auf der Erde gewählt habt. Ihr seid diesen Weg gegangen, weil ihr damit einen klaren Auftrag erfüllt, der nichts anderes bedeutet, als die Vollkommenheit des Schöpfers von allem, was ist, zu erweitern und zu bereichern. Als dieser Teil des Schöpfers seid ihr im aktuellen Stadium noch nicht mit der vollen Schöpferkraft ausgestattet, denn dies würde weitere Stufen der Entwicklung bedürfen. Ihr seid derzeit auf einem Niveau, das euch aus der Getrenntheit zurück in die Einheit bringt, und dies ist der erste Schritt in euer Bewusstsein als göttliche Einheit. Ihr seid derzeit noch nicht so weit entwickelt, dass ihr bereits auf das volle schöpferische Potenzial zurückgreifen könnt, das euch irgendwann wieder zur Verfügung stehen wird, wenn ihr mit der Quelle wieder verschmolzen seid. Derzeit seid ihr in ein weiteres Entwicklungsstadium eingetreten, wo ihr euch erst einmal darum bemühen werdet, eure bisherigen Erlebnisse für die weiteren Tätigkeiten einsetzen zu lernen. Ihr befindet euch in einem Prozess, der euch in der letzten und höchsten Instanz wieder mit der göttlichen Urquelle verschmelzen lässt. Noch ist der Weg dorthin nicht vollständig gegangen, ihr absolviert momentan lediglich einen Meilenstein eurer Entwicklung, und darauf könnt ihr stolz sein, denn der Weg dorthin war beschwerlich und von vielen Eindrücken begleitet, die nicht immer die größte Freude hervorgebracht haben.

Nun bewegt ihr euch in eine neue Dimension eures Bewusstseins und eurer Fähigkeiten, so lange bis ihr dieses Stadium durchlaufen habt und euch in die nächste Stufe weiterentwickelt, doch dies wird etwas Zeit in Anspruch nehmen und euch viele Gelegenheiten zur Weiterentwicklung auf dieser Ebene ermöglichen. Erst wenn ihr alle Stufen der Entwicklung, die letztlich Erfahrungsebenen sind, durchlaufen habt, kehrt ihr zurück zur Quelle allen Ursprungs und bringt euch und eure Erfahrung, die ihr im Laufe eurer Entwicklung gemacht habt, in das gesamte Göttliche ein. So seid ihr dann der Teil des Schöpfers gewesen, der sich durch die Entwicklungsgeschichte des Lebens auf der Erde gearbeitet und erkannt hat, dass das Leben in seinen unzähligen Facetten immer wieder aufs Neue erschaffen werden kann. Und damit habt ihr euren göttlichen Auftrag erfüllt.

Frage: Ich habe Kontakt zu vielen Menschen, die mir über ihre Nöte in ihrem Leben berichten – die Erlebnisse dieser Menschen haben sie schwer gezeichnet und ihr Vertrauen in ein besseres Leben nahezu ausgelöscht. Die Verletzungen sitzen tief, und es ist nachvollziehbar, dass diese Menschen nicht die positivsten Gedanken hegen. Mir ist bewusst, dass sich diese Menschen dieses schwere Leben vor ihrer Inkarnation ausgewählt haben, um diese Erfahrungen machen und die Erkenntnis daraus ziehen zu können, bzw. dass sie sich durch Ihre Gedanken ihre Lebensumstände selbst geschaffen haben. Aber wie schaffen wir es, unsere Altlasten so schnell loszuwerden, dass auch diese gezeichneten Menschen die Freuden des neuen Lebens entdecken können?

Antwort: Euer Leben bestand aus vielen Erfahrungen, die eure Gefühlswelt sehr aufgewühlt haben. Ihr konntet zu diesem Zeitpunkt nicht wissen, dass es sich lediglich um Erfahrungen handelte, die zu einen ganz bestimmten Zweck gemacht werden, und daher sind diese Verletzungen auch so tief. Wenn man weiß, dass alles dieses einen ganz bestimmten Sinn hatte, sind sie bereits leichter zu ertragen, und ihr könnt anders damit umgehen und sie vor allem in die passende Kategorie einordnen, die euch in euren vielen Inkarnationen noch gefehlt hat. Ihr wolltet das gesamte Spektrum erkunden und habt daher oftmals solche harten Erlebnisse miteinbezogen. Jetzt geht es allerdings darum, dass ihr diese Erlebnisse verarbeitet und daraus die Schlüsse zieht, damit sie euch helfen, künftig euer Leben ganz anders zu gestalten und euch und allen anderen solche Erlebnisse zu ersparen. Euer Leben war bisher gekennzeichnet von der absoluten Unwissenheit darüber, wer ihr seid, und dadurch ist es überhaupt erst möglich gewesen, dass ihr solche Erfahrungen machtet – jetzt könnt ihr diese in Weisheit umwandeln und sie durch eure weiteren Schöpfungen zum Ausdruck bringen.

Die Umwandlung in Weisheit erfolgt in einem sehr kurzen Zeitraum, denn euer Bewusstsein schwingt sich täglich höher und nimmt Formen an, die euch helfen werden, diese Erlebnisse als das zu betrachten, was sie sein sollten. Dieser Prozess hat bereits begonnen, und ihr werdet bemerken, dass sich immer mehr von selbst in Wohlgefallen auflöst, auch wenn ihr zwischenzeitlich noch die eine oder andere derartige Erfahrung machen werdet. Alles, was bereits abgeschlossen ist, könnt ihr heilen, und die Dinge, die noch zu erledigen sind, stehen jetzt an, um diese Erledigung zu erlangen. Ihr seid jetzt gefordert, eure offenen Themen abzuschließen und die Erlebnisse zu heilen, doch zuvor steht noch ein Prozess an, den ihr als Heilung der Umstände bezeichnen könnt. Heilung der Umstände ist jetzt gefragt und das Abschließen aller alten Erfahrungen, die ihr bisher machen durftet. Abschließen heißt Aussöhnung mit dem Kontrahenten, mit dem ihr diese Erlebnisse teilt. Erst wenn ihr alle Umstände geheilt habt, werdet ihr frei sein und euch gedanklich auf die neuen Lebensumstände vorbereiten können, doch zuvor steht dieser Heilungsprozess an und ihr könnt ihm nicht entkommen, denn er ist quasi die Abschlussprüfung eures Zeitalters, die ihr alle noch durchlaufen müsst!

(Anmerkung des Autors: Das Buch *Die Heilung, die dir zusteht* beinhaltet eine von Erzengel Michael durchgegebene Meditation zur Heilung der Umstände.)

Frage: Muss sich jeder einen Kristall kaufen, um einen weisen „Aufpasser" bei sich zu haben? Welche sind dafür am besten geeignet, und was ist mit den Menschen, die gar nicht wissen, dass sie auf Kristalle zugreifen können, um Hilfe zu erfahren?

Antwort: Es ist nicht notwendig, dass jeder einen Kristall kauft und sich ihn um den Hals hängt oder ihn zu Hause aufs Fensterbrett stellt. Keineswegs müsst ihr einen Kristall in eurer Nähe haben, denn Kristalle sind völlig ungebunden, was den Ort ihres Wirkens betrifft. Alle Kristalle können euch zur Verfügung stehen, wenn ihr dies wollt, und gleich wo er sich befindet, kann er für euch tätig sein. Welche Kristalle dies am besten sein sollten, werdet ihr herausfinden, wenn ihr euch zum ersten Mal mit einem Kristall in Verbindung setzt. Er wird euch anweisen und euch sagen, was genau er für euch tun kann. Versucht es einfach, denn die Kristalle sind dazu da, euch zu dienen, und sie sind vielzählig – sehr viele mehr, als benötigt werden.

Frage: Ich habe kürzlich eine Reportage über einen Schweinezuchtbetrieb gesehen, in dem berichtet wurde, dass die Muttertiere zweimal pro Jahr trächtig gemacht werden und durchschnittlich 13 Frischlinge zur Welt bringen, die bereits nach kurzer Zeit von der Mutter getrennt und an Mastbetriebe verkauft werden. Nach rund drei Jahren werden die Muttertiere ebenfalls geschlachtet. Die Verhältnisse, unter denen diese Tiere leben, sind für mich schockierend, und nachdem mir bekannt ist, dass jedes Tier eine Seele hat, widerstrebt mir die Viehzucht als Ganzes. Nachdem, wie du sagst, der Mensch alle Lebensbereiche beleuchten und nach den neuen Werten ausrichten wird, bleibt uns nichts anderes übrig, als uns dem Thema Viehzucht und Ernährung zu widmen. Werden wir sofort nach dem Aufstieg dafür sorgen, dass die Tiere ein würdiges Leben führen können, das nicht mehr im Schlachthof endet?

Antwort: Wenn ihr euch einmal klar vor Augen geführt habt, dass ihr tagtäglich Millionen von Tierseelen aus dem Leben reißt, um eure Sucht nach Fleisch zu stillen, dann wird euch sehr bald klar werden, dass dies ein Umstand ist, der euch nicht wirklich eurem Ziel näherbringt. Ihr habt so sehr die Angewohnheit, Tiere zu verspeisen, dass es euch gar nicht mehr auffällt, was ihr da eigentlich anstellt. Ihr könntet der Natur so sehr dienen, indem ihr sie einfach gewähren und ihr freien Lauf lasst, denn sie findet immer einen Weg. Ihr seid dem heute auf jeden Fall schon viel nähergekommen, als ihr es bislang wart, denn immer öfter sagt euch eure Intuition, dass der Verzehr von Tieren nicht mehr zeitgemäß ist. Ihr seid dem schon sehr nahe, doch braucht ihr noch einen Auslöser, damit das große Umdenken stattfindet. Ihr werdet alle die Gelegenheit bekommen, euch selbst dabei zu beobachten, wie ihr das Tier, das ihr gerade verspeist, mit eigenen Händen tötet, denn der Geist des Tieres wird euch irgendwann einmal bewusst diese Vision überbringen.

Und dann versteht ihr, dass dies ein Ende haben muss. Ihr werdet diese Vision in Empfang nehmen und daraufhin davon Abstand nehmen, Tieren auch nur ein Haar zu krümmen. Ihr seht sie dann als Teil der Schöpfung, wie ihr euch alle selbst als Teil der Schöpfung erachtet, und dann seht ihr auch noch, dass ihr selbst es wart, die diese Pracht der Tierwelt erschaffen habt, damit sie sich auf ihre eigene Art selbständig weiterentwickeln kann. Ihr hört dann auf damit und erkennt, dass ihr die Pflanzen dafür geschaffen habt, euch zu ernähren, denn sie sind diejenigen, die sich laufend regenerieren können und die genau das als ihren Lebensauftrag erhalten haben. Rein pflanzlich wird es sehr viel gesünder und einfacher sein, die große Zahl der Menschen zu ernähren, denn ihr nutzt derzeit die vielen Ackerflächen, um hauptsächlich Viehfutter anzubauen, das ihr dann in Form der Tiere zu euch nehmt. Macht es einfacher und dreht das Ganze um, und ihr werdet in der Lage sein, die Ackerflächen direkt für euch zu nutzen und dadurch die Tiere in Frieden leben zu lassen.

Alles, was gut ist, wird noch besser

„Alles, was gut ist, wird noch besser" hat zu bedeuten, dass ihr der Natur die Möglichkeit gebt, sich zu regenerieren. Es wiedergutmachen – darunter ist zu verstehen, dass ihr der Natur erlaubt, sich dort zu heilen, wo sie es am dringendsten braucht. Und das ist dann eben nicht nur eine Heilung, sondern es ist eine Wiedergutmachung, in dem ihr all die Verluste, die die Natur durch euer Eingreifen erlitten hat, wiederausgleicht. Ihr könnt euch dafür eurer neu gewonnenen Fähigkeiten bedienen, um all das Leben wiederherzustellen, das im Laufe der Zeit durch euer Einwirken verloren gegangen ist. Damit seid ihr am Beginn eurer schöpferischen Tätigkeit angelangt, und ihr könnt die alten Wunden in der Natur langsam wieder mit Leben erfüllen. Ihr könnt das Wissen über die verlorengegangenen Wesen aus dem riesigen Speicher der Kristalle entnehmen und euch die Bausteine im Detail ansehen, woraus ihr damals dieses wunderbare Geschöpf zusammengestellt habt. Noch bevor ihr alles verstanden habt, ergeben sich wunderbare Gelegenheiten, um das Leben wieder erstrahlen zu lassen. Noch nie war euch der Umstand so bewusst, dass ihr all das selbst hervorgerufen habt, und ihr entscheidet euch dafür, dass ihr so schnell wie möglich an die Wiederherstellung der Natur geht, weil ihr begreift, dass es allerhöchste Zeit ist, euch hauptsächlich darum zu kümmern und dafür zu sorgen, dass euer Planet wieder geheilt wird.

Die Zeit ist reif, um der Erde das zurückzugeben, was sie durch euer Wirken verloren hat, und die Zeit ist reif, der Erde dafür zu danken, dass sie all das für euch erduldet hat, damit ihr erkennen könnt, wohin es führt, wenn ein göttliches Wesen seinen Ursprung vergisst. Und dennoch ist bereits im Inneren der Erde ein Prozess in

Gang gekommen, der dafür sorgt, dass all dies wieder rückgängig gemacht werden kann. Dieser Prozess ist ein Heilungsprozess, der die Erde von innen heraus heilt und alle Wunden schließt. Dieser Prozess läuft schon seit geraumer Zeit, und doch werdet ihr kaum glauben, dass das ein Prozess ist, der von euch selbst initiiert wurde. Ihr habt veranlasst, dass die Heilung der Erde von innen heraus möglich ist, und zwar zu einem Zeitpunkt, wo ihr erst am Anfang eures Wandels steht. Das ist etwas ganz Besonderes, denn ein Heilungsprozess setzt üblicherweise erst dann ein, wenn die Ursache vollends ausgeschaltet wurde. In diesem Falle seid ihr selbst die Ursache gewesen, doch habt ihr auch unbewusst dafür gesorgt, dass sich die Erde zu regenerieren beginnt, obwohl ihr noch gar nicht aufgehört habt, sie zu schwächen und zu schädigen.

Durch den Umstand, dass ihr alle unbewusst erkannt habt, dass diese Erde so nicht weiter geschädigt werden kann, habt ihr gedanklich damit begonnen, sie zu heilen. Dieser Prozess hat eingesetzt, sowie ein überwiegender Teil der Menschheit festgestellt hatte, dass ihr dringend etwas unternehmen müsst, um der Erde zu helfen, auch wenn ihr im Einzelnen gar nicht wusstet, was genau zu tun ist und wie ihr dieses Ziel erreichen könnt. Ihr seid zwar heute nach wie vor die größten Verursacher von Schäden an der Erde und in der Natur, doch seid auch wiederum ihr es, die dafür gesorgt haben, dass sie nicht mehr so eklatant ausufern und sich zurückzubilden beginnen. Euer Leben auf der Erde hatte sich ungebremst in eine Richtung entwickelt, die euch gar nicht gefällt, und das alleine reichte aus, um einen schöpferischen Akt zu setzen, denn euer diesbezügliches kollektives Bewusstsein hat euch geholfen, der Erde Heilung im Anfangsstadium zukommen zu lassen. Euer Bewusstsein ist so mächtig, dass ihr euch nicht vorstellen könnt, was es bedeutet, wenn der überwiegende Teil der Menschheit sich etwas fest vorgenommen hat. Eure Gedanken sind schöpferisch, und je mehr Menschen sich daran beteiligen, desto eher wird das Ergebnis eintreten, das ihr alle anstrebt. Wenn ihr euch das vor Augen haltet, dann seht ihr, wie wichtig es ist, dass ihr alle zusammen ein einheitliches

Ziel verfolgt – ihr habt euch untereinander verständigt, ohne zu wissen, dass ihr dies tut – ihr wart euch einig und habt beschlossen, der Erde zu helfen. Dies alleine reichte aus, um einen Prozess in Gang zu setzen, der immer mehr Fahrt aufnehmen wird, je mehr ihr euer Bewusstsein darauf konzentriert. Ihr könnt schon die ersten Fortschritte sehen, denn viele Bereiche eures Ökosystems sind zwar noch stark geschwächt, doch gibt es erste Anzeichen von Erholungen, und die können beschleunigt werden, indem ihr euch weiter intensiv gedanklich damit beschäftigt.

In der Welt, in der ihr euch befindet, kann man sich von nun an alles so erschaffen, wie man es sich wünscht. Ihr seid von nun an in der Lage, alles nur mit euren Gedanken zu beeinflussen, und müsst nicht mehr selbst so intensiv daran körperlich mitarbeiten. Vieles geht ab sofort leichter, denn ihr könnt euch die Welt so richten, wie sie euch gefällt. Greift jederzeit auf euer gedankliches Potenzial zurück, denn es ist für euch eine wahre Wohltat, wenn ihr erkennt, dass die Welt letztlich nur ein Konstrukt eurer Gedanken ist. All das materialisiert sich, was ihr in euren Gedanken erschaffen habt. Alles wird zur Realität, was kurz zuvor noch in euren Köpfen war. Ihr werdet euch daran orientieren können, und ihr werdet euch jederzeit darauf verlassen können, denn die neuen Fähigkeiten sind ein echter Segen für euch und euer Leben auf der Erde.

Vieles, das ihr bisher noch mühsam produzieren und euren Körper dafür einsetzen musstet, kann ab sofort viel einfacher hergestellt werden, denn nichts und niemand wird euch jemals wieder dazu auffordern, eure Körperkräfte einzusetzen, wenn es doch viel einfacher mit der Kraft der Gedanken geht. Wenn ihr dies nicht nur verstanden, sondern gedanklich ausprobiert habt, dann werdet ihr vollends davon überzeugt sein. Doch zuerst müsst ihr euch gedanklich darauf vorbereiten, und das könnt ihr bereits jetzt tun. So wie ihr euch die Welt herbeisehnt, die nun auf euch wartet, so habt ihr auch die Möglichkeit, diese jetzt schon im Detail zu gestalten. Ihr könnt so vieles bereits jetzt gestalten und euch darauf verlassen, dass die Macht eurer Gedanken genau das ermöglichen wird, was ihr für euer künftiges Leben vorgesehen habt. Nutzt die Macht dieses Mediums und ihr könnt feststellen, dass in Windeseile alle gewünschten Ergebnisse erzielt werden können.

Ihr könnt also auch euer wirksamstes Werkzeug dafür einzusetzen, dass die alten Wunden dieser Erde alle verheilen und alle Ereignisse, die jemals stattgefunden haben, geheilt werden. Ihr könnt dieses Werkzeug dafür einsetzen, der Erde die Heilung zukommen zu lassen, die sie benötigt, um nach den alten Verletzungen und den sonstigen Wunden, die euer Industriezeitalter ihr geschlagen hat, wieder erblühen zu können. Ihr werdet die Erde mit euren Gedanken heilen und werdet ihr die Energie zukommen lassen, die sie an den jeweiligen Stellen zur Heilung benötigt. Ihr könnt dies bereits heute tun und euch darauf verlassen, dass eure Heilungsbemühungen genau dort ankommen, wo ihr es haben möchtet. Ja, ihr seid aufgefordert, dies bereits heute zu tun und der Erde zurückzugeben, was sie euch über die vielen Jahre gegeben hat. Nehmt dies zum Anlass, der Erde voll und ganz eure Liebe zu spenden und aus tiefstem Herzen Dank zu sagen, dass sie euch genährt und ein Zuhause gegeben und die Basis für all die Erfahrungen geboten hat, die ihr jetzt benutzt, um sie der Erde zugutekommen zu lassen.

Es ist euch schon gelungen, euch von den alten, dreidimensionalen Verhältnissen zu verabschieden und euer Bewusstsein auf eine Dimension anzuheben, die sich von der niederen Schwingung bereits deutlich abhebt. Die neue Energie ist voll im Anmarsch und ihr seid bereits auf ihre Ankunft vorbereitet. Ihr könnt sie aufnehmen, und ihr könnt sie integrieren, doch zuvor müsst ihr noch etwas sehr Wichtiges erledigen: Ihr solltet auf all die bisherigen Strukturen verzichten. Hebt euch von den bisherigen Strukturen eurer Gesellschaft ab und lasst sie einfach unter euch zusammenbrechen. Seht zu, wie alles von selbst verschwindet, was in der neuen Energie keinen Platz mehr hat. Seht einfach nur zu und beobachtet, wie sich alles in Staub auflöst. Nichts kann weiter existieren, das nicht bereits auf der Energie der Neuen Zeit basiert, und daher habt ihr es zu erdulden, dass die alten Systeme alle zusammenbrechen. Ihr müsst es hinnehmen und ihr müsst zusehen, wie die Welt eine andere wird, wenn sich diese Systeme zu verabschieden beginnen. Ihr seht es auf euch zukommen, und doch haltet ihr noch intensiv daran fest. Ihr könnt es aber nicht festhalten, denn die Zeit ist reif für den Übergang. Hört auf, euch daran zu klammern, und lasst alles los, was mit der alten Zeit in Verbindung steht. Lasst es los und ihr werdet frei sein. Wenn ihr weiter daran festhalten möchtet, dann wird es euch schmerzhaft entrissen werden und ihr werdet keine Freude am Wandel haben. Seht dem großen Wandel gelassen entgegen und freut euch, wenn ihr erkennen könnt, dass sich die Systeme zu verabschieden beginnen. Unterstützt diesen Prozess und freut euch darauf, dass sie bald völlig verschwunden sein werden. Nehmt es an und erfreut euch an der neuen Freiheit, denn die alten Systeme hatten nur den Auftrag, euch an ein System zu binden und euch festzuhalten, euch zu fesseln und zu treuen Untertanen zu machen. Jetzt werdet ihr aber aus dieser Umklammerung befreit und könnt euch endlich voll und ganz entfalten.

Wenn ihr dies vollbracht habt und die Systeme zusammenbrechen und ihr seht und erkennt, dass dies nur zu eurem höchsten Wohl geschieht, dann seid ihr im Geiste bereits völlig befreit. Nehmt dies an und überprüft, ob ihr es auch tatsächlich vollständig losgelassen habt. Seht zu, dass euer Leben die Richtung nimmt, die es soll, um mit voller Kraft auf die neue Zeit zuzusteuern. Nehmt es an und konzentriert euch auf die Neue Zeit, denn von nun an gibt es keine andere Richtung mehr, in die ihr gehen könnt. Ihr seid bereits auf dem Weg, auch wenn es viele noch nicht verstanden haben. Nehmt alle mit, die glauben, dass sie festhalten können, und ihr befreit sie damit ebenso, wie ihr euch davon befreit habt. Nehmt alle Menschen mit auf die Reise in die Neue Zeit und erklärt ihnen im Detail, was auf sie zukommt. Ihr seid also nicht nur unmittelbar davon Betroffene, sondern ihr seid ebenso Botschafter für die anderen Menschen. Macht euch dies bewusst und nehmt diese Herausforderung an, denn sie werden es euch alle sehr danken, wenn sie verstanden haben, dass das Neue Zeitalter kurz davor ist, in euer aller Leben zu treten und sich hier zu manifestieren.

In dieser Welt habt ihr ab sofort keine anderen Aufgaben mehr als die hier in diesem Buch geschilderten. Ihr habt letztlich nur eines zu vollbringen – loszulassen und euch vorzubereiten, alles andere wird sich von selbst ergeben. Ihr müsst diesen Prozess fördern, indem ihr euch aus der alten Zeit verabschiedet und alles Alte einfach loslasst und das Neue mit weit geöffnetem Herzen begrüßt. Ergebt euch all den Veränderungen, denn ihr könnt sie nicht abwenden. Ergebt euch den Ereignissen und seht einfach nur zu und erkennt in den einzelnen Geschehnissen den Wandel hin zu einer freien Welt. Das ist euer Auftrag und den solltet ihr alle sehr ernst nehmen, denn durch die so entstehende Gelassenheit könnt ihr alles vermeiden, was euch belasten könnte und euch den Aufstieg zu einem Ereignis der Belastung werden ließe. Je freier ihr dies betrachtet, desto freier wird es euch vorkommen, auch wenn ihr da und dort noch in den Systemen bleiben müsst, die euch derzeit auferlegt sind. Je freier euer Geist jedoch für diese Zeit bleibt, desto einfacher habt ihr es beim unmittelbaren Übertritt, denn ihr wisst, dass die alten Systeme deshalb am Zusammenbrechen sind, weil sie Platz machen für die neuen, die auf der neuen Basis aufgebaut werden, und dann könnt ihr aktiv mitgestalten und dafür sorgen, dass die Neue Zeit genau so aussieht, wie es euch gefällt.

Frage: Es ist schön zu hören, dass wir unbewusst für die Erde bereits einen Heilungsprozess eingeleitet haben. Wo sollen wir mit den Erdheilungen am besten ansetzen, woher wissen wir, dass wir genau hier eine Heilung durchführen sollen, woher wissen wir, was genau wir der Erde zukommen lassen sollen, um ihr zu helfen?

Antwort: Auf dieser Erde gibt es eine Menge von Bereichen, die dringend einer Heilung bedürfen. Ihr könnt beginnen, wo immer es euch wichtig scheint, doch gibt es Stellen, die besonders sensibel sind und die dringend Unterstützung brauchen. Solche Stellen sind speziell eure Städte, und da ganz besonders die großen Städte, denn dort leben so viele Menschen auf einem sehr engen Raum, und daher benötigen diese Städte sehr bald eine Auffrischung der vor Ort vorhandenen Energie. In den Städten entsteht das große schwarze Loch der negativen Energie, die ihr laufend produziert und die nach wie vor in die Erde hineinfließt, solange ihr eure Gedanken nicht unter Kontrolle halten könnt. Wenn ihr euch in so einer Stadt befindet, dann nehmt euch die Zeit und trefft euch in möglichst großen Gruppen, damit ihr euch auf die bevorstehende Lebensspende vorbereiten könnt. Es ist wichtig, dass sich viele Menschen zusammentun, denn je mehr es sind, desto wirkungsvoller ist die Zeremonie. Ihr seid alle aufgefordert, euch an dieser Zeremonie zu beteiligen, denn es ist enorm wichtig, dass ihr selbst einmal verspürt, was euch die Mutter Erde mitzuteilen hat und was ihr durch die Erdheilung verspüren könnt, wenn ihr den Unterschied feststellt, wie es sich zuvor angefühlt hat und wie es sich danach anfühlt. Ihr könnt der Mutter Erde einen großen Dienst erweisen, indem ihr die Erde in den großen Städten zuerst heilt, denn dort verspürt sie die größten Mängel und dort ist das Leben durch die Umstände ganz besonders von den negativen Energien beeinflusst. Je mehr Menschen zusammenkommen, die ihre Gedanken nicht unter Kontrolle haben, desto größer ist die negative Energie, die in der Erde gespeichert wird. Ihr könnt dann die Mutter Erde anrufen und sie befragen, welche Art von Zeremonie ihr vollbringen sollt, und ihr könnt mit ihr vereinbaren, welche Ergebnisse ihr mit eurer Heilungszeremonie erreichen möchtet. Ihr könnt ihr sagen, dass ihr z.B. die Liebe zurückbringen möchtet, und spendet dann aus vollem Herzen die göttliche Liebe für diese Stadt. Wenn ihr hingegen dieser Stadt eine Entgiftung verabreichen möchtet, dann spendet dieser Stadt reinigende Energie, die ihr direkt über uns beziehen könnt. Ihr könnt auf die unterschiedlichste Art Heilung bringen, doch solltet ihr mit der Mutter Erde zuerst absprechen, was sie denn an dieser Stelle am meisten benötigt, damit sie ihren Energieausgleich bekommen kann. Dies ist für euch die erste Aufgabe, um herauszufinden, was denn vor Ort überhaupt benötigt wird. Viele Städte leiden unter den negativen Energien der vielen Menschen, doch gibt es auch Städte, wo dies ganz anders ist und ihr euch um völlig andere Bereiche kümmern müsst, bevor ihr die Liebe spendet. Fragt Mutter Erde und sie wird euch anweisen, was es zu tun gibt.

Nachdem ihr erfahren habt, was Mutter Erde an dieser Stelle benötigt, könnt ihr euch darum bemühen, ihr all das zu geben, wonach sie sich sehnt. Ihr habt aber auch noch eine zusätzliche Möglichkeit, um der Erde einen Dienst zu erweisen. Geht hinaus in die weite Welt und erklärt der Natur euren Beistand, sendet eure göttliche Liebe an all die Pflanzen und Tiere, die da draußen leben und die ebenso unter diesen negativen Einflüssen der zahlreichen Menschen leiden. Ihr könnt der Natur eure Aufwartung machen und euch mit den Naturwesen unterhalten und ihnen das zukommen lassen, worum sie euch bitten, wenn ihr sie fragt. Die Naturwesen sind dazu da, um euch Menschen die Natur zu erhalten, doch haben sie es oft nicht leicht mit ihrer Aufgabe, und daher benötigen sie ebenfalls eure Unterstützung auf energetischer Basis wie durch eure Handlungen. Der Natur eure Aufwartung zu machen, ist ein enormer Schritt, der sehr, sehr viel bewirken kann, denn die Natur hat ebenso große Schäden erlitten wie der Organismus der Erde selbst. Ihr könnt der Natur eure Aufwartung machen und ihr das zurückgeben, was ihr ihr über die vielen Jahre genommen habt. Sie konnte sich immer nach geraumer Zeit wieder regenerieren, doch fällt ihr dies zunehmend schwerer, denn sie hat über die Zeit viele Möglichkeiten, sich selbst wiederherzustellen, eingebüßt, und langsam wird es immer schwieriger, das Gleichgewicht aufrechtzuerhalten. Nehmt dies zum Anlass, zu erkennen, dass ihr es mit einem komplexen Organismus zu tun habt, der ständig im Gleichgewicht gehalten werden muss, und wenn ihr auf der einen Seite massiv eingreift, dann ist die Natur gefordert, auf der anderen Seite einen Ausgleich zu schaffen. Gelingt ihr dies nicht, und dies ist oft bereits sehr kritisch, dann könnt ihr es nicht mehr aufhalten, dass die Natur völlig kollabiert und das Ergebnis dann für euch alle fatal ist.

Frage: Wie gehen wir am besten mit solch enormen Schäden wie z.B. der Ölpest im Mexikanischen Golf um? Wie können wir helfen, damit die Ölpest bald der Vergangenheit angehört und die Natur sich wieder erholt?

Antwort: Wenn ihr euch dieses Ereignis genauer anschaut, dann werdet ihr feststellen, dass es letztlich aus einem einzigen Grund entstanden ist. Und dieser Grund ist die Gier der Menschen. Dieses Ereignis hätte nicht passieren müssen, wenn die Gier der Menschen nicht so groß wäre. Niemand hätte euch davon abgehalten, wenn ihr schon vor Jahren gesagt hättet, ihr möchtet diese Ausbeutung der Erde und das maßlose Verbrennen der Ölvorräte unterbinden und aktiv nach Alternativen suchen. Dies wäre bereits vor einigen Jahrzehnten möglich gewesen, doch war die Gier der Menschen einfach zu groß, denn damit konnte man ja nicht so viel Geld verdienen, wie man dies über die Jahrzehnte mit dem Öl getan hat. Wenn ihr jetzt das Ergebnis betrachtet, dann soll es euch in erster Linie vor Augen führen, wohin die Gier den Menschen führt, wenn sie nicht unter Kontrolle gehalten wird. Ihr wurdet viele Jahre manipuliert und im Glauben gelassen, dass es ja gar nicht so schlimm ist, wie es von manchen Menschen dargestellt wurde, doch in Wahrheit war die Ausbeutung der Erde und die Umweltschäden, die daraus unmittelbar entstanden sind, noch sehr viel größer, als ihr es euch je hättet vorstellen können. Wenn ihr beherzigt hättet, was euch die Wissenschaftler und die Umweltschützer schon lange warnend mitgeteilt haben, dann hättet ihr es abgelehnt, euch solche Fahrzeuge und solche Heizsysteme zuzulegen, und die Wirtschaft wäre gezwungen gewesen, euch Alternativen anzubieten. Stattdessen habt ihr dieses Spiel mitgemacht, und die Rechnung bekommt ihr jetzt vor Augen geführt.

Ihr könnt der Natur helfen, indem ihr euch alle zusammentut und euch energetisch auf dieses Unglück einschwingt und ihm energetisch Heilung bringt. Dies wird dann funktionieren, wenn wirklich weite Teile der Weltbevölkerung zusammenkommen, um auf diese Art und Weise Heilung zu spenden, denn ihr alle habt dies verursacht, und nur ihr alle zusammen könnt es auch wieder heilen. Es wird nicht möglich sein, wenn einzelne kleine Gruppen sich aufmachen, um der Natur beizustehen, denn es ist ein Problem aller Menschen, und alle haben ihren Teil dazu beigetragen. Der Ölteppich kann nur dann wieder verschwinden, wenn ihr alle ihn sozusagen gedanklich auflöst. Er muss sich auflösen, um der Natur wieder Luft zum Atmen zu geben, doch kann er dies nicht so schnell alleine, und daher müsst ihr alle mitmachen, um das zu erreichen. Doch sollt ihr euch momentan nicht zu sehr darüber Sorgen machen, wie ihr diesen Ölteppich jetzt sofort auflösen könnt, sondern euch vielmehr Gedanken darüber machen, wie es in Zukunft vermieden werden kann, dass sich die Menschen der Gier hingeben und so etwas nie wieder vorkommt. Der Weg führt alleine darüber, dass ihr aufhört, euch wie Räuber über den Planeten herzumachen und all das, was er zu bieten hat, schamlos zu entnehmen und für eure Gier zu verwenden. Das ist der erste Ansatzpunkt, um den es geht. Der zweite Punkt ist die Alternative, doch wird es euch nicht von heute auf morgen möglich sein, eine Alternative in diesem Ausmaß herzustellen, somit ist es wahrscheinlich für einen bestimmten Zeitraum noch notwendig, euch damit abzufinden, dass eure Technologien Erdöl verbrauchen, auch wenn es euch gar nicht mehr gefällt.

Ihr könnt euch gar nicht vorstellen, wie sehr sich die Erde wünscht, dass ihr auf Alternativen zurückgreift, doch seid ihr dazu im Moment nicht in der Lage, denn euer System, alles mit Geld aufzuwiegen, lässt diesen großen Wandel eures Denkens nicht zu. Ihr könnt im Augenblick nichts dagegen unternehmen, und daher könnt ihr der Ölpest auch nur mit euren konventionellen Mitteln entgegentreten. Mehr Möglichkeiten habt ihr im Augenblick nicht, denn es wird euch im Moment noch nicht gelingen, einen Großteil der Weltbevölkerung dazu zu bringen, sich mit der Heilung der Ölpest zu beschäftigen, denn die Fähigkeiten, die ihr dafür benötigt, bekommt ihr erst mit dem bevorstehenden Aufstieg, und dann müsst ihr diese erst einsetzen lernen, was etwas länger dauern wird, als wir heute an Zeit zur Verfügung haben. Ihr könntet dies aber zum Anlass nehmen, euch gedanklich auf die Neue Zeit einzustimmen und euch darauf vorzubereiten, wie man der Natur Beistand leisten kann, indem ihr euch Gedanken macht, wo ihr denn ansetzen möchtet, um den Naturwesen eure Unterstützung zuteil werden zu lassen. Überlegt, wo ihr in eurem unmittelbaren Bereich ansetzen würdet, und beginnt damit, dies im Kleinen auszuprobieren, denn sehr bald werdet ihr verstanden haben, dass die Naturwesen für jede kleine Hilfe sehr dankbar sind und sich auch sofort erkenntlich zeigen werden.

Frage: Welche Fähigkeit fehlt uns derzeit, um dies zu vollbringen?

Antwort: Obwohl ihr Menschen ja im Geiste immer miteinander verbunden seid, gibt es doch eine bewusst gehandhabte Möglichkeit, euch über weite Strecken hinweg alle miteinander zu verständigen. Dies ist eine Fähigkeit, die zwischen Einzelnen von euch bereits jetzt ganz gut funktioniert, doch ist dies in der derzeitigen Schwingung relativ schwierig durchzuführen und aufrechtzuerhalten. In der neuen, viel höheren Schwingung wird die Kommunikation zwischen euch Menschen hauptsächlich über Telepathie funktionieren und ihr könnt dabei eine weltweite Absicht kundtun, die alle Menschen empfangen und sich entsprechend daran beteiligen können. Diese Fähigkeiten stehen euch derzeit nicht zur Verfügung und daher müsst ihr noch etwas Geduld haben, bis ihr es auf diese Art und Weise lösen könnt.

Fragen und Antworten

An dieser Stelle des Buches wurde ich von Erzengel Michael aufgefordert, eine längere Schreibpause einzulegen und mich mit zusätzlichen Informationen zu beschäftigen, die mir zwischenzeitlich in die Hände gespielt wurden. Ich habe in dieser Pause viel gelesen und intensive Gespräche über diverse Themen geführt. Mein Notizblock mit den offenen Fragen hat sich sehr schnell gefüllt, und ich habe die Themen, die alle Menschen betreffen, hier in Fragen formuliert und um Antworten gebeten:

Frage: Das Thema Ernährung der Menschheit stellt derzeit, so wie die meisten anderen Bereiche unseres Daseins, eine rein wirtschaftliche Komponente dar – in allen Bereichen geht es hauptsächlich um Profit. Qualität, Gesundheit, Ausgewogenheit und die gerechte Ernährung aller Menschen weltweit kommen dabei leider viel zu kurz. Das Ergebnis des Profitdenkens ist Genmanipulation, Hunger in weiten Teilen der Welt, Krankheiten, Umweltschäden, Vergiftung durch Pestizide und die Ausscheidungen der in Massen gehaltenen Schlachttiere. Wissenschaftlich bewiesen ist, dass der Mensch für eine gesunde Ernährung kein tierisches Eiweiß benötigt und dass dieses sogar die Hauptursache für die meisten unserer Zivilisationskrankheiten darstellt. Hinlänglich bekannt ist auch, dass für die Tierzucht unverhältnismäßig große Ackerflächen für den Futtermittelanbau benötigt werden und diese durch Pestizide und übermäßige (Kunst)düngung verseucht sind. Unmengen von immer knapper werdendem Trinkwasser werden in der Viehzucht verbraucht, und es gibt viele weitere Auswirkungen, die uns ganz und gar nicht dienlich sind. Wie siehst du die aktuelle Ernährung der Menschheit und wie wäre es uns dienlicher?

Antwort: Die Menschheit ist derzeit von vielen Problemen umringt, die natürlich unmittelbare Auswirkungen auf die Lebensqualität haben. Die Ernährung der Menschheit geschieht derzeit über das tierische Eiweiß, denn es wurde euch schon vor langer Zeit aus rein wirtschaftlichen Überlegungen schmackhaft gemacht, Tiere in unterschiedlichster Form zu verzehren. Die Köche hatten unzählige gute Einfälle, wie man tierisches Fleisch schmackhaft zubereiten kann, und so ist es für euch ganz normal, dass ihr so viele Tiere ausschließlich dafür züchtet, um sie zu verspeisen. Ihr solltet jedoch einmal in Erwägung ziehen, dass die Tiere ebenso wie ihr eine Seele in sich tragen, die hier auf der Erde inkarniert ist, um gewisse Erfahrungen zu machen und in ihrer lichtvollen Entwicklung voranzukommen. Ihr seid bisher ohne Skrupel zu jeder Zeit in den Supermarkt oder zum Fleischer gegangen und habt euch einen Braten mit nach Hause genommen, um ein Festmahl zu bereiten. Ihr solltet euch einmal überlegen, wie es denn zustandegekommen ist, euer Festmahl!

Da gab es einmal ein Muttertier, das vielleicht sogar künstlich befruchtet wurde, um möglichst viele Jungtiere auf die Welt zu bringen. Diese wurden dann unmittelbar nach ihrer Geburt markiert, gewogen und mit Medikamenten vollgestopft, damit sie ja überleben und auf keinen Fall eine Krankheit bekommen. Dann seid ihr auf die Idee gekommen, dass dieses Tier ja am besten gleich künstlich mit gewisser Kraftnahrung vollgestopft werden könnte, damit es sich möglichst schnell und möglichst ertragreich entwickeln kann. Dass dieses Leben für ein Tier alles andere als gesund ist, war vorauszusehen, doch hat es euch bislang nicht gekümmert. Ihr habt ganz vergessen, dass Tiere ebenso Gefühle haben wie ihr und dass Tiere ebenso ein Anrecht auf ein artgerechtes Leben haben wie ihr und dass sie ihren Freiraum brauchen, um sich gesund und glücklich entwickeln zu können. Ihr habt dies negiert und habt dadurch die Tiere auf bestialische Art großgezogen und sie dann dem Schlachthof übergeben, um dort getötet und verarbeitet zu werden. Für euch ist dies ganz normal, denn Tiere sind in euren Augen ja nicht mehr wert, denn sie sind ja nur Schlachttiere und dienen ausschließlich eurer Ernährung. Alle anderen Komponenten habt ihr außer Acht gelassen und dabei auch völlig übersehen, dass sich die Behandlung der Tiere auf deren gefühlsmäßigen Zustand massiv auswirkt und die Ausschüttung von Stresshormonen durch ihre Angst über einen langen Zeitraum sehr hoch war und ihr diese Energie mit dem Fleisch des Tieres mit in euch aufnehmt. Dadurch seid ihr in einen Kreislauf eingebunden, der die gespeicherten Zustände des Tieres auf euren eigenen Zustand überträgt, was bedeutet, dass ihr ebenso mit diesen negativen Emotionen behaftet seid.

Die Tiere haben eine andere Aufgabe, als euch zur Nahrung zu dienen – das solltet ihr euch klar vor Augen führen, denn sie sind ebenso wie ihr erschaffen worden, um diese Erde zu bereichern und nicht, um von euch verspeist zu werden.

Die Menschheit hat derzeit ein massives Hungerproblem, und sie hat keine Vorstellung, wie sie dieses Problem jemals in den Griff bekommen kann. Der Grund dafür liegt einerseits darin, dass Ackerflächen für Tierfutterproduktion benutzt werden statt damit die Menschheit zu ernähren. Darüber hinaus können gewisse Leute leider nicht mehr genug Geld damit verdienen, und so werden immer noch mehr Flächen für die Tierzucht bzw. den Anbau des Tierfutters verwendet, weil man sich über diese Schiene mehr Profit verspricht. Sowie ihr diesen Kreislauf unterbrochen habt, werdet ihr damit aufhören können, immer noch mehr Waldflächen für die Landwirtschaft zu roden und stattdessen anfangen, der Natur viele Flächen zurückzugeben, damit diese auswildern können. Ihr habt mehr als genug Ackerflächen, womit ihr die ganze Menschheit ernähren könnt – nutzt sie und macht daraus den Feinkostladen des Universums, denn die Möglichkeiten, die ihr auf der Erde habt, sind einzigartig. Nirgendwo gibt es eine so große Vielfalt an Möglichkeiten, die Menschen schmackhaft zu ernähren – genießt dies und hört auf, die Tiere ihrer natürlichen Aufgabe zu berauben.

Frage: Darf der Mensch überhaupt töten (auch Tiere) – baut er damit Karma auf? Kommt dies damit in irgendeiner Form auf ihn zurück?

Antwort: Wenn ihr Menschen eine Handlung setzt, dann hat diese Handlung unmittelbare Auswirkungen auf euch, denn alles kommt direkt oder indirekt auf euch zurück – das ist ein Grundgesetz! Wenn ihr jetzt ein Tier tötet, bedeutet das nicht, dass ihr ebenfalls durch ein Tier getötet werdet, sondern es hat auf eine andere Art und Weise Auswirkungen auf euch Menschen. Nachdem die Tierzucht ein weltweites Thema ist, könnt ihr euch vorstellen, dass die Auswirkungen unmittelbar die ganze Menschheit betreffen. Dies bedeutet, dass ihr euer Leben sehr viel einfacher gestalten könntet, wenn ihr aufhört, Tiere zu töten und Tiere zu verzehren. Ihr steht an der Spitze der Nahrungskette und könnt theoretisch alles tun und lassen, was ihr wollt, denn aus der Natur droht euch keine unmittelbare Gefahr. Die Gefahr lauert jedoch im Detail, denn das Karma, das ihr dadurch auslöst, kommt in unterschiedlichster Form wieder auf euch zurück. Krankheiten sind nur ein Teil davon.

Frage: Gibt es tatsächlich eine geheime Weltregierung – die wahren Mächtigen dieser Erde, die das meiste Geld besitzen und nahezu alles kontrollieren und die Massen manipulieren?

Antwort: Ja, diese geheimen Mächte im Hintergrund gibt es wirklich. Ihr seid alle von einer mächtigen Organisation im Hintergrund regiert, die sich nicht zeigt, auch wenn man sie herausfordert, und die immer und überall jemanden hat, der für sie arbeitet und dafür sorgt, dass nur die Informationen an die Öffentlichkeit gelangen, die ihr nützlich sind.

Frage: Werden wir u.a. durch kleinste, „informierte" Nano-Partikel in unserer Nahrung manipuliert?

Antwort: Eure Nahrung besteht heutzutage zu einem großen Teil aus Fertigprodukten, die industriell gefertigt werden. Leider hat dieser Umstand dazu geführt, dass diese nicht nur die natürlichen Bestandteile enthalten, sondern eine Reihe von Zusatzstoffen, Aromen, Chemikalien und sonstigen Stoffen, die zur Konservierung und zum besseren Geschmack beitragen. Darin liegt aber auch das grundlegende Problem, dass darin kleinste Partikel enthalten sind, die euch gewisse Informationen übermitteln, die euer Körper bereitwillig aufnimmt. Es sind sogenannte Botenstoffe, die euch insofern manipulieren, indem sie euch nach gewissen Stoffen verlangen lassen, die eben in gewissen Produkten eines Herstellers enthalten sind. Dadurch entwickelt ihr eine Art Abhängigkeit von diversen Produkten gewisser Hersteller. Das wirkt dahingehend, dass ihr automatisch nach diesen Produkten greift, die diese Stoffe beinhalten – ihr seid quasi auf gewisse Produkte ferngesteuert.

Frage: Wie können wir die bereits in unseren Körpern befindlichen Informationen unschädlich machen und uns vor neuerlicher Kontaminierung schützen?

Antwort: Wenn ihr euch aus dieser Abhängigkeit befreien wollt, dann müsst ihr eure Ernährung völlig umstellen! Ihr müsst aufhören, Fertigprodukte zu verspeisen, und ihr müsst aufhören, Nahrung aus tierischem Eiweiß zu kaufen, denn sowohl im Fleisch als auch in daraus gewonnenen Produkten sind diese Stoffe enthalten. Ihr könnt nur davon wegkommen, wenn ihr aufhört, diese Produkte zu verzehren. Das ist die einzige Möglichkeit, euch dauerhaft davor zu schützen. Kauft euer Obst und Gemüse am Bauernmarkt und ihr habt keinerlei Probleme mit Abhängigkeiten und Manipulation eures Konsumverhaltens.

Frage: Ich kann mir vorstellen, dass es viele Menschen geben wird, die vor dem 21. 12. 2012 keine Gelegenheit haben werden oder sie nicht nutzen, um ihre persönlichen „Altlasten" (alte Konflikte, Traumen etc.)

zu bereinigen und die Umstände zu heilen. Brauchen wir massenhaft „Seelsorger", die den Menschen dabei behilflich sind, ihr Herz zu öffnen und sich auf die neue, bereits angebrochene Zeit einzustimmen?

Antwort: Wenn ihr mit der Entwicklung voranschreitet, dann werdet ihr erkennen, dass es viele Menschen gibt, die den Weg noch nicht weitergegangen sind und sich in Angst und Zurückhaltung üben. Diese Menschen werden allerdings unter einem sehr großen Druck zu leiden haben, denn die veränderten Energien lassen ihnen keinen Raum mehr, und sie können sich in der Dunkelheit nicht länger verstecken. Sie müssen ans Licht kommen, und sie werden geblendet sein von der lichtvollen Energie, die plötzlich auf sie einwirkt. Diese Menschen haben dann sicherlich Hilfe nötig, und ihr werdet erkennen können, dass diese Menschen sehr gerne Hilfe annehmen möchten, doch fehlt ihnen der Mut, sich im Licht zu zeigen, und daher brauchen sie eure Unterstützung. Jeder Einzelne ist ein Helfer des Aufstiegs, und ihr seid dann diejenigen, die diese Menschen an der Hand nehmen und ihnen die andere Seite zeigen, damit sie erkennen können, dass das Licht genau der richtige Weg, auch für sie, ist. Sie werden sich dann langsam hervorwagen und ans Licht treten und all die Informationen geballt aufnehmen, die sie so lange von sich ferngehalten haben. Dieser Prozess ist ein schwieriger, und sie werden schwer damit zu kämpfen haben, doch bleibt ihnen nichts anderes übrig, als sich der Sache zu stellen. Ihr werdet nicht nur einzelne Helfer sein, sondern ihr werdet euch zusammentun und gemeinsam daran arbeiten, dass alle Menschen den Weg finden und alle aus der Dunkelheit hervortreten können.

Frage: Viele Menschen haben sich auf den spirituellen Weg gemacht und glauben, über Seminare, Einweihungen u.v.m. rasch in ihrem spirituellen Wachstum voranzukommen. Es treten aus diesem Grund immer mehr spirituell arbeitende Menschen auf, die eine Vielzahl von Ausbildungen anbieten. Doch bei genauerem Hinsehen kann man häufig erkennen, dass diese „spirituellen Lehrer" ihre Hausaufgaben selbst

noch nicht gemacht haben und ihre eigenen Themen, statt sie zu berei-
nigen, auf andere Menschen übertragen. Einerseits finde ich es gut, dass
die Menschen gerne Neues lernen möchten, doch kann ich nicht befür-
worten, dass damit, statt wirksamer Hilfe zu liefern, nur Geld gemacht
wird. Wie siehst du diese Entwicklung?

Antwort: Die Aufgabe der vielen Menschen, die sich auf den Weg
gemacht haben, liegt nicht in erster Linie darin, sich möglichst viele
Ratschläge einzuholen und Aufgaben zu bewältigen, die im Rahmen
eines Seminars gestellt werden, sondern es geht darum, dass die
Menschen beginnen, überhaupt an sich zu arbeiten, und das kann
jeder Einzelne selbst tun, ohne groß Hilfe in Anspruch nehmen zu
müssen. Diese Welt braucht noch viele einzelne Menschen, die intensiv an sich arbeiten, denn sie wartet darauf, dass es letztlich diese
vielen einzelnen Individuen sind, die sich zusammentun, um miteinander alles zu schaffen, was die Zeit derzeit erfordert. Spirituelle
Lehrer sind wichtig, doch nicht unbedingt erforderlich, denn alles,
was jetzt vor euch steht, ist letztlich nichts anderes als eine Reihe
von Erkenntnissen, die ihr alle machen sollt, damit ihr so reif werdet, dass die gesamte Schöpfung auf dem aufbauen kann, was ihr
alle erfahren habt. Die Welt ist nur auf Eines angewiesen, und zwar
auf die Menschen, die mitmachen bei der großen Herausforderung,
dieses Universum massiv zu verändern. Alle, die darauf warten, dass
dies alles von selbst passiert, sind in einer Lage, die ihnen nicht viel
Freude bereiten wird, denn alles, was jetzt kommt, ist so intensiv,
dass es jemanden, der nicht gut vorbereitet ist, völlig aus der Bahn
werfen kann. Alles, was jetzt kommt, braucht Menschen, die aktiv
das aufnehmen, was es aufzunehmen gilt, denn es ist von größter
Wichtigkeit, dass die Menschen beginnen, zu begreifen, dass jetzt die
Chance besteht, einen großen Sprung in ihrer Entwicklung zu machen, und jeder, der sich dem verwehrt, wird schlussendlich auf der
Strecke bleiben. Das, was kommt, wird euch alle sehr anstrengen,
und das, was nicht kommt, wird deshalb nicht kommen, weil es
letztlich nicht so sein soll – das heißt, dass ihr alle darauf vorbereitet

sein müsst, dass das, was kommen soll, auch tatsächlich von euch gewollt ist, und alles, was nicht kommen soll, wird für viele auch nicht kommen können.

Frage: Seit ich mich mit Kollegen zusammengeschlossen habe und wir uns auf den Weg gemacht haben, möglichst viele Menschen darüber in Kenntnis zu setzen, wer sie wirklich sind und welche Auswirkungen diese Erkenntnis hat, sind zwischenzeitlich zahlreiche Arbeitsgruppen entstanden, die sich regelmäßig treffen, um spirituell zu wachsen und über das Zusammenleben in der Neuen Zeit zu diskutieren. Dass es Kräfte gibt, die diesen Wandel der Menschheit gerne unterbinden möchten, ist hinlänglich bekannt, doch interessanterweise begegnen uns zunehmend spirituell durchaus hochqualifizierte Menschen, die uns intensiv bekämpfen und uns zu blockieren versuchen, anstatt mit uns gemeinsam zu arbeiten. Diese fürchten anscheinend um ihre Position in ihrem Umfeld und um ihre Einnahmequellen, wenn immer mehr Gruppen entstehen, die keinen „Guru" mehr brauchen, sondern miteinander arbeiten und jeder seinen Teil in die Gruppe einbringt. Dieses Blockieren und Gegeneinander-arbeiten ist der Entwicklung der Einheit der Menschen nicht wirklich dienlich? Wie sollen wir uns richtig verhalten?

Antwort: Die Welt wird sich nicht mehr lange um diese Menschen kümmern müssen, die euch heute noch das Leben schwermachen, denn es wird einen großen Wandel geben, der die Menschen grundlegend verändert – alles, was euch derzeit noch im Wege steht, wird sich langsam, aber sicher in Wohlgefallen auflösen.

Frage: Man liest da und dort, dass ihr Engel mit der Entwicklung der Menschheit recht zufrieden seid und dass wir auf dem Weg in die Einheit große Fortschritte machen. Oftmals lobende Worte, doch wenn ich mir unsere Erde und unser Verhalten ansehe, dann kann ich damit nicht wirklich zufrieden sein. Wie seht ihr die Entwicklung auf der Erde?

Antwort: Ihr Menschen habt in der letzten Zeit enorme Fortschritte gemacht – euer Bewusstsein hat sich um viele Stufen angehoben, und ihr habt sehr viele neue Erkenntnisse gewonnen, die in euer Bewusstsein eingeflossen sind. Dies stimmt uns sehr froh, und wir sehen auch die Arbeit der vielen Menschen, die sich laufend mit der Materie auseinandersetzen, und wir erkennen, dass diese Arbeit über euer kollektives Bewusstsein auf alle Menschen Wirkung zeigt. Fahrt fort, wie ihr derzeit arbeitet, und setzt euch mit der Entwicklung intensiv auseinander. Je mehr ihr fokussiert, wie es denn künftig sein soll, um so eher werdet ihr diesen Zustand erreichen. Fahrt fort und wir werden euch wie immer begleiten und unterstützen. Fahrt fort mit all euren Intentionen, denn sie fruchten bereits, auch wenn ihr die Auswirkungen nicht unmittelbar erkennen könnt.

Frage: Die Menschen suchen zumeist im Außen ihr Glück – einige haben bereits verstanden, dass wir dieses Glück nur im Inneren finden. Ich wurde gelehrt, dass ein Mensch nur durch Meditation in seiner Entwicklung weiter vorwärts kommt. Ist diese Aussage korrekt, und welche Empfehlungen hast du für uns?

Antwort: Meditation ist wahrlich eine wunderbare Angelegenheit! Ihr werdet erkennen, dass ihr auf diesem Wege sehr viel mehr über euer innerstes Wesen in Erfahrung bringen könnt, wenn ihr erst einmal in die Tiefen eures Wesens vorgedrungen seid. Meditation ist für euch alle eine sehr wichtige Methode, um an innere Überzeugungen zu gelangen und sie auf die Neue Zeit umzuprogrammieren. Innere Überzeugungen sind es, die euch daran gehindert haben, den Weg ins Licht viel früher zu finden, und daher müsst ihr euch mit eurem Innersten beschäftigen, damit ihr dieses besser kennenlernt und euch darüber klar werdet, was euch denn bisher daran gehindert hat, einen großen Schritt vorwärts zu kommen. Meditiert über eure Überzeugungen, damit daraus neue Glaubenssätze geboren werden können, die eurem neuen Bewusstsein entsprechen. Bewusstsein entsteht im Inneren, und dort müsst ihr es antreffen und neu formen.

Die nun folgenden Fragen beziehen sich auf die Bücher von Drunvalo Melchizedek:

Frage: Aktuell haben viele Menschen Geldprobleme und entsprechende Existenzsorgen. Die Ursachen dafür sind vielfältig – häufig anzutreffen ist das bei Menschen, die keine Motivation oder vielleicht, besser gesagt, die Überwindung nicht mehr aufbringen, sich in unserem aktuellen System der Zeitsklaverei zurechtfinden zu wollen. Drunvalo Melchizedek erzählt von einem Grundgesetz, das Gott wie folgt erlassen hat:

„Die Menschheit könne sich entweder auf Gott verlassen, wenn es um ihren Lebensunterhalt ginge, oder auf sich selbst. Würden sich die Menschen auf Gott verlassen, so wäre alles Benötigte stets in Reichweite, verließen sie sich auf sich selbst, so würde er ihnen nicht die Hilfe geben, um die sie baten.“

In unserer heutigen Zeit verlassen sich die meisten Menschen auf sich selbst und immer mehr auf den Staat, um für ihren Lebensunterhalt zu sorgen. Wie können die Menschen zum Vertrauen in Gott zurückfinden und welche unmittelbaren Auswirkungen hätte dies auf den Einzelnen, sein Leben, seine Familie und sein Umfeld?

Antwort: Wenn ihr glaubt, dass ihr alleine seid auf dieser Erde, dann seid ihr es auch, und wenn ihr zulasst, dass ihr auf dieser Erde seid, um zu lernen und eure Überzeugungen neu auszurichten, dann habt ihr verstanden, dass das Experiment auf der Erde seinen Sinn hat, und zwar um der Entwicklung eurer selbst und des großen Ganzen willen. Ihr könnt euch aber frei entscheiden, was für euch richtig ist und was ihr als dienlich empfindet, somit könnt ihr euch weiter als Zeitsklaven von anderen Menschen bezahlen lassen, oder damit beginnen, auf eine ganz andere Art zu leben. Doch würde dies einen grundsätzlichen Paradigmenwechsel von euch allen erfordern. Wenn ihr euch dafür entscheidet, mit der Zeitsklaverei aufzuhören, dann habt ihr eure volle Freiheit zurückgewonnen und könnt tun und lassen, was immer ihr wollt. Ihr werdet dieses Gefühl sehr bald spüren, denn der Widerstand gegen euer System des

Geldverdienens ist bereits dermaßen groß, dass ihr bald merken werdet, dass sich die Menschen nicht länger versklaven lassen, sondern nur das tun möchten, was ihr Innerstes als wirklich nützlich empfindet. Ihr habt die Möglichkeit, diese letzte Phase eures alten Systems in der gewohnten Manier zu verbringen und euch aufgrund mangelnder Finanzen einzuschränken, doch wird euch dies wenig Freude bereiten, denn im Mangel zu leben, erfreut niemanden. Als Alternative steht jedoch das reine Gottvertrauen zur Verfügung, und ihr könnt euch diesem Vertrauen voll und ganz ausliefern. Darauf könnt ihr euch auf jeden Fall verlassen, denn wann immer ihr vollstes Vertrauen in das Leben habt, wird es für euch einen Weg finden, um euch all das zur Verfügung zu stellen, was ihr für euer tägliches Leben benötigt. Ihr könnt es auf dieser Erde derzeit noch nicht so richtig glauben, dass die Möglichkeit besteht, dass ihr euer Leben völlig anders gestaltet, als ihr es bisher getan habt. Dieses Vertrauen habt ihr noch nicht entwickelt, und daher fällt es euch schwer, dies auch tatsächlich jeden Tag aufs Neue aufzubringen und zu sehen, wie sich das Leben fügt und wie ihr alle zusammen langsam, aber sicher von der Liebe Gottes getragen und ernährt werdet. Ihr kennt dieses Gefühl derzeit nicht, doch werdet ihr es bald kennenlernen und dann wird sich euer Leben schlagartig verändern.

Frage: In meinem ersten Buch „Die Gesellschaft 2015" habe ich auf eine Frage zur Geschwindigkeit des Erwachens der Menschheit als Antwort erhalten, dass sehr bald eine „kritische Masse" an erwachten Menschen erreicht sein wird. Ich wusste zu diesem Zeitpunkt mit dieser „kritischen Masse" nicht wirklich viel anzufangen. Inzwischen habe ich erfahren dürfen, dass für jede Gattung von Tieren sowie für uns Menschen ein Gitternetz um die Erde gelegt ist und über dieses Gitternetz die Entwicklung, die an einem Ende der Welt gemacht wird, auf alle anderen übertragen wird. So konnten neu erlernte Fähigkeiten, die bei Tieren auf einer Insel erstmals beobachtet wurden, nur sehr kurze Zeit danach an weit entfernten Orten an den Tieren der gleichen Gattung ebenso beobachtet werden. Bedeutet dies, dass bei uns Menschen eine gewisse Anzahl – eben diese „kritische Masse" – ausreicht, um das gesteigerte Bewusstsein auf alle Menschen zu übertragen, ohne dass wir unbedingt alle persönlich mit den Informationen erreichen müssen? Ist dies vielleicht auch der Grund für die exponentiell schnelle Entwicklung der Menschheit, von der ihr immer wieder sprecht?

Antwort: Das habt ihr völlig richtig erkannt – die Menschheit ist über ein Gitternetz miteinander verbunden, und über dieses Netz verbreiten sich gewisse Strömungen und Informationen in die ganze Welt. Ihr könnt davon ausgehen, dass diese „kritische Masse" schon lange erreicht wurde und dass das Erwachen der ganzen Menschheit nur noch eine Frage von kurzer Zeit ist und dass sich die Menschheit sehr schnell in das neue Bewusstsein hineinfinden wird. Ihr habt die besten Voraussetzungen geschaffen, indem ihr euch mit dieser Materie auseinandergesetzt und die Mühe gemacht habt, so viel darüber zu erfahren. Ihr alle habt dazu beigetragen, dass ihr heute auf dem Weg in die nächste Dimension des Bewusstseins seid und dass euch alle Menschen auf diesem Weg folgen werden. Viele Menschen haben sich auf ihrem Weg in die nächste Dimension bereits mehrfach gefragt, wie denn die Information darüber in die ganze Welt gelangen wird, und dies hier ist die Antwort darauf, denn ihr braucht euch nicht alle persönlich damit auseinanderzusetzen – alleine ein gewisser Teil der Weltbevölkerung reicht aus, um die Entwicklung an allen Ecken der Erde voranzutreiben. Ihr habt dies getan und ihr habt es geschafft, die anderen Menschen mit auf den Weg zu nehmen, ohne dass es euch bewusst war. Fahrt fort mit eurer Entwicklung und alle werden euch folgen.

Frage: Welche Rolle spielen bei unserer aktuellen Entwicklung und dem bevorstehenden Aufstieg die Indigo-Kinder?

Antwort: Diese Kinder spielen eine sehr entscheidende Rolle, denn sie sind zur Erde gekommen, um mit ihrem gesteigerten Bewusstsein genau die Entwicklung, die wir zuvor beschrieben haben, einzuleiten.

Diese Kinder sind die Baumeister des Aufstiegs, und sie werden euch noch sehr behilflich sein, wenn ihr erst einmal in der neuen Ebene angekommen seid, denn sie finden sich dort instinktiv sofort zurecht, und sie werden euch anweisen, wie ihr euch am einfachsten an die neuen Gegebenheiten anpassen könnt.

Frage: Was genau ist mit der Aussage Jesu gemeint: „Ihr müsst werden wie die Kinder, um in das Himmelreich zu kommen..."?

Antwort: Ihr Kinder Gottes habt euch auf die Erde begeben, um das Leben dort am eigenen Leib zu verspüren, und ihr wart im Glauben lange Zeit von eurer Urquelle getrennt, doch seid ihr auf dem Weg zurück in die Einheit mit Gott. Euer Weg zurück ist genau der Weg, den ihr bestreiten solltet, und er führt euch an den Ursprung eurer Entstehung zurück, denn ihr habt euch alle zusammen selbst in dieses Abenteuer gestürzt und wolltet es spielerisch erleben. Dieses Abenteuer habt ihr dann aber doch nicht als ein Spiel betrachtet, und so ist es gekommen, dass ihr auf der Erde nicht das Himmelreich vorgefunden habt, das ihr dort zu finden glaubtet. Jetzt seid ihr dabei, dies zu korrigieren und wieder spielerisch mit dem Leben umzugehen, und daher befindet ihr euch auf dem Weg zurück zur Einheit und es erwacht wieder das spielerische Kind in euch und ihr werdet auf diese Weise leicht zu eurem Schöpfer zurückfinden. Spielt mit dem Leben so wie die Kinder und seht die Ernsthaftigkeit in einem ganz anderen Licht. Seht das Leben als ein Experiment, das ausschließlich dazu dient, es selbst am eigenen Leibe zu verspüren und daraus Erkenntnis und Weisheit zu ziehen. Je weiser ihr seid, desto eher werdet ihr es verstehen können und desto eher werdet ihr wieder sein wie die Kinder, um das Leben als das zu betrachten, was es ist – ein Spiel!

Frage: Ist die Erde bzw. unser Sonnensystem tatsächlich die galaktische Experimentierzone für den freien Willen, und entspricht es den Tatschen, dass unsere Erde durch das Luzifer-Experiment so sehr beeinflusst wurde, dass die Auswirkungen bereits mehrfach beinahe zur Zerstörung unseres Planeten geführt haben (ähnlich wie der Planet Maldek zerstört wurde, der uns als Asteroidengürtel bekannt ist)?

Antwort: Das Leben auf der Erde diente tatsächlich diesem Experiment und ihr solltet damit einen wichtigen Beitrag für die Galaktische Föderation leisten.

Frage: Besteht die Aufgabe der Menschheit tatsächlich darin, einen Mittelweg zwischen der Originalwirklichkeit und der Wirklichkeit Luzifers zu finden, um darüber die Beilegung des seit 200.000 Jahren ohne erkennbare Lösung herrschenden Lichtkriegs (Kampf zwischen Dunkelheit und Licht) im Universum zu erreichen? Wurde die Erde von Luzifer in Beschlag genommen, um dieses Experiment durchzuführen und dafür zu sorgen, dass auf diesem Planeten die Dualität voll und ganz zum Tragen kommt?

Antwort: Auf der Erde konntet ihr die Dualität voll und ganz ausleben, und ihr konntet euren freien Willen weitgehend verwirklichen, und daher konntet ihr auch an diesen jetzigen Punkt kommen, wo ihr kurz davor steht, euch bewusst zu machen, wer ihr wirklich seid. Durch die Erfahrungen, die ihr auf der Erde gesammelt habt, konntet ihr der Föderation eine Lösung aufzeigen, wie die Auseinandersetzungen zwischen der lichten und der dunklen Seite ein für allemal beigelegt werden können. Ihr habt euch dadurch den allerhöchsten Respekt von allen Völkern dieses Universums verdient, denn alle wünschen sich den Erfolg dieses Experiments, und ihr steht kurz davor, den endgültigen Beweis zu liefern.

Frage: Wie genau sieht denn diese Lösung aus?

Antwort: Der Anfang eures Lebens auf der Erde liegt weit zurück, und ihr habt im Zuge eurer Erlebnisse eine Menge Erfahrungen gesammelt, die euch jetzt voll und ganz dabei zugutekommen, aus eurem Schlamassel der gespaltenen Lebensweise herauszufinden. Ihr könnt euch darauf berufen, dass ihr alles versucht habt, um zu erkennen, welcher Weg letztlich für euch alle der gangbarste ist. Ihr könnt euch gar nicht mehr vorstellen, wie es zu Beginn eurer ersten Inkarnationen war – ihr habt euch alle zu sehr von eurer Quelle entfernt, und ihr wart völlig auf euch alleine gestellt. Ihr könnt euch daran nur noch dumpf erinnern, denn schon bald habt ihr begonnen, euch zusammenzutun, weil ihr erkanntet, dass das Miteinander jedem Einzelnen das Leben erleichtert. Nun habt ihr zwar erkannt, dass sich die Gruppierung lohnt, doch habt ihr nicht erkannt, dass alle anderen Gruppierungen nichts anderes wollen als ihr – in Frieden und Ausgeglichenheit leben. Ihr habt dann wieder damit begonnen, euch aufzuspalten, indem ihr euch unterteilt habt, und zwar in Gruppen der Anführer und in Gruppen der Arbeiter, die für die Anführer tätig sind. Diese Zweiteilung hat euch erneut von der Quelle getrennt. Ihr habt dann verstanden, dass es auch keine gute Lösung war, eure Gesellschaft zu spalten, und so habt ihr wieder begonnen, euch zu formieren, und jetzt steht ihr kurz davor, dass ihr versteht, dass es keinen Sinn macht, euch immer wieder zu zerteilen, denn in Wahrheit seid ihr alle eins. Dieser lange Weg der Erfahrung hat euch dies gelehrt, und jetzt seid ihr auf dem Weg zurück zur Quelle allen Lebens. Dieser Weg zurück ist der entscheidende, denn auf ihm erkennt ihr eure Abstammung sowie die Tatsache, dass die Welt ohne den Bezug zu ihrer göttlichen Quelle auf Dauer nicht lebensfähig ist. Die Lösung des Konflikts beruht letztlich ganz alleine darauf, dass ihr erfahren habt, wie es sich anfühlt, wenn man von seiner Quelle getrennt ist. Daraus habt ihr den Schluss gezogen, dass ihr alle auf die Quelle bauen müsst, um zu einem geruhsamen, liebevollen Umgang miteinander zu finden. Die Quelle ist die entscheidende Größe in diesem Spiel, und ihr habt mit eurem Werdegang unter Beweis gestellt, dass ihr ohne die Quelle nicht existieren könnt. Daher ist die Lösung eindeutig – alle Lebewesen im gesamten Universum brauchen den Zugang zur Quelle ihres Ursprungs, um dauerhaft ein Leben führen zu können, dass voll Würde und Liebe ist.

Frage: Wie wichtig ist es im Zusammenhang mit dem bevorstehenden Aufstieg und der unmittelbaren Zeit danach, Kenntnisse über die Heilige Geometrie zu haben?

Antwort: Es ist ganz und gar nicht von Bedeutung, über dieses Wissen zu verfügen – es hilft jedoch beim größeren Verständnis der Schöpfung.

Frage: Ist die Aktivierung des menschlichen Lichtkörpers (der Mer-Ka-Ba) durch die entsprechende Meditation von grundlegender Bedeutung für den Aufstieg, und wozu ist das nach seiner Aktivierung mit annähernder Lichtgeschwindigkeit um unseren Körper rotierende Energiefeld gedacht?

Antwort: Es ist ganz und gar nicht von Bedeutung für den Aufstieg, doch solltet ihr euch dennoch damit auseinandersetzen, weil euer Lichtkörper für euer spirituelles Wachstum von großer Bedeutung ist. Die Welt, in die ihr aufsteigt, ist von der derzeitigen doch recht verschieden, denn sie hat ganz andere Voraussetzungen und Möglichkeiten. Ein voll funktionstüchtiger Lichtkörper ist dann eine große Hilfe beim Vorankommen auf dem Weg zu eurer schöpferischen Tätigkeit.

Drunvalo Melchizedek beschreibt, wie ein „normaler" Aufstieg (Dimensionswechsel) vor sich geht, welche Phänomene damit einhergehen und welche Auswirkungen er hat. Nachdem wir in der Experimentierzone des Universums leben, geht er davon aus, dass der normale Weg eines Aufstiegs nicht gangbar ist, da wir uns in einer Sondersituation (Anomalie) befinden und es durchaus gewisse Abweichungen zum üblichen Szenario geben kann. Die nun folgenden Fragen beziehen sich auf die möglichen Abweichungen zum Normalfall.

Frage: Ist es richtig, dass wir uns in einer besonderen Ausnahmesituation befinden und dadurch der bevorstehende Aufstieg der Erde vom üblichen Prozess eines Aufstiegs abweichen wird und Erfahrungswerte anderer Aufstiegsprozesse nicht oder nur bedingt anwendbar sind?

Antwort: Dieser Aufstieg ist für euch alle eine wirklich große Angelegenheit – ihr werdet alle einen Aufstieg erleben, der in der Geschichte des Universums in dieser Form noch nicht vorgekommen ist.

Frage: Die üblichen Anzeichen für einen bevorstehenden Dimensionswechsel sind bereits vielerorts zu beobachten. Das Magnetfeld der Erde schwächt sich zusehends ab und spielt teilweise verrückt, unsere wirtschaftlichen und gesellschaftlichen Systeme zeigen Anzeichen eines nahenden Zusammenbruchs u.v.m. Wenn die üblichen Umstände dann vor dem unmittelbaren Übergang verstärkt eintreten und aufgrund des fehlenden Magnetfeldes der Erde möglicherweise sämtliche elektronische Systeme ausfallen, könnte Chaos ausbrechen, das bei Ereignissen dieser Art einige Monate andauern könnte. Wie wird sich dies in unserem speziellen Fall verhalten, und macht es Sinn, Lebensmittel etc. einzulagern und andere vorbereitende Maßnahmen zu treffen?

Antwort: Euer Leben wird sich in der nächsten Zeit laufend verändern, denn die Ereignisse, auf die ihr zusteuert, fordern von euch eine große Anpassung in allen Lebenslagen. Eure Gesellschaft hat viele Auswüchse hervorgebracht, die jetzt nicht mehr tragbar sind, und daher werdet ihr beobachten können, wie die Systeme rund um diese Auswüchse in sich zusammenfallen, und das wird euch etwas beunruhigen. Eure Energieversorgung könnte davon ebenfalls betroffen sein, und deshalb könnt ihr euch darauf einstellen, dass alles, was ihr mit Strom betreibt, dann eine Zeitlang nicht zur Verfügung steht. Eine Versorgung mit den wichtigsten Dingen des Lebens wird jedoch sehr schnell wieder hergestellt sein, da ihr auf solche Ereignisse an sich ganz gut vorbereitet seid. Ihr habt kein Problem damit, euch eure Wohnungen ein paar Tage mit Kerzenlicht zu erhellen.

*Frage: Am Tag des Übergangs sind laut Drunvalo üblicherweise auf-
grund der Überlappung der Dimensionen merkwürdige visuelle Phänomene zu beobachten, die mehrere Stunden andauern – in welcher Form
werden wir den Übergang wahrnehmen und worauf ist zu achten?*

Antwort: Liebe Menschenkinder, euer Übergang wird für euch ein
Ereignis sein, das im Wesentlichen ohne größere Veränderungen im
täglichen Ablauf passieren wird – ihr werdet wenig davon mitbekommen – lediglich ein paar eigenartige Vorkommnisse könnten
euch kurzzeitig zur Kenntnis gebracht werden – alles Ereignisse, die
kurzfristig zu einem komischen Gefühl beitragen könnten – nicht
viel mehr werdet ihr davon verspüren.

*Frage: Was muss ein Mensch mitbringen, um das/die Tor(e) in die
nächst höhere Dimension durchschreiten zu können – welche Charak-
tereigenschaften und Denkmuster sind die Türöffner bzw. was passiert,
wenn sich jemand sein Rüstzeug nicht rechtzeitig angelegt hat?*

Antwort: Es werden alle Menschen rechtzeitig ihr Rüstzeug parat
haben, denn die Ereignisse der nächsten Zeit werden alle Menschen
wachrütteln, und ihr werdet alle zusammen verstehen lernen, dass
ihr diese Welt verändern müsst und dass ihr es alle zusammen tun
müsst. Dies und nichts anderes ist das Rüstzeug, das ihr dafür benötigt, und dies habt ihr bis dahin voll in eurem Bewusstsein verankert.

*Frage: Nach dem erfolgten Übertritt wird voraussichtlich Verwirrung
bei vielen Menschen herrschen, denn sofern sie nicht im Vorfeld ihre
Ängste und ihren Hass abgelegt haben, werden diese Menschen ihre negativen Gedanken mitnehmen und diese werden sich umgehend zu manifestieren beginnen und jedermanns Ängste und Hass werden Gestalt
annehmen. Daraus könnte sich wer weiß was entwickeln! Worauf müssen wir uns einstellen bzw. wie können wir vorbeugen?*

Antwort: Ihr könnt euch auf jeden Fall darauf vorbereiten, indem ihr intensiv an euren Ängsten arbeitet und erkennt, was sie euch sagen wollen und welche Muster sie in sich tragen, die ihr wiederholt lebt – ihr könnt euch daran machen, euren Widersachern vergangener Ereignisse liebevoll gegenüberzutreten und zu danken für die Erfahrung, die sie euch beschert haben – all das wäre eine sehr gute Vorbereitung auf das, was euch bevorsteht.

Frage: Bei einem „normalen" Dimensionswechsel muss man durch die „große Leere" gehen, die von ca. 3 Tagen absoluter Dunkelheit gekennzeichnet sind. Werden wir durch diese Leere gehen bzw. wie werden wir den Dimensionswechsel in unserem speziellen Fall erleben.

Antwort: Alles, worauf ihr euch einstellen müsst, ist lediglich ein kurzer Moment, in dem ihr innehalten und anerkennen solltet, dass gerade eben etwas ganz Wunderbares passiert – ein Moment, in dem ihr die beiden Welten zugleich erleben könnt, und dieser wirklich sehr kurze Moment wird euch alle mit so großer Freude erfüllen, dass ihr es kaum erwarten könnt, diese Freude zum Ausdruck zu bringen.

Frage: Wir haben jede Menge Produkte künstlich hergestellt – in fast allen Lebensbereichen verwenden wir Plastik und sonstige synthetische Materialien. Während des Dimensionswechsels zerfallen im Normalfall diese Produkte wieder in ihre ursprünglichen Bestandteile, was bedeutet, dass sich viele Bestandteile unserer Autos, Flugzeuge, Computer, Baustoffe und Isoliermaterialien auflösen würden und dadurch rein gar nichts mehr funktioniert. Wird dies bei uns ebenfalls der Fall sein oder gibt es auch hier eine Ausnahme?

Antwort: Ihr werdet zwar keine sofortige Verwandlung eurer Kunststoffe erleben, doch muss euch klar sein, dass ihr diese Stoffe auf Dauer nicht behalten könnt. Ihr müsst dafür sorgen, dass diese Materialien wieder zu ihrem Ursprungmaterial verarbeitet werden – ihr müsst dafür sorgen, dass ihr diese Materialien aus eurer Welt entfernt, denn ihr braucht sie nicht mehr – ihr seid künftig dazu in der Lage, euch alles, was ihr braucht, aus Materialien herzustellen, die ihr erst noch entdecken müsst.

Frage: Je nachdem in welcher Dimension Menschen leben, haben sie eine unterschiedliche Zahl an Chromosomen und eine unterschiedliche Körpergröße. Menschen in höheren Dimensionen hätten demnach einen Körper mit durchschnittlich rund 4 m Größe. In der Geschichte wird von den Riesen der Vergangenheit berichtet. In den ersten beiden Jahren nach dem Übertritt würden sich die Körper an diese Maße anpassen – wir würden demnach alle wachsen. In noch höheren Dimensionen gibt es keine Körper mehr, denn es handelt sich um einen formlosen Bewusstseinszustand. In welcher Form werden unsere Körper eine Anpassung an die höhere Dimension erfahren?

Antwort: Eure Körper haben in der nächsten Bewusstseinsstufe durchaus einige Veränderungen zu erwarten. Ihr könnt euch jedoch getrost in die Neue Zeit hineinbegeben, denn ihr werdet diese Veränderungen erst im Laufe der Zeit und im Laufe der nächsten Generationen erfahren.

Frage: Erfahren wir eine grundlegende Veränderung unseres Menschentypus' – mutieren wir vom Homo Sapiens zum Homo Terrestris, einem Erden-Mensch in Zusammenarbeit mit der Erde und mit galaktischem Bewusstsein?

Antwort: Die Welt kann sich auf eine grundlegende Veränderung ihrer Bewohner freuen, denn die Mutation, von der du sprichst, wird in gewisser Form tatsächlich geschehen, doch müsst ihr euch nicht als eine völlig neue Rasse vorstellen, die im Entstehen ist, sondern ihr müsst erkennen, dass sich durch die Zusammenarbeit mit der Erde euer Bewusstsein gravierend verändert, sodass ihr erkennt, wer ihr wirklich seid. Das wird dazu führen, dass sich der Mensch völlig anders verhält als bisher, und das könnte durchaus den Anschein erwecken, dass er ein völlig neues Wesen ist.

Die nun folgenden Fragen beziehen sich auf die Bücher von José Argüelles:

Frage: José Argüelles erklärt, wie wichtig es ist, dass wir uns aufeinander, auf die planetaren, solaren und galaktischen Erinnerungsmuster einschwingen. Als Voraussetzung dazu sieht er die Reinigung „unserer Wellenform" von allen Blockaden, die uns unser Ego verursacht hat – alte Verhaltensmuster, Gewohnheiten, Süchte, Verdrängungsmuster sowie alle Gründe zum Selbsthass, die unser Ego so phantasievoll verteidigt, rechtfertigt und aufrechterhalten möchte. Durch die Reinigung sollen wir in die Lage versetzt werden, im Jetzt zu leben und aus unserem Herzen heraus zu handeln. Um diesen Zustand zu erreichen, regt er an, Gruppen zu bilden, in denen die Teilnehmer von ihren Erfahrungen bei ihrer Reinigung berichten und sich mit den anderen Mitgliedern austauschen bzw. sich gegenseitig unterstützen. Über die drei Schritte von der Akzeptanz unserer Unvollkommenheit über die Selbstliebe bzw. Selbst-Annahme bis zum Zurückholen unserer Macht gelangen wir zur Reinigung als Voraussetzung für ein Leben im Einklang mit unseren Erinnerungszyklen und erhalten dadurch Zugang zur galaktischen Datenbank. Er nennt diese Gruppen scherzhaft „die anonymen Erdlinge" in Anlehnung an die anonymen Alkoholiker. Welche Empfehlung hast du für uns, wie der Einzelne am besten dazu kommt, sich zu reinigen, um an die Erinnerung angeschlossen zu werden?

Antwort: Eure Leben haben in eurem Körper und in eurem Geist natürlich Spuren hinterlassen. Ihr seid geprägt von gewissen Einstellungen, Glaubenssätzen und Verhaltensmustern, die euch heute nicht mehr dienlich sind. Ihr solltet euch von diesen alten Strukturen eures Egos befreien, und eine gemeinsame Arbeit daran ist von ganz besonderem Wert, denn der Einzelne wird vielleicht nicht in der Lage sein, seine eigenen Muster so genau zu erkennen, wie jemand, der ihm von außen Feedback geben kann. Ihr solltet euch auf jeden Fall zusammentun, um eure Muster zu hinterfragen und sie nötigenfalls aufzulösen.

Frage: Ich habe durch zahlreiche Einzel- und Gruppengespräche erkannt, dass es vielen Menschen schwerfällt, den Zugang zu ihrem Herzen zu finden. Sie haben dicke Mauern um ihr Herz gebaut, welches dahinter schier verwelkt und unterentwickelt geblieben ist. Dank deiner Hilfestellung ist es gelungen, diese selbstgeschaffenen Barrieren in Minutenschnelle dauerhaft beiseite zu räumen, das Herz als Transformationsraum einzurichten und den Ort der Schöpfung zu finden. Von ebenso großer Bedeutung war für alle die Erfahrung, ihrer Seele begegnen zu können und erstmals die tiefen Gefühle der Verbundenheit zu spüren. Du hast mich angeleitet, wie ich den Menschen helfen kann, ihre Ängste zu verlieren und ihre entsprechenden Verhaltensmuster, die schon lange nicht mehr zeitgemäß sind, zu transformieren. Diese Menschen leben jetzt mit weit geöffnetem Herzen im Einklang mit ihrem Lebensplan, erfreuen sich bester Gesundheit und nie dagewesener Lebensqualität. Alleine, ohne eure Hilfe, hätten sie dies wahrscheinlich viel schwieriger und nur über einen viel längeren Zeitraum bewerkstelligen können – wie können wir sicherstellen, dass die Herzöffnung und Transformation bei möglichst allen Menschen so schnell wie möglich passiert?

Antwort: Wenn ihr aufhört, euch selbst zu belügen, und wenn ihr aufhört, euch selbst vorzumachen, dass ihr sowieso alles tut, um ein besserer Mensch zu werden, dann könnt ihr auch aufhören, euch Gedanken darüber zu machen, wie das Leben in Zukunft verlaufen wird. Ihr seid jetzt gefordert, euch selbst an der Nase zu nehmen und dafür zu sorgen, dass die Welt wirklich verändert wird, indem ihr euch selbst verändert. Dies zu bewerkstelligen, fällt euch allen sehr schwer, denn euer Ego hält an so ziemlich allen alten Mustern krampfhaft fest. Damit ihr euch befreien könnt, müsst ihr alle zuerst einmal zulassen und anerkennen, dass es etwas zu verändern gibt und dass ihr selbst die treibende Kraft sein müsst, um euch überhaupt zu verändern! Ihr werdet erkennen müssen, dass eine Menge an Arbeit zu leisten ist, die in euch selbst vorzunehmen ist und nicht im Außen, wo ihr es immer so sehr vermutet – ihr alle seid gefordert, euch zu verändern, und dies geht nur, indem ihr anerkennt, dass ihr eben nicht vollständig vorbereitet seid und dass ihr etwas tun müsst, um auf dieser Welt ein besseres Leben führen zu können. Ihr seid gefordert, anzuerkennen, dass ihr es seid, die eine Veränderung in euch selbst herbeiführen müssen. Ihr seid diejenigen, die dazu aufgerufen sind, sich jetzt sofort damit zu beschäftigen, was alles genau verändert werden muss, damit ihr dieses Leben so gestalten könnt, wie es nach euren höchsten Maßstäben aussehen soll. Euer Leben kann sich schlagartig ändern, wenn ihr anerkennt, dass ihr es seid, die die Veränderung herbeiführen – und sie beginnt zuallererst in euch selbst. Diese grundlegende Arbeit könnt ihr sicherlich nur schwer ganz alleine bewerkstelligen, und daher ist es wichtig, dass ihr anerkennt, dass es Menschen gibt, die euch helfen können. Nehmt euch die Zeit und arbeitet mit diesen Menschen gemeinsam an eurer Entwicklung – ihr habt dann sehr schnell die ersten Erfolge zu verzeichnen, denn diese Arbeit fruchtet unglaublich schnell, und ihr werdet sehen, dass sich euer Leben damit schlagartig zum Besseren wendet. Ihr könnt euch kaum vorstellen, wie es sich anfühlt, völlig frei von Ängsten und völlig befreit von unzeitgemäßen Verhaltensmustern zu leben, denn seit Anbeginn dieses Lebens tragt ihr diese Muster mit euch herum. Ihr könnt euch vergewissern, indem ihr mit Menschen zusammentrefft, die diesen Prozess bereits durchlebt haben und euch als Beispiel dienen können – nehmt dies zum Anlass, euch sofort auf die Suche zu machen nach Menschen, die sich mit dieser Transformation bereits auseinandergesetzt und mit anderen Menschen ausgetauscht haben, um das Leben so zu verändern, wie sie es sich aus tiefstem Herzen wünschen.

Frage: Ich habe José Argüelles' Ausführungen so verstanden, dass wir unter der Führung der Mayas stehen, die die Entwicklung der Erde als eine ihrer wichtigen Aufgaben ansehen und sicherstellen möchten, dass diese Aufgabe erfolgreich abgeschlossen wird. Nach 2012 ist ihre Rückkehr zur Erde vorgesehen, und zur Vorbereitung darauf seien bereits einige Mitglieder des Mayanischen Aufbauteams inkarniert, die entsprechende Vorarbeit leisten. Nach dem erfolgten Aufstieg ist eine bedeutendere Ansiedlung vorgesehen. Ist das korrekt, und warum kehren sie zurück bzw. warum haben sie die Erde verlassen?

Antwort: Euer Leben hat sehr viel mit dem Leben der Mayas zu tun – sie haben euch von Anfang an begleitet, und sie haben vor allem das Experiment, das von Luzifer ausgegangen ist, in seinen unmittelbaren Auswirkungen auf euer Leben verändert, damit euch der Aufstieg in die nächste Dimension überhaupt möglich ist. Sie haben für euch die Werte ihrer Zeitform auf die Erde gebracht und dadurch zu vielen Veränderungen auf der Erde beigetragen. Jetzt kommen sie zurück, um die Entwicklung auf der Erde weiter voranzutreiben, damit der Aufstieg in die weiteren Dimensionen von der Erde aus gesteuert werden kann. Freut euch über die Anwesenheit eurer Helfer und seht der Entwicklung mit großem Staunen entgegen.

Frage: José erzählt in „Surfer der Zuvuya" über die Führung, die er durch seinen viertdimensionalen Doppelgänger erfahren hat, und empfiehlt, dass wir die Führung an unser Höheres Selbst übertragen, die Kontrolle abgeben und es die Regie führen lassen. Wir würden dadurch erkennen, dass der Materialismus buchstäblich ein Hemmschuh und Zerstörer ist. Außerdem würden wir erkennen, dass unser Leben hier nur ein großes Spiel ist. Wie sollen wir das mit dem „Abgeben der Kontrolle" verstehen, man wird doch nicht von uns verlangen, dass wir uns quasi „von oben" dirigieren lassen?

Antwort: Ihr habt auf eurem Weg in die nächste Dimension einen sehr wichtigen Schritt zu tun, und dieser Schritt ist von uns allen aus den höheren Dimensionen gewollt und unterstützt worden, und alle arbeiten intensiv daran, diese Welt auf ihren Weg zu bringen. Wir alle haben sehr viel dazu beigetragen, dass ihr heute an dieser Schwelle steht und euch auf den Aufstieg freuen könnt. Die Abgabe der Kontrolle ist hier nicht wörtlich gemeint – vielmehr ist damit gemeint, dass ihr aufhören sollt, euch gegen die Veränderungen zu wehren, und einfach zulassen sollt, was in eurem Leben geschieht. Sträubt euch nicht länger dagegen und erklärt eurem Ego, dass ihr nicht mehr da seid, um euch vor allem möglichen Neuen zu fürchten, sondern dass ihr hier seid, um eine Entwicklung zu vollziehen – eine Entwicklung hin zur Einheit der Menschheit, die sich auf dem Rückweg zu ihrer göttlichen Quelle befindet.

Frage: Ich möchte nicht tiefer auf unsere verdorbene Zivilisation und unsere unzulängliche Art im Umgang mit unserem Planeten eingehen und wie schwer es vielen fällt, einfach davon abzulassen, doch habe ich erfahren, dass man auch in den höheren Dimensionen, die uns beobachten, nicht genau weiß, ob wirklich alle rechtzeitig erwachen werden. Diese Frage beschäftigt auch uns auf der Erde intensiv, denn die Zeit wird mittlerweile enorm knapp. Werden alle erwachen bzw. welche Konsequenzen hat der Wandel für jene, die bis Ende 2012 nicht erwacht sind?

Antwort: Ihr alle werdet rechtzeitig erwachen, auch wenn sich mancher noch intensiv dagegen wehrt. Ihr alle habt mittlerweile verstanden, dass ihr auf dieser Erde grundlegend etwas verändern müsst, und ihr alle werdet euch nicht mehr gegen die Veränderung wehren, auch wenn mancher vielleicht mit der Angst zu kämpfen haben wird.

Frage: Mir ist es wichtig, die folgende Information an alle Leser weiterzuleiten: Es könnte manchem so vorkommen, als ob alles Geschehen auf unserem Planeten einfach nur ein Experiment sei und alles Tun willkürlich passiert, damit einige ihren Spaß auf Kosten der anderen haben.

Das absolute Gegenteil ist der Fall – ich bin mit José Argüelles völlig einig, dass die Erde heilig ist – die Erde der Heilige Gral ist – und die über Jahrtausende gehende Entwicklung ein heiliger Prozess ist, der sich nun in einer bedeutenden Phase befindet. Möchtest du dies noch weiter ausführen?

Antwort: Euer Leben auf der Erde ist wahrlich ein heiliger Vorgang – ihr seid, wie ihr ja bereits ausführlich erfahren habt, göttlicher Abstammung, und daher ist alles, was hier auf der Erde geschehen ist und weiter geschieht, ein Teil der göttlichen Vorsehung. Alles ist in diesem Maße vorgesehen gewesen, und die göttliche Einheit ist der Ort, an den alles zurückgeführt werden wird. Alle kehren dorthin zurück, auch wenn der Weg manchmal etwas beschwerlich erscheinen mag. Ihr alle habt wundervolle Arbeit geleistet und ihr könnt wahrlich stolz darauf sein. Wir beobachten eure Entwicklung seit Anbeginn, und es freut uns, zu sehen, wie sehr das Menschsein wahrlich Früchte getragen hat. Ihr alle seid auf dem Sprung in die nächst höhere Dimension, denn nur über den Aufstieg kommt ihr eurer Quelle einen weiteren Schritt näher.

Frage: Ich zitiere einige Passagen aus „Surfer der Zuvuya", wo sein viertdimensionaler Doppelgänger sich an den Autor richtet:
„...was zu geschehen beginnt, ist, dass die Leute diese Sache als ein großes Spiel, eine große Show erkennen werden. Eben wie ein großes Spiel. Wie jene Fernsehspiele, nur das Thema dieser Spiele wird dies sein: Spiele alles durch, ziehe die Maske ab! Enthülle die Fabriken des Todes. Lasst Blumen auf Parkplätzen wachsen, Autobahnen mit Gras übergrünen. Diese ganze industrielle Zivilisationsmacke wurde zu einem Albtraum, jedenfalls geht ein hässlicher Akt seinem Ende entgegen und es ist Zeit für eine ganz neue Show. Je eher ihr die alte, industrielle Bühnenmannschaft austauscht, umso schneller werdet ihr euch verbreiten. Es ist, als ob die Lichter in einer Show langsam verlöschen, um bereits für die neue Show anzugehen. Das ist dann eure Show. Nun, ihr Krieger der Zuvuya, ihr Teamspieler auf dem Kamm der Welle, ihr

werdet einige wirkliche Risiken eingehen und ihnen zeigen müssen, was ihr unter Umkehr versteht. Dies ist dann besonders wichtig, wenn der Stöpsel gezogen wird... Noch ein paar Jahre. Dann wird alles zusammenbrechen. Dann musst du alles in Ordnung gebracht haben und den Leuten zeigen, dass sich das, was zusammenbricht, nur umkehrt. Es ist die starke Zeit der Wiederherstellung des Planeten Erde. Ja. Zusammenbrechen, umkehren, alles zurück nach Hause bringen...

...wenn der Geldwert sinkt und die Erde beginnt, in Unwettersprache zu reden, dann haben die Vereinigungen der Hausverbesserer die Scheinwerfer auf die Mitte der Bühne zu richten. Wenn Du nicht auf der Bühne bist, wenn der Stöpsel herausgezogen wird, wird es eine Menge verwirrter und böser Leute geben. Es ist, als ob ein Schiff sich neigt und zu sinken beginnt; du solltest dann mit den Rettungsbooten bereitstehen..." „...Lass uns dennoch nicht den Kontakt mit dem Licht verlieren. In jenen Augenblicken, wenn du verstehst, was du zu tun hast, ist alles voller Gesang und Tanz. Vieles wird geheilt werden müssen und ihr Surfer der Zuvuya werdet eure Gaben einsetzen müssen. Mitten auf der Bühne, ja, mit dem großen Maya-Zyklus der Zeit-Erinnerungs-Show 2012, oder aber die Zerstörung siegt! Du wirst es den Leuten zeigen und ihnen klarmachen, dass deine Show die beste in der Stadt ist. Auf diese Weise werden sie glücklich sein, daran teilzuhaben, weil diese Show alle Spiele erlaubt, die zur interdimensionalen Spitzenklasse führen!..."

Darf ich dich um Verdeutlichung bitten, was genau mit diesen Passagen gemeint ist?

Antwort: Ihr alle habt auf eurem Weg zur Vorbereitung auf den Aufstieg einige Erfahrungen zu machen, und dieser Aufstieg wird im Vorfeld sehr umfangreiche Erkenntnisse für alle beinhalten. Wenn hier davon gesprochen wird, dass sich die Erde auf den Weg gemacht hat und dass ihr Menschen ebenso gefordert seid, euch auf den Weg zu machen, dann geht das nicht ganz reibungslos über die Bühne. Dies ist normal in diesem Zusammenhang, doch müsst ihr auch erkennen, dass ihr alle zusammen einen Auftrag bekommen habt, den jeder Einzelne für sich ausführen muss, um beim Aufstieg

244

rechtzeitig fertig zu sein. Nachdem nicht alle verstanden haben, was genau ihr Auftrag ist, haben sich eben gewisse Menschen im Vorfeld dazu bereit erklärt, für die anderen mitzuarbeiten und ihnen dann zu helfen, ihre Aufgaben im Nachhinein zu erledigen. Diese Menschen sind schon seit vielen Jahren am arbeiten, damit diese Erde ihren Aufstieg möglichst reibungslos absolvieren kann. Ihr nennt diese Menschen Lichtarbeiter, weil sie eben in ihrem Herzen bereits die Sehnsucht tragen, dass diese Welt eine andere wird. Diese Lichtarbeiter sind hier angesprochen, denn sie werden aufgefordert, sich bereitzuhalten, wenn der Tag der Tage gekommen ist, dass sie sich der ängstlichen Seelen annehmen und ihnen erklären, was genau jetzt gerade vor sich geht und dass sie keine Frucht zu haben brauchen, denn der Weg ist vorgezeichnet, und alle müssen nur von den alten Gewohnheiten loslassen, dann wird sich alles entsprechend einstellen. Dies ist letztlich ein Aufruf an alle, die sich dazu berufen fühlen, dass sie sich auf den Tag vorbereiten, an dem ihre Arbeit ihre Krönung erfährt.

Frage: Ist es dann so, dass Luzifers Programm auf der Erde durch/mit uns ausgeheilt und damit unser Sonnensystem endgültig nach Tausenden von Jahren gezähmt wurde?

Antwort: Euer Sonnensystem erleidet seit wirklich langer Zeit die Auswirkungen dieses Experiments, doch solltet ihr euch klarmachen, dass dieses Experiment nicht wirklich jemandem Schaden zufügen wollte, auch wenn solche Dinge, aus eurer Sicht gesehen, durchaus zahlreich geschehen sind. Ihr müsst verstehen, dass dieses Experiment niemandem wirklich geschadet, sondern allen enorm geholfen hat, und das ist der wichtigste Aspekt des ganzen Theaters, das hier abgelaufen ist. Die Zähmung eures Sonnensystems wurde hiermit endgültig besiegelt!

Frage: Das ganze Dilemma auf der Erde ist ja letztlich nur dadurch entstanden, dass wir alle, neben dem Verlust des Bewusstseins der Einheit mit der gesamten Schöpfung auch die Erinnerung an die Todlosigkeit verloren haben und uns daher permanent vor dem Tod fürchten. Wir versuchen mit allen Mitteln dem Tod, der früher oder später ja sowieso unausweichlich ist, zu entgehen. Somit hatten die Mächtigen ein leichtes Spiel mit uns Todesfürchtigen, indem sie uns mit Annehmlichkeiten, einem Leben in Luxus und dergleichen lockten, damit wir uns zu Zeitsklaven machen liesen und einen Großteil unserer Zeit gegen Geld eintauschten – andernfalls würden wir über kein Geld verfügen und wären somit in unserer Existenz bedroht. Wie kann der Einzelne am besten seine Todesfurcht überwinden, schon jetzt ins Bewusstsein der Todlosigkeit zurückkehren und dadurch wieder völlig frei werden?

Antwort: Wenn ihr euch von der Illusion des Todes gelöst habt, dann seid ihr völlig frei, und der Weg dorthin führt euch letztlich wieder in euch selbst hinein, denn dort werdet ihr erkennen, dass in euch ein Wesen ruht, das euer wahres Ich ist – eure Seele. Diese Seele ist ein lichtes Wesen, das von Unsterblichkeit gekennzeichnet ist. Ihr könnt euch alle auf den Weg machen, eure Seele zu finden, denn sie ist euch so viel näher, als ihr glaubt und dadurch erkennt ihr sie nicht. Sie ist immer da, und sie dient euch letztlich als Führung. In eurem Inneren ist der Ort, wo ihr alle zu Hause seid, denn von dort aus werden die Geschicke eures Lebens gelenkt, und von dort aus werden alle anderen Erscheinungen, die sich in eurem Leben einstellen, vorbereitet. Macht euch auf die Suche nach eurer Seele und haltet ständig Kontakt zu ihr, denn dann seid ihr dort angekommen, wo ihr schon lange hinwolltet – im Garten Eden.

Frage: Aus all den vielen Informationen, die du mir die letzte Zeit hast zukommen lassen, habe ich entnommen, dass die unzähligen Wesenheiten, die uns seit Ewigkeiten zur Seite stehen und dafür gesorgt haben, dass wir nach so langer Zeit endlich die Erlösung aus der Trennung von der Quelle und dem Vergessen unserer Herkunft und der Todlosigkeit erfahren können, letztlich ein großes Ziel, nämlich die permanente Steigerung des sensorischen Empfindens, verfolgen – wir würden nach

unserem Verständnis vielleicht von dauerhaften emotionalen Höhenflü-
gen sprechen. Dies bedeutet nichts anderes, als dass es um die liebevolle
Verbindung aller untereinander geht und jeder nichts anderes im Sinn
hat, als seine ganze Liebe gegenüber sich selbst und allen anderen zum
Ausdruck zu bringen und dafür zu sorgen, dass uneingeschränkte
Glückseligkeit herrscht. Nur wir Menschen haben noch nicht begriffen,
dass dies der einzige Weg ist, um das wahre Glück zu finden. Ich hoffe,
dass ich dies so richtig verstanden habe und dass diese Intention die
Grundlage des Spieles mit dem Namen „Arkturianisches Schach" bildet.
Kannst du uns die Spielregeln und den Sinn des Spieles genauer erklä-
ren?

Antwort: Das Arkturianische Schachspiel ist ein wunderbares Spiel, das ihr alle erlernen solltet, denn es führt euch zu genau den von dir beschriebenen sensorischen Hochgenüssen, deretwegen ihr auf die Erde gekommen seid. Sensorische Hochgenüsse sind das Ziel eures Lebens, und das verkörpern die Arkturianer in ihrem Spiel hervorragend. Ihr kennt dieses Spiel noch nicht, denn es wirkt befremdlich auf euch, wenn ihr einem völlig fremden Menschen dazu verhelfen sollt, eine hochstimulierte Erfahrung sensorischen Genusses zu machen. Dazu seid ihr derzeit noch nicht bereit, denn ihr habt immer noch den Glauben in euch, dass das Leben letztlich beschwerlich ist und man mit Einbußen rechnen muss, wenn man sich zu sehr hervorwagt, um sensorische Eindrücke zu gewinnen. Dieser Irrglaube hat euch euer ganzes Leben begleitet, doch werdet ihr jetzt langsam darauf vorbereitet, diese Genüsse wahrlich zu suchen und immer noch höhere Ebenen der Entzückung zu erreichen. Ihr könnt euch wahrlich nicht vorstellen, dass euer Leben von orgasmischen Erfahrungen begleitet werden soll, die weit über eure sexuellen Erfahrungswelten hinausgehen – ihr seid alle mit Sinnesorganen ausgestattet, die euch dazu dienen, die Welt als Ganzes sensorisch wahrzunehmen, und diese Wahrnehmung sollte euch in die höchste Verzückung versetzen, die ihr euch nur vorstellen könnt. Der Sinn dieses Spieles liegt darin, dass jeder Spieler die Aufgabe hat, seine Mitspieler in sensorische Verzückung zu versetzen, und das auf eine Art und Weise, die derjenige vielleicht noch nicht kennt. Das ist das Ziel des Spiels, denn jeder einzelne Spieler tut das Gleiche, und letztlich gewinnt der, der den anderen die größtmögliche Entzückung verschafft hat. Dieses Spiel ist eigentlich nicht wirklich ein Spiel, denn es sollte für euch alle die Lebensgrundlage und den höchsten Sinn eures Lebens überhaupt darstellen, denn deshalb seid ihr hierhergekommen, um eure Liebesfähigkeit unter Beweis zu stellen!

Frage: In unserem Sonnensystem wurden jedem der 9 Planeten ursprünglich 2 Stämme der Zeit bzw. zwei Töne zugeteilt – jeder Planet hält somit einen Klang – somit bilden 10 paarweise zusammengeschlossene Planeten den Klang der vollkommen Quint. Durch die Zerstörung des Planeten Maldek, dessen Überreste uns als der Asteroidengürtel bekannt ist, wurde verhindert, dass in unserem Sonnensystem der vollkommene Akkord der gewaltigen fünften Kraft (Klang der Befreiung) zum Erklingen gebracht wird. Ist es unsere Aufgabe, den fünften Akkord zu erkennen und erklingen zu lassen bzw. was können/müssen wir tun, um den verlorenen Akkord von Maldek und somit die vollkommene Quint unseres Sonnensystems zum Erklingen zu bringen?

Antwort: Die vollkommene Quint wird auf jeden Fall zum Erklingen gebracht werden, denn dafür haben die Arkturianischen Helfer bereits gesorgt, und alle anderen Teilnehmer an der Erweckung der Erde sind ebenso daran interessiert, dass dieser Klang ertönt. Wir alle arbeiten intensiv daran, dies zu bewerkstelligen, und ihr alle könnt erfreut sein, dass dieser Ton sehr bald zum Erklingen gebracht werden wird. Natürlich könnt ihr euch daran beteiligen und euch dafür interessieren, wie denn die Planeten eures Sonnensystems überhaupt klingen, indem ihr dafür sorgt, dass eure Musiker diesen Ton nachspielen und diese vollkommene Quint auf der Erde zum Erklingen bringen. Es könnte sein, dass einige dazu in der Lage sind, die Töne der Planeten eures Sonnensystems zu empfangen, und dadurch die verlorenen Töne rekonstruieren können.

Nun folgen allgemeine Fragen, die sich zwischenzeitlich ergeben haben:

Frage: Eine Leserin hat mir eine E-Mail zukommen lassen, die den Zwiespalt, der in den meisten Menschen noch vorhanden ist, sehr schön zum Ausdruck bringt:
„Ich habe Ihre beiden Bücher "Die Gesellschaft 2015" *und* "Die Erde, ein neuer Stern" *mit großem Interesse und Bewunderung gelesen. Faszinierend und hoffnungsvoll. Auf der anderen Seite – fürchterlich, wenn alles stimmt, zutrifft und auch eintrifft, würde es für die Leute, die ihr Leben lang hart gearbeitet haben und Vermögen aufgebaut, investiert und großes Risiko getragen haben – Enteignung (Verlust ihres Lebenswerkes und der Früchte ihrer kontinuierlichen Arbeit und Schaffens) bedeuten, und* "faule Socken" *(davon gibt es auch genug), die nichts getan haben und die Hände in den Schoß gelegt haben und sich haben aushalten lassen, würden in den gleichen Wohlstands-Genuss kommen! Eine Katastrophe und eine himmelschreiende Ungerechtigkeit! Wie ist das zu verstehen? Ich bin auf Ihre Antwort sehr gespannt."*
Ich habe dieser Dame aus meiner Sicht geantwortet, die Leser interessiert aber sicher viel mehr deine Sichtweise?

Antwort: Das Leben hat euch alle so sehr geprägt, und ihr alle wurdet immer und immer wieder darauf hingewiesen, dass alles nur durch eure eigenen Anstrengungen entstehen kann und alles immer nur erkämpft werden muss und dass jeder, der nicht an diesem System teilnimmt, nicht wirklich ein wertvoller Mensch ist – das hat man euch gelehrt, und so kommt auch das System zustande, das ihr Leistungsgesellschaft nennt. Ihr alle müsst jedoch begreifen, dass sich der Wert eines Menschen nicht an seinen Leistungen misst, sondern dass er ein Teil eines großen Ganzen ist, das aus allen Individuen zusammen gebildet wird. Ihr solltet dies erkennen. Und deshalb ist es natürlich wichtig gewesen, dass es auch Menschen gab, die das Gegenteil von dem taten, was ihr als richtig empfunden habt. Diese jetzt zu verurteilen, ist jedoch nicht das Ziel, das ihr verfolgen sollt, sondern vielmehr sollte jeder für sich erkennen, was er dazu beitragen kann, dass das Wohl der Gemeinschaft garantiert ist – dies ist eure Aufgabe und nicht mehr das Festhalten an allen Errungenschaften, die ihr als Werte bezeichnet. Ihr sollt auch erkennen, dass sich die Werte völlig verändert haben, seit ihr wisst, dass diese Welt nicht aus Geld und Macht, sondern aus vielen anderen Dingen besteht, die ihr bislang als nicht wirklich existent erachtet habt.

Frage: Ein Leser hat mir seine Gedanken wie folgt unter dem Titel „Das Fass wird so nicht voll" übermittelt:

„Wenn es so ist, dass wir mehrere Leben leben und der Sinn des Lebens darin besteht, Erfahrungen zu sammeln, zu reifen, ist unser Lebensmodell, „fleißig" zu arbeiten, Tag für Tag, zum Teil hinderlich – es stiehlt uns wertvolle Zeit, unsere Erfahrungen zu sammeln. Da wir jeden Tag das Gleiche tun, wie es in der Arbeit meistens ist, blockiert uns zu viel Arbeit. Wir können ja nicht heranreifen, indem wir bei immer gleichen Tätigkeiten immer gleiche Erfahrungen sammeln. Und es wird noch schlimmer: Den Gegenwert für unsere Arbeit, das Geld, verwenden wir dann noch in der übrig gebliebenen Zeit nach der Arbeit meistens für Dinge, die unsere spirituelle Entwicklung ebenfalls nicht fördern, sondern hindern, weil die vielen Dinge, die wir uns kaufen, den Blick verschleiern für die echten, interessanten Erfahrungen. Wir sitzen dann betäubt bei der Playstation, im tollen BMW oder schmücken uns mit Rolex & Co, alles Dinge zusätzlich, die unsere spirituelle Entwicklung mehr hindern als fördern. Und kommt dann eine Gelegenheit auf uns zu, die vielleicht das Potenzial einer interessanten Erfahrung hätte, haben wir keine Zeit, weil wir arbeiten müssen, um noch Dinge abzubezahlen, die wir uns schon vorweg geleistet haben..."

Ich kann ihm aus meiner Warte nur zustimmen und bitte dich um deine Sicht und deine Empfehlung zur Förderung der spirituellen Entwicklung der Menschheit.

Antwort: Das Leben, das ihr euch bislang aufgebaut habt, ist für eure Entwicklung mehr als hinderlich, und daher müsst ihr schleunigst danach trachten, dass ihr eine völlig neue Ausrichtung eures Lebens vornehmt. Ihr müsst danach trachten, dass ihr viel Zeit für euch selbst gewinnt, die ihr dann dafür einsetzt, um da draußen alles genau zu beobachten, zu sehen, was wirklich alles in eurer Gesellschaft abläuft, was euch allen die Zeit nimmt, um euch mit den wahren Werten eures Lebens auseinanderzusetzen, anstatt euch von den Dingen blenden zu lassen, die euch das Leben vermeintlich schön machen. Lebt euer Leben mit offenen Augen für die schönen Seiten dieser Erde, für die schönen Erfahrungen, die ihr mit euren Mitmenschen machen könnt, und für die schönen Seiten der Welt der Natur, die euch alles ermöglicht, was ihr euch wünscht. Seht genau hin und ihr werdet mit Sicherheit wissen, wofür es sich tatsächlich zu leben lohnt.

Frage: Am 11. 11. 2011 beginnt aus astrologischer Sicht das Wassermannzeitalter – im Zuge meiner Recherchen bin ich auf folgende Aussage gestoßen:

„Die Morgendämmerung des Wassermann-Zeitalters beginnt genau um 11:30 Uhr PST (Pacific Standard Time) entsprechend 20:30 Uhr MEZ (Mitteleuropäischer Zeit) am 11. November 2011. Die Übergangszeit endet dann und das Wassermann-Zeitalter beginnt.

Wir werden auf jeder Ebene herausgefordert – und dieser Druck lässt eine neue Bewusstseinskultur erblühen. Diejenigen, die in ihrem Herzen rein sind, klar in ihrem Bewusstsein, angstfrei und wirkungsvoll in ihrem Handeln, intuitiv, freundlich und mitfühlend, edelmütig in ihrem Sein und demütig vor der unendlichen Schöpfungskraft, treten auf globaler Ebene in eine neue Ära des Bewusstseins, der Strahlungskraft, Intuition und Zusammenarbeit ein. Das Wassermann-Zeitalter ist eine Periode der Gleichheit und des Wohlstands für alle, begleitet von einer Weiterentwicklung unserer Fähigkeiten, wahrzunehmen, zu denken, zu fühlen, zu spüren. Ein solches Wachstum bedeutet, dass wir viel hinter uns lassen müssen – alte Denk-, Kommunikations-, Lebensformen und -strukturen haben dann ausgedient. Verwirrung, Depression und Konflikte werden zunehmen, während die alten Formen des

Machtbesitzes – politisch, religiös, gesellschaftlich und persönlich – alle ihren letzten Kampf kämpfen. Dieser Zeitraum der Prüfung und des Wachstums wird bis 2038 andauern. Bis dahin wird eine neue verantwortungsbewusste Führung auf Ebene des Planeten sowie unseres Selbst etabliert sein, und Frieden wird die Chance haben, sich auf der Erde durchzusetzen. "

Nur etwas mehr als 13 Monate nach dem Beginn des Wassermannzeitalters sollte der Bewusstseinswandel der Menschheit durch den Aufstieg in die 5. Dimension einen Meilenstein erreichen. Daraus ergeben sich für mich mehrere Fragen: Wie fix ist das Datum des Aufstiegs 21. 12. 2012? Der oben beschriebene Zeitraum der Prüfung und des Wachstums wird bis zum Jahr 2038 andauern – also 26 Jahre über das Aufstiegsdatum hinaus! Bedeutet dies, dass die „alte Leistungsgesellschaft", aus der wir ja so gerne ausbrechen möchten, uns unter Umständen noch so lange erhalten bleibt? Könnte es vorkommen, dass die bewaffneten Konflikte noch über den 21. 12. 2012 hinaus andauern? In meinen Vorträgen über die neue Zeit und den Weg dorthin erhalte ich speziell von den spirituell aktiven Menschen enorm viel Zustimmung – die Zuhörer, die sich mit der Thematik noch nicht auseinandergesetzt haben, sind von der neuen Zeit ebenso begeistert, doch fehlt ihnen die Vorstellung, dass dies in so kurzer Zeit überhaupt möglich ist. Was antwortest du diesen Menschen auf ihre Zweifel an der kurzfristigen Machbarkeit?

Antwort: Das Wassermann-Zeitalter ist letztlich der Eintritt der Menschheit in die besagte Phase der völligen Umgestaltung eurer Gesellschaft – ihr kommt nicht nur durch den Wandel eures Bewusstseins in die Verlegenheit, euch alles noch einmal neu zu erdenken, sondern auch alle sonstigen Einflüsse, die euer Leben bestimmen, werden auf dieses Datum ausgerichtet. Ihr seid alle gefordert, diesen Prozess massiv zu forcieren und in euch selbst zu unterstützen – dann wird dieser Wandel für euch ein Kinderspiel. Wenn das Zeitalter des Wassermanns angebrochen ist, wird dies für viele Veränderungen überall auf der Welt sorgen, und ihr werdet beginnen, euer Leben völlig neu auszurichten – überall deshalb, weil es keine Ausnahmen geben kann! Euer Leben hat so lange diesen Weg zu beschreiten, bis es sich so tiefgreifend verändert hat, dass dem Wohlergehen dieses Planeten nichts mehr im Wege steht, und dann wird alles von selbst laufen – bis ihr verstanden habt, was noch alles zu tun ist, um das Leben nach den Grundsätzen der Einheit auszurichten. Dies erfordert jedoch die Klarheit und das Bewusstsein von allen Menschen, und dafür ist gesorgt, damit der Wandel auch entsprechend schnell vonstatten gehen kann. Der Termin ist fix, und das, was ihr daraus macht, liegt letztlich bei euch allen.

Frage: Es erfüllt mich mit großer Freude, zu sehen, wie viele Menschen sich bereits für den Wandel geöffnet haben und ihn nicht nur herbeisehnen, sondern sich aktiv darauf vorbereiten und sich zunehmend daran beteiligen. Es macht mich jedoch traurig, wenn ich sehe, wie viele Menschen noch immer nur dem Geld hinterherlaufen und ihren eigenen Vorteil suchen. Ich habe mir die Frage gestellt, was das Mindeste ist, was ich von jedem einzelnen Menschen verlangen kann, damit dieser Wandel schnell und reibungslos vollzogen werden kann. Bei meinen Überlegungen ist mir bewusst geworden, dass ich nicht das Recht habe, irgendetwas zu verlangen, weil dies den freien Willen des Einzelnen einschränkt, auch wenn ich mir von Herzen wünsche, dass die gesamte Menschheit möglichst schnell am Wandel zu arbeiten beginnt. Durch den Kontakt zur äußerst liebevollen, höflichen und zuvorkommenden geistigen Welt habe ich gelernt, dass man um alles bitten darf – daher erlaube ich mir, an dieser Stelle folgende Bitten an jeden einzelnen Menschen zu richten:

> *Ich bitte dich, zu akzeptieren, dass dein Leben einen höheren Sinn hat.*
> *Ich bitte dich, anzuerkennen, dass es für dich einen ganz persönlichen Seelenplan gibt, dass dieser eine laufende Entwicklung für dich vorsieht und du dir selbst einen höheren, über dich selbst hinausgehenden Auftrag für dieses Leben gegeben hast.*

> *Ich bitte dich, darüber nachzudenken, welche Talente, besonderen Fähigkeiten und Stärken du mit auf die Erde gebracht hast, um deinen Auftrag bestmöglich erfüllen zu können und dem großen Ganzen, der göttlichen Einheit, zu dienen.*

> *Ich bitte dich, deine spirituellen (geistigen) Fähigkeiten anzuerkennen, deine Möglichkeiten zu entdecken und gezielt an deren Entwicklung zu arbeiten, indem du dich z.B. in eine spirituelle Arbeitsgruppe einbringst und deine Erkenntnisse mit den Menschen in deinem Umfeld teilst.*

> *Ich bitte dich, dass du dir deine Talente/Stärken/Fähigkeiten bewusst machst und weiter ausbaust und jetzt schon damit beginnst, im Rahmen deiner Möglichkeiten deinen Beitrag zum Wohle des großen Ganzen zu leisten.*

> *Ich bitte dich, deine Ängste abzulegen, aufzuhören, immer nur abzuwarten, bis etwas passiert, sondern jetzt sofort zu beginnen, aktiv am Wandel dieser Gesellschaft zum höchsten Wohl unserer Mutter Erde und allen Lebens mitzuarbeiten.*

Ich bedanke mich bei dir aus tiefstem Herzen dafür, dass du die Bedeutung deines Auftrags erkannt hast und alles, worum ich dich gebeten habe, erfüllt wurde!

Antwort: Es steht dir auf jeden Fall zu, gegenüber deinen Mitmenschen eine Bitte zu äußern und zu benennen, was du gerne auf der Welt verändern möchtest. Es steht dir auch zu, die Menschen so direkt anzusprechen, denn das ist genau die Sprache, die sie am ehesten verstehen. Ich möchte dir diesbezüglich auch unsere volle Unterstützung bei der Erfüllung dieser Bitten zusagen, denn es ist letztlich nichts anderes als das, was wir uns von euch allen wünschen – aktiv zu werden und das anzunehmen, was euch alle ausmacht – eure Fähigkeit, wirklich als Schöpfer aufzutreten und diese Welt zu verändern.

Frage: Während einer meiner Vorträge sprach ich zuletzt u.a. über die Macht der dunklen Seite, wie sehr wir unter deren Einfluss stehen, wie unglaublich mächtig sie ist und wie sehr wir in allen Lebensbereichen manipuliert, belogen und betrogen werden, ohne es zu bemerken. Dabei ist mir die Bedeutung eines Umstandes, den ich vom Verstand her schon längst wusste, erst so richtig klargeworden – ich habe über die duale Welt gesprochen, in der es in allen Bereichen zwei Seiten gibt (männlich und weiblich, Licht und Schatten, oben und unten, links und rechts, gut und böse usw.). Zuvor sprach ich auch darüber, dass alles, was uns in unserem Leben widerfährt, letztlich ein Spiegelbild unser selbst ist, und wenn wir der Macht der dunklen Seite ausgesetzt sind, liegt dies ausschließlich daran, dass diese Mächte die dunkle Seite in uns selbst widerspiegelt. Seit Jahrtausenden versucht die dunkle Seite, die Menschheit zu manipulieren und zu versklaven – ebenso lange versucht das „Gute", das „Böse" zu vernichten – ohne Erfolg! Wenn wir jetzt erneut in den Kampf ziehen, so wird das Ergebnis das gleiche sein wie unzählige Male zuvor. Das bedeutet, dass wir aufhören müssen, gegen das „Böse" zu kämpfen, und dies gelingt nur, wenn wir die dunkle Seite zuerst in uns selbst erlösen. Dies funktioniert jedoch nur, wenn wir zwei Grundprinzipien in unserem Bewusstsein verankern:

1. *Wir müssen aufhören zu verurteilen und alle Ereignisse lediglich aus der Sicht des neutralen Beobachters betrachten – alles erkennen, verschiedene Standpunkte einnehmen, mitfühlen, ohne mitzuleiden, Erkenntnisse ableiten, jedoch nicht urteilen und alles als wertvolle und gewollte Erfahrung einordnen.*
2. *Wir müssen den freien Willen des Einzelnen respektieren und völlig ohne Angst darauf vertrauen, dass das Gesetz der Resonanz seine Wirkung niemals verfehlt.*

So und nur so können wir die dunkle Seite in uns erlösen und sie aus unserem Leben entfernen. Sowie wir mit der dunklen Seite nicht mehr in Resonanz gehen, verliert sie ihre Macht über uns und verschwindet aus unserem Leben. Wer dagegen ankämpft, hat bereits verloren! Ist meine Erkenntnis korrekt, oder gibt es noch etwas hinzuzufügen?

Antwort: Wenn ihr weitermacht wie bisher, und dem „Bösen" die Stirn zum Kampf bietet, so wird es, wie du völlig richtig erkannt hast, immer und immer wieder zum Kampf kommen, und immer und immer wieder werden viele Verluste zu verzeichnen sein, anstatt dass ihr zusammen an der Erlösung des „Bösen" arbeitet. Die Erlösung folgt letztlich einem Grundprinzip, das du bereits aufgezeigt hast und das heißt, auf gar keinen Fall mehr eine Verurteilung einer Handlung, auch wenn sie jemandem Schaden zugefügt hat, denn dies ist letztlich immer der Ausgangspunkt für Vergeltung, und das ist das Schauspiel, das ihr seit vielen Jahrtausenden betreibt, ohne zu verstehen, dass es ein Spiel ist, das immer und immer wieder von vorne beginnt, solange ihr nicht damit aufhört zu verurteilen. Wenn ihr diese Welt verändern wollt, dann müsst ihr zuerst bei euch selbst anfangen und genau diesen Weg der Erleuchtung gehen. Damit die Welt ihre Erlösung erfährt, müsst ihr alles vergeben, was jemals auf dieser Erde vorgefallen ist, auch wenn dies ein schwieriges Unterfangen ist, das für viele Menschen bedeutet, dass sie die Kämpfe und die Hasstiraden gegen andere vollends auflösen müssen.

Frage: Im Zusammenhang mit dem Datum 2012 wird oftmals der Ausdruck der Apokalypse strapaziert, und viele Menschen verbinden damit den Weltuntergang, so wie es schon lange Zeit prophezeit wird. Von euch haben wir die Information, dass es statt des Weltuntergangs erfreulicherweise einen Meilenstein in der menschlichen Entwicklung geben wird. Ich habe mich mit dem Wort Apokalypse auseinandergesetzt und mir auch die Definition näher angesehen, die wie folgt lautet:

Apokalypse bedeutet Enthüllung, Offenbarung, Gottes Gericht, Zeitenwende und die Enthüllung Göttlichen Wissens. Man spricht auch vom katastrophalen „Ende der Geschichte" und vom Kommen und Sein des „Reichs Gottes".

Viele Menschen haben Angst vor der Apokalypse und fürchten den Weltuntergang, der aus meiner Sicht auch tatsächlich wie prophezeit stattfinden wird – doch ist damit nicht der Untergang unseres Planeten Erde gemeint, sondern das Weltbild jedes einzelnen Menschen, das er

sich selbst zurechtgelegt hat, welches binnen kürzester Zeit auseinander-
brechen wird, um zu einem völlig neuen Weltbild transformiert zu
werden. Stimmst du mit meiner Darstellung überein?

Antwort: Diese göttliche Formulierung, die du hier gewählt hast,
trifft den Nagel auf den Kopf, und es wird für viele Menschen wahrlich eine Katastrophe werden, wenn ihr Weltbild, das sie so viele
Jahre behütet und mit allen Mitteln verteidigt haben, wirklich in einem Schritt zusammenbricht – alles wird völlig anders sein, doch
der Unterschied zur Apokalypse in eurem Sinne wird der sein, dass
das neue Weltbild eine völlig andere, friedliche Welt mit allen Annehmlichkeiten statt Verlusten beinhaltet. Freut euch darauf, denn
nichts Besseres könnte euch passieren!

Frage: Ich bin ein Freund von klaren, einfachen Worten und versuche,
möglichst alles für jeden leicht verständlich auf den Punkt zu bringen.
Jetzt stehen wir jedoch vor einem sehr komplexen und umfangreichen
Wandel, der mit Tausenden von Worten nicht beschrieben werden
kann, und doch glaube ich, dass es einen einzigen Satz gibt, der be-
schreibt, worum es jetzt im Wesentlichen geht und was jeder Einzelne
zu tun hat. Dieser Satz lautet:

„Liebe ist der Weg nach Hause.“

Antwort: Lieber Christoph, dem ist nichts hinzuzufügen!

Die Erde kommt ins Wanken

Es hat euch alle etwas beunruhigt, als ihr den Titel dieses Kapitels gelesen habt, doch sollte es das auf gar keinen Fall, denn wenn wir davon sprechen, dass die Erde ins Wanken kommt, dann meinen wir damit nicht, dass eure Erde vielleicht ins Trudeln kommt und absturzgefährdet ist, sondern wir meinen damit die höchst erfreuliche Tatsache, dass die Erde nun genau zu dem geworden ist, was sie schon seit Jahrtausenden sein sollte – der Planet, auf dem der Himmel auf Erden stattfindet. Wenn wir vom Paradies sprechen, das jetzt auf Erden verankert wurde, so könnt ihr mit Sicherheit davon ausgehen, dass wir nicht mit euch scherzen, sondern dass dies tatsächlich der Fall ist und nichts und niemand jemals wieder aus dem Paradies vertrieben werden kann. Ihr habt das Paradies auf Erden, und der Himmel, so wie ihr ihn euch immer vorgestellt habt, wird auf eurer Erde Einzug halten. Doch werdet ihr ihn euch erst erarbeiten müssen, denn ihr seid selbst die Baumeister dieses Paradieses. Ihr seid diejenigen, die das Paradies erschaffen, und das gestaltet sich sehr viel einfacher, als ihr es euch momentan vorstellen könnt. Das Paradies auf Erden ist jetzt bereits Wirklichkeit, doch könnt ihr es nicht erkennen, weil ihr noch zu sehr von den ganzen Ereignissen der Vergangenheit geprägt seid und euch daher der wesentliche Teil eures Dascins noch entgeht. Derzeit steckt ihr noch in der Vorbereitung auf die paradiesischen Zustände, die sehr bald Einzug halten, doch der wahre Sinn eures Daseins ist, wie bereits gesagt, der sensorische Hochgenuss. In diesen Hochgenuss kommt ihr dann, wenn ihr euch ein Umfeld geschaffen habt, das euch nicht mehr von irgendwelchen Seiten her bedroht, sondern wenn ihr alle frei seid und völlig angstfrei alles tun und lassen könnt, was euch beliebt. Ihr seid auf dem Weg in die Freiheit, und diese Freiheit ist wörtlich zu verstehen, denn Freiheit bedeutet wirklich, alles tun zu können, wonach euch gerade ist. Ihr könnt euch das auf jeden Fall gut vorstellen, und somit ist auch die Vorstellung vom Paradies auf Erden naheliegend.

Ein Paradies ist etwas, das alles einschließt, was sich jemand auch nur im entferntesten wünschen kann. So lebt es in eurer Vorstellung. Und wenn ihr alle gemeinsam eure Gedankenkraft als schöpferische Wesen darauf richtet, dass das Realität werden soll, dann ist es schon geschehen. Die Barrieren, die derzeit noch vorhanden sind, um eure schöpferischen Gedanken nicht gleich wirksam werden zu lassen, sind jetzt bald völlig entfernt, und dann geht es fleißig daran, die Umstände zu erschaffen, die genau diesen paradiesischen Zustand ermöglichen. Ihr könnt euch alle darauf freuen, dass dies jetzt bereits im Abnehmen begriffen ist und dass das Leben eine enorme Beschleunigung erfährt, die euch alle einem neuen Leben von ganz ungewohnter Fülle und enormer Qualität entgegenbringt. Nehmt dies alles an, denn es wird euch allen die größte Freude bereiten!
Ihr könnt euch diesen Wandel eures Lebens langsam immer besser vor eurem geistigen Auge vorstellen und immer näher an diese Vorstellung herankommen, indem ihr es einfach zulasst und euch gedanklich darauf einstellt. Ihr solltet aufhören, euch auf die alten Spiele der Mächtigen einzulassen, und ihr sollt aufhören, euch immer noch vor allem möglichen zu fürchten, denn genau das hindert euch am Einzug ins Paradies auf Erden. Ihr könnt euch diesen Wandel noch viel besser und schöner gestalten, indem ihr viele Menschen davon überzeugt, dass sich dieser Wandel tatsächlich vollziehen wird. Ihr könnt euch den Wandel aber auch viel schwerer machen, indem ihr weiterhin an all dem zweifelt und euch davor fürchtet. Ihr könnt alles in Frage stellen und darauf bauen, dass euer Leben in Wahrheit keinen echten Sinn hat, und weitermachen wie bisher und zusehen, wie alles zerstört wird, oder ihr könnt aufwachen und annehmen, wer ihr wirklich seid, und euch darauf vorbereiten, dass es sehr bald ganz andere Möglichkeiten auf der Erde

geben wird und dass jeder Mensch genau seinen persönlichen Traum leben kann. Ihr könnt weitermachen wie bisher und die Mächtigen dabei unterstützen, über euer Leben zu bestimmen, oder ihr könnt aufstehen und sagen: NEIN – mit mir nicht mehr – ich bin ab sofort mein eigener Schöpfer und gestalte mein Leben nach meinen eigenen Vorstellungen und entferne mich von all den alten Denkweisen und beginne mich auf die neue Zeit einzustimmen und vorzubereiten.

Die Folgen eures Umdenkens sind unglaublich mächtig, und sie werden vor niemandem Halt machen, und je mehr Menschen aktiv aufstehen und zu all den alten Strukturen und längst nicht mehr zeitgemäßen Systemen NEIN sagen, umso eher wird auch die gesamte Gesellschaft ins Wanken kommen und sich für die andere Seite entscheiden. Es liegt an euch, ob ihr es sehr schnell schafft, euch umzustellen, oder ob ihr etwas länger noch all die alten „Errungenschaften" weiter als die Zielvorgabe akzeptieren wollt. Ihr seid am Zuge!

Besuchen Sie die auf Anregung von Erzengel Michael entstandene
Internet-Ideenbörse für unsere neue Gesellschaft:

www.projekt-herz.com

Weitere Informationen erhalten Sie auch auf meiner persönlichen
Website:

www.botschafterdeslichts.com

...bitte umblättern...

Bitte lesen Sie auch die anderen Bände der Reihe

Aufstieg und Leben in der 5. Dimension

Erzengel Gabriel/Christoph Fasching
Die Gesellschaft 2015
ISBN 978-3-89568-216-2

Erzengel Gabriel/Christoph Fasching
Die Erde, ein neuer Stern
ISBN 978-3-89568-217-9

Erzengel Jophiel/Christoph Fasching
Die Heilung, die dir zusteht
ISBN 978-3-89568-224-7

ch. falk-verlag

2012 im ch. falk-verlag

...und am Ende bleibt nur die Liebe
978-3-89568-201-8

Die Seele in den Meisterjahren
978-3-89568-127-1

ohne Ticket in andere Dimensionen ...
978-3-89568-158-5

CD. Christuspräsenz u. Allmacht
978-3-89568-131-8

CD. Lichtsäulen-Clearing
978-3-89568-157-8

CD. Die Krönung
978-3-89568-174-5

Smile! 978-3-89568-202-5

Jesus – wenn er wiederkäme...
978-3-89568-203-2

Lichtbotschaften des Aufgestiegenen Meisters Hilarion
978-3-89568-116-5

Neue Lichtbotschaften 978-3-89568-138-7

Meister Hilarion beantwortet Lebensfragen
978-3-89568-161-5

Hilarions himmlischer Ratgeber
978-3-89568-194-3

Werkzeuge der Schöpfung
978-3-89568-134-9

Herzensbildung Teil 1 und 2
978-3-89568-146-2 und -179-0

Das New Life Manifest
978-3-89568-080-9

Grenzenlos leben 978-3-89568-031-1